普通高等学校人文社会科学重点研究基地
KEY RESEARCH INSTITUTE OF HUMANITIES AND SOCIAL SCIENCE IN UNIVERSITY

西南财经大学中国金融研究中心
宏观金融系列丛书

金融分权背景下中国城市商业银行公司治理优化研究

——基于股权结构的视角

RESEARCH ON THE OPTIMIZATION OF CORPORATE GOVERNANCE OF CHINESE CITY
COMMERCIAL BANKS UNDER THE BACKGROUND OF FINANCIAL DECENTRALIZATION
——BASED ON THE PERSPECTIVE OF OWNERSHIP STRUCTURE

洪　正　何美玲　等◎著

西南财经大学出版社

中国·成都

图书在版编目(CIP)数据

金融分权背景下中国城市商业银行公司治理优化研究——基于股权结构的
视角/洪正,何美玲等著 . —成都:西南财经大学出版社,2021. 10
ISBN 978-7-5504-4850-6

Ⅰ.①金…　Ⅱ.①洪…②何…　Ⅲ.①商业银行—银行管理—研究—中国
Ⅳ.①F832. 332

中国版本图书馆 CIP 数据核字(2021)第 078332 号

金融分权背景下中国城市商业银行公司治理优化研究——基于股权结构的视角

Jinrong Fenquan Beijingxia Zhongguo Chengshi Shangye Yinhang Gongsi Zhili Youhua Yanjiu Jiyu Guquan Jiegou De Shijiao

洪正　何美玲　等著

责任编辑:植苗
封面设计:墨创文化
责任印制:朱曼丽

出版发行	西南财经大学出版社(四川省成都市光华村街55号)
网　　址	http://cbs. swufe. edu. cn
电子邮件	bookcj@ swufe. edu. cn
邮政编码	610074
电　　话	028-87353785
照　　排	四川胜翔数码印务设计有限公司
印　　刷	郫县犀浦印刷厂
成品尺寸	170mm×240mm
印　　张	20
字　　数	521 千字
版　　次	2021 年 10 月第 1 版
印　　次	2021 年 10 月第 1 次印刷
书　　号	ISBN 978-7-5504-4850-6
定　　价	88. 00 元

课题组主要成员

课题负责人：洪　正

主要成员：何美玲　张硕楠　马灿坤

　　　　　胡玉琴　于晓雪　刘　阳

前　言

　　1995 年我国首家城市商业银行（以下简称"城商行"）获批成立后，城商行得以快速发展。截至 2017 年 9 月末，全国 134 家城商行总资产达到 30.5 万亿元，比 5 年前增长 166.9%，在银行业金融机构中的占比达到 12.7%，较 5 年前上升了 3.7 个百分点，网点数量达 1.6 万个，较 5 年前翻了一番。城商行在丰富银行体系结构、填补金融服务不足、支持实体经济等方面起到了重要作用。目前，城商行已成为多层次金融体系特别是地方金融体系的重要组成部分。但是近几年，竞争加剧，给城商行带来了业绩分化的巨大压力。除此之外，许多城商行风险防控滞后，在其资产规模与网点扩张背后隐藏着巨大的风险。齐鲁银行特大票据案、烟台银行汇票案、富滇银行贪污案、温州银行挪用存款案和汉口银行虚假担保案等，都凸显出城商行存在严重的内部治理缺陷。

　　以上分析表明，城商行日益成为多层次金融体系的重要组成部分，但也面临激烈竞争和风险防范的挑战。城商行能否在经济结构转型和自身业务调整过程中，增强竞争力并经受挑战，不仅关系到城商行自身的生死存亡，也关系到区域金融资源配置效率及金融风险的防控。提高城商行核心竞争力，增强防范与抵御风险的能力，最根本的出路在于其公司治理从"形似"走向"神至"，提高自身的治理水平。尽管目前理论界和实务界都对城商行公司治理提出了很多具体的思路和对策，但是由于在理论上缺乏与我国独特的金融转型及发展相结合的适用分析框架，城商行公司治理改革更多地借鉴了一般企业公司治理实践，就事论事地提出优化建议，对城商行股权结构及其治理特殊性缺乏足够关注，造成城商行公司治理中出现的诸多问题得不到有效解决，治理目标难以实现。

　　理论研究的缺乏和实践的迫切要求都需要对城商行公司治理的优化

进行系统研究。本书结合金融分权的理论框架，从股权角度出发，基于城商行公司治理的特殊性，研究城商行公司治理优化，将有助于回答以下问题：城商行公司治理的现状是什么；其股权结构以及董事会结构有何特点；城商行公司治理的演变与不同层级政府之间以及政府与市场之间的金融资源配置权和控制权划分有怎样的联系；为解决城商行公司治理的缺陷，金融资源的控制权应如何在不同主体之间进行分配；政府股东控制城商行的模式有哪几种，采用不同模式的决定因素是什么，又是如何影响城商行的运作的；民营资本入股的动机是什么，其如何影响城商行的经营绩效以及公司治理。那么，以上研究对我国正在进行的城商行治理改革有哪些实践指导意义？我们认为，对这些问题的回答，最终能更有效地优化城商行的公司治理效果。

金融分权动态演变与中央政府、地方政府、民营资本对城商行控制形式变化之间存在内在逻辑一致性。由于银行业的特殊性，导致了城商行公司治理的特殊性，而城商行股权结构的差异又从根本上决定了公司治理的形式。因此，本书的基本逻辑是，在金融分权背景下，从股权结构的视角，结合公司治理的特殊性，研究城商行公司治理优化问题。本书共九章。第一章引言。第二章和第三章从城商行公司治理演变、现状及特点开始，过渡到城商行公司治理的特殊性并介绍了金融分权理论，归纳总结了城商行公司治理的特殊性与金融分权理论的关系。第四章到第八章对城商行公司治理优化思路展开探讨，结合现状分析和历史演变发现的特殊性事实，研究政府持股的模式选择，重点就地方政府对公司治理的影响进行深入分析。在此基础上，联系地方政府竞争问题，研究地方政府竞争与城商行绩效的关系。除了研究政府持股动机及其影响外，本书进一步研究民营资本入股城商行的动机，并探究民营资本入股对城商行盈利性与不良贷款率的影响。第九章结合城商行公司治理的特殊性与本书的研究结果，在规范地方政府和监管者行为的同时，着重从民营资本进入角度对我国城商行公司治理进行优化，研究民营资本进入对我国城商行公司治理的影响机制、优化措施及相关的政策设计。

本书的具体内容如下：

第一章引言，首先介绍本研究的现实背景以及文献综述，从实践层面和理论层面阐述所研究问题的重要性；其次厘清本书基本概念，在此基础上提出本书的研究思路和逻辑，以便读者清晰地了解本书的内在逻辑；最后对本书的研究内容做一个扼要介绍。

第二章从城商行股权变动的历史背景出发，结合相关数据从所有权性质、持股比例、地区差异等方面，全面、系统地分析了城商行股权结构的演变及特征，并重点分析了民营资本股东的异质性。在此基础上，本章进一步梳理了城商行公司治理结构（董事会、监事会、高级管理层、董监高持股、薪酬激励和外部治理）的现状，分析了其与一般公司治理结构的异同之处。目前，我国城商行股权结构呈现出民营资本控股银行较少，政府力量仍占主导；民营资本股权相对分散，进入深度不断提升；各地区城商行股权结构存在差异，经济禀赋与政策是主要影响因素等特征。民营资本股东呈现出入股民营资本行业分布相对集中、民营资本股东投资企业和行业众多、民营资本股东持股城商行时间较短、民营资本股东入股方式多元化等特征。城商行董监高结构呈现出董事会结构不平衡，独立董事比例偏低；监事会执行效率低下，监事会机构形同虚设；高管薪酬变化平稳，董事会、监事会、高级管理层比例逐年减少，且股利分红也在减少等特征。在外部治理情况方面，城商行上市数量较少；80%的城商行所聘请的会计师事务所排名位居前100位，城商行面临的外部竞争程度逐年上升。

第三章主要研究了城商行公司治理演变的制度背景，通过构建金融分权的理论框架，阐明其与城商行公司治理的关系；基于我国金融分权的演变厘清金融分权的内涵；通过构建模型，研究两个相互联系的问题（最优金融资本的分配和金融控制权的实施）来理解我国金融分权的内在逻辑，并据此对其演变进行初步解释。本章提出"政府对待民营经济态度（民营经济政策）的钟摆假说"来解释金融分权Ⅱ的演变，而金融分权Ⅰ的演变则主要取决于由财政分权所决定的中央与地方的财政状况。本章还以银行体系为例，通过区分国有银行内部分权化和外部分权化这两种演变方式，分析了金融分权的具体实现形式（金融分权实施问题）。根据金融分权理论，金融分权具体表现为中央政府、地方政府和市场分别通过控制金融机构和金融市场来对中央国企、地方国企和民营企业提供金融支持。因此，地方政府控股模式差异主要取决于国企资本需求的大小。金融分权Ⅰ的演变影响着地方政府对城商行的控制权选择，而金融分权Ⅱ的演变则决定着民营资本入股城商行的动机和最终的股权结构。

第四章在金融分权理论的基础上，分析了地方政府持股城商行模式的差异，以及在地方政府竞争下，政府持股对当地城商行绩效的影响。本章从国有经济比例、财政状况、金融竞争程度等影响国企资本需求的因素的角度，探讨了政府持股城商行模式的选择问题。具体而言，国有经济比例越低，地方政府越倾向于退出。财政禀赋与金融控制之间的关系受国有经济比例的影响，即国有经济比例较高时，财政禀赋越差，地方政府越倾向于退出；而国有经济比例较低时，财政禀赋越好，地方政府越倾向于控制城商行，呈替代关系。

第五章从地方政府竞争这一角度分析了政府控股对当地城商行绩效的影响，并探讨了在不同的竞争行为和压力条件下，地方政府对城商行是否采取不同的策略和产生不同的影响。总体来看，地方政府控股对城商行绩效有负面影响，会在降低银行收益的同时增加贷款风险，说明样本中城商行作为地方政府竞争工具的负面效应，整体来看大于其作为地方政府提升区域金融服务水平这一目标的正面效应；而当地的市场化程度和要素市场的培育、地方政府的科技投入等地方政府竞争变量有助于城商行提高业绩。

第六章结合城商行公司治理的特殊性，探讨了民营资本入股城商行的动机及其对城商行的影响。根据笔者搜集的数据，70%以上的城商行仍由政府控制，而政府所有权带来了国家干预和所有者缺位下的特殊内部人控制问题。民营资本进入银行业的确起到了多元化股权结构的作用，但也带来了股东关联贷款的突出问题。部分民营资本不满足于获得利润分红，而是希望谋取对商业银行的控制权，进而为自身企业的扩张提供足够的信用支持。因此，本章在政府控股模式选择的基础上，结合城商行公司治理的特殊性，进一步对民营资本入股动机及其影响进行研究。民营资本的入股动机在不同规模的城商行中有不同的表现，即民营资本入股规模较大的城商行主要是基于投资角度考虑，是为了获取稳定的超额利润；民营资本入股规模较小的城商行主要是基于减缓自身融资约束的考虑，是为了获取关联贷款。

第七章分析了民营资本入股对公司治理有效性的影响。本章首先从民营资本持股比例、民营资本股东个数和本地民营资本持股比例研究了对城商行公司治理结构（董事会人数、独立董事比例、监事会人数、外部监事比例）的影响；其次研究了城商行公司治理结构改变对城商行公司治理有效性的影响；最后按照持股比例大小分组研究了民营资本入股对公司治理有效性的影响。由此得出结论，即民营资本持股比例的增加能够改善城商行的公司治理结构，具体来说能够提高城商行独立董事比例和外部监事比例。当地方政府为第一大股东或者地方政府股权最大时，民营资本持股比例增加能够显著改善公司的治理结构，进而提高公司治理的有效性，降低城商行受到行政惩罚的可能性。

第八章分析了民营资本入股对城商行经营绩效的影响。城商行绩效体现为盈利性和不良贷款率两方面。本章首先研究了民营资本的基本特征（民营资本持股比例、重要民营资本股东个数、民营资本大股东结构）对城商行经营绩效的影响；其次研究了异质性民营资本对城商行经营绩效的影响；最后区分了不同影响机制（减少政府干预、缓解道德风险、解决所有者缺位）对城商行绩效的影响。由此得出结论，即民营资本控制的城商行比政府控制的城商行经营绩效高；当城商行最终控制人为地方政府时，增加民营资本持股比例和增加主要民营资本股东个数都提高了城商行绩效；民营资本大股东对民营资本发挥作用有重要影响——多个民营资本大股东的城商行，民营资本持股对经营绩效的正向影响最大，单一大股东次之，散沙式的民营资本持股对经营绩效影响最小甚至没有影响。进一步的研究表明，本地民营资本股东和长期持股的民营资本股东对城商行经营绩效的积极作用更大；民营资本控股的城商行不良贷款率低于政府控股的城商行，并且民营资本持股降低了政府控股的城商行的不良贷款率；民营资本大股东以及一定比例的民营资本持股量，对民营资本入股发挥积极效应起到了保证作用。在机制验证方面，民营资本主要通过三个途径降低不良贷款率：一是民营资本降低了城商行受政府干预程度；二是民营资本能够硬化城商行的预算软约束，降低其道德风险；三是民营资本对城商行的经营管理有监督与信息提供的作用。

第九章根据上述研究得出结论，从股权结构视角出发，结合我国城商行公司治理的特殊性，从政府股东作用及其特殊性、民营资本股东作用及其特殊性、公司治理机制和外部监管四个方面提出城商行完善公司治理的建议。具体可分为三点：第一，优化城商行股权结构，限制地方政府股东权利，引入优质本地民营资本股东，形成与地方政府股东的制衡关系。在权利与义务上，地方政府股东和民营资本股东应具有一致性。第二，优化城商行内部公司治理机制，包括合理完善董事会结构，如继续提高独立董事比例、非执行董事成员结构与股权结构相对应；提高监事会效率，增加外部监事比例，合理甄选外部监事、股东监事、职工监事；设计激励与风险承担相匹配的薪酬激励制度。第三，优化城商行外部公司治理机制，如完善职业经理人市场、聘请高排名会计师事务所、引入资本市场中小投资者。此外，监督部门细化规则，加大对地方政府股东、民营资本股东违规的处罚力度。

本书写作具体分工如下：第一章由洪正、何美玲负责；第二章由张硕楠、马灿坤、胡玉芹、于小雪负责；第三章由洪正、肖锐、胡勇峰负责；第四章由洪正、张硕楠、胡玉芹负责；第五章由刘阳、洪正、申宇负责；第六章由洪正、何美玲、于小雪负责；第七章由马灿坤、何美玲负责；第八章由何美玲、洪正负责；第九章由何美玲、洪正负责。

本书在写作过程中参考了大量中外文献，已尽可能地列在书后的参考文献中，其中难免有遗漏，这里特向被遗漏文献的作者表示歉意，并向所有文献的作者表示诚挚的谢意。本书虽做了大量系统性研究，但仍存在一些问题有待我们深入探讨，疏漏之处也在所难免，恳请广大读者批评指正。

洪正　何美玲

2021 年 9 月

目　录

第一章 引言

第一节 研究的现实背景

1995 年首家城市商业银行（以下简称"城商行"）获批成立后，城商行经历了快速发展。截至 2017 年 9 月末，全国 134 家城商行总资产达到 30.5 万亿元，比 5 年前增长 166.9%，在银行业金融机构中占比达到 12.7%，较 5 年前上升了 3.7 个百分点，网点数量达 1.6 万个，较 5 年前翻了一番。城商行在丰富银行体系结构、填补金融服务不足、支持实体经济等方面起到了重要作用。目前，城商行已成为多层次金融体系，特别是地方金融体系的重要组成部分。

但是，受区域经济发展差异及日益趋严的监管政策影响，城商行个体之间所呈现的发展差距进一步拉大，这突出表现为利润分化、不良贷款率差距扩大以及金融创新差异化。首先，受息差降低、"降费让利"和强监管等因素影响，部分城商行的净利润和营业收入出现负增长。部分依靠同业业务驱动规模快速增长的城商行难以为继；并且在各银行普遍调整资产负债结构的情况下，存贷款业务竞争加剧。此前依赖同业业务而轻视信贷业务的城商行，普遍出现了业绩下滑的情况。其次，在供给侧结构性改革深入推进、产业结构调整升级过程中，部分地区城商行的不良贷款余额和不良贷款率出现双升。最后，不同城商行之间的创新意识和自我定位存在差异。有的城商行积极拓展科技金融、创新金融等特色化服务；而有的城商行创新意识薄弱，战略定位不明确，在竞争中逐渐趋于劣势。

除了竞争加剧、业绩分化给城商行带来压力外，许多城商行风险防控滞后，在其资产规模与网点扩张背后隐藏着巨大的风险。齐鲁银行特大票据案、烟台银行汇票案、富滇银行贪污案、温州银行挪用存款案和汉口银行虚假担保案等，都凸显出城商行存在严重的内部治理缺陷。

股权结构不合理导致的公司治理问题主要有以下三点：一是地方政府一股独大，导致城商行管理体制僵化，地方政府干预下的关联交易严重，隐藏着较高的贷款风险、管理效率低下、竞争力薄弱和资本约束瓶颈等问题。二是民营资本进入城商行后，一方面在地方政府股东的侵占下，民营资本股东很难有发言机会，无法对城商行的经营决策产生实质性影响，民营资本入股城商行成为形式；另一方面在民营资本股东成为城商行实际控制人的情况下，又带来了股东关联贷款的突出问题。部分民营资本不满足于获得利润分红，而是希望谋取对商业银行的控制权，进而为自身企业的扩张提供足够的贷款支持。三是地方政府通过人事任命、经营决策、资源配置等方面的行政手段替代银行内部治理机制，对城商行经营产生广泛的干预，城商行经营决策成为地方政府的"一言堂"，使得其董事会、监事会形同虚设；薪酬股权激励制度不合理，激励了城商行的冒险动机；内部人控制严重，城商行公司治理结构"形似而神不似"，公司治理机制作用发挥不够。

提高城商行竞争力及控制风险的根本是提高城商行的公司治理水平。城商行的公司治理核心是股权结构安排。2016—2017 年的城商行年会，均将股权问题列为城商行风险管理的重中之重。相比五大行与股份制银行，城商行股权结构缺陷明显并直接影响到公司治理的规范化。如何基于城商行公司治理的特殊性，处理好推进股权多元化与防止股权过度分散的平衡，解决好一股独大、内部人控制等问题，切实有效地保护利益相关方的合法权益，就成了我们亟待解决的重大课题。因此，我们有必要从理论角度立足于中国金融分权以及混合所有制改革的背景，基于股权结构视角，利用宏（微）观经济学理论、地方政府竞争理论、资本配置理论、现代企业理论、博弈论等相关理论，应用城商行运营实践中的实际经营数据及指标，从理论和实证两个方面，全方位、系统、深入地对中国城商行的公司治理优化问题进行研究，以构建因地制宜的股权结构，优化城商行公司治理的结构，提升城商行公司治理的有效性，为城商行地方政府股东、民营资本股东、存款债权人以及其他利益相关者提供可靠的数据分析结论和理论决策依据。

第二节　城商行公司治理研究的文献综述

对于我国城商行公司治理的研究，国内外文献大多从一般银行公司治理出发，着重考虑政府行为对城商行公司治理的影响。结合本书基于股权结构的视角，我们将文献综述主要集中在三个方面：一是地方政府控制城商行的动机；二是股权结构对城商行的影响；三是其他公司治理机制对城商行的影响。

一、地方政府控制城商行的动机

（一）地方政府竞争

对于城商行来说，其地方政府股东往往并不把银行绩效放在第一位，事实上政府控制的银行通常有更加深重的代理问题（Weintraub et al.，2005；Megginson，2005）。一方面，不在乎绩效的股东使其缺少对管理者的监督动力；另一方面，私人政治目标也使大股东侵犯小股东权益的现象更加严重。因此，用通常的公司金融视角来解释地方政府控股模式差异显然是不合适的。自1994 年的分税制改革以来，中央加强了预算内财政收入的集权，从而改变了地方政府行为逻辑，从援助之手变为攫取之手，目前地方政府的最优策略就是利用财政外的资源或手段来促进地方经济增长（陈抗 等，2002）。由于官员较短的任期，其他经济增长手段的促进作用显然不如投资来得直接。因此，经济增长的竞争就转换成投资的竞争，而投资的竞争又主要表现为对资金的竞争，这就激发了地方政府对区域金融机构尤其是城商行的控制意愿（周立，2003；巴曙松 等，2005）。城商行作为地方政府的融资渠道，是地方政府参与区域经济增长的重要工具（纪志宏 等，2014），以控制有限的区域金融资源流向在短期内促进经济增长的领域（钱先航 等，2011；李维安 等，2012）。城商行的成立促进了所在地区的经济增长，而这种促进作用主要是通过为企业提供银行贷款与促进企业增长两个微观机制来实现的（郭峰 等，2017）。这就是为何地方政府对控制区域金融机构趋之若鹜。

（二）金融结构

城商行作为金融结构中的一部分，相比国有银行、股份制银行，是地方政府能够较为容易控制的一部分。艾仁智（2005）认为银行业是具有一定的层次结构的，城商行等作为系统中的子系统，其自身实现有序的结构和功能将关系到整个银行系统的发展。考虑到要素禀赋结构、经济结构和政府发展战略，城商行采用整合的非信贷资产的控（参）股制的模式是比较合理的（刘锡良等，2006）。林毅夫（2012）对于所研究的"银行业结构"，其关注的是其中按照大银行和小银行划分的结构下，两种不同类型的银行在整个金融体系占据的地位以及重要性。因此，我们参照林毅夫和姜烨（2006）的具体观点，即中小型银行相较于大型银行，在为中小型企业（非国有企业）提供金融服务、满足其金融需求上具有比较优势。而城商行是中小型银行中的重要成员银行，城商行的公司治理要立足于现有金融结构，地方政府控制城商行可以发挥城商行在为中小企业融资中的比较优势。

二、股权结构对城商行的影响

（一）地方政府股权对城商行经营绩效的影响

一方面，地方政府股东会对城商行信贷投放产生影响。潘敏等（2016）发现城商行信贷投放存在逆周期性特征，且地方政府股东持股比例的增加会强化城商行信贷投入的逆周期性。Zhu et al.（2016）的研究表明，城商行信贷投资方向及额度与地方政府有重大关系。

另一方面，政府股权对城商行经营绩效产生影响。李维安和曹廷求（2004）发现，虽然我国地方城商行股权主要表现为国有属性，但是城商行大股东是地方政府这一国有属性并没有对银行绩效产生影响，反而是城商行股权结构的集中程度越高对城商行经营绩效有明显的积极影响。考虑到中国不完善的市场制度中地方政府弥补市场缺位的情形，地方政府控制权对城商行经营稳健性是存在正向影响的。郑荣年（2013）研究认为，地方政府所有权在制度不完善的情况下有利于城商行的经营的稳健性。曹廷求等（2006）从城商行股东属性和对董事会控制的公司治理角度研究出发，发现城商行第一大股东的国有产权性质并没有对该银行风险产生显著的影响，而地方政府以股东身份对银行董事会的控制显著降低了银行风险。也有部分研究显示，城商行中地方政府的股权会显著降低银行的经营绩效。Ferri（2009）对中国 20 家城商行在2000—2003 年的情况进行问卷调查，发现当城商行的控股股东表现出国有属性并且控制股份越多时，城商行的经营绩效的表现也越差。巴曙松等（2005）认为地方政府作为股东进入城商会严重干预其运营与管理，还会降低整个金融体系的运行效率，更重要的是会显著提高城商行道德风险与经营冒险的问题。周文武（2010）研究发现，城商行股东一方面会导致大股东在行政上对城商行进行过多干预，另一方面会导致城商行缺乏追求企业价值增值的动力和监督经理层经营的激励机制。

（二）地方政府股权对城商行风险承担的影响

城商行主要定位于服务当地经济，信贷是其主要业务，因此学界主要以城商行的不良贷款率作为风险承担的衡量。曹廷求等（2006）采用山东、河南两省29 家中小商业银行的调查数据进行实证检验发现，第一大股东性质并没有对银行风险产生显著影响，政府以大股东身份对银行（董事会）的控制起到了降低银行风险的明显效果，这表明政府股东对银行业影响的发展观点

（而不是政治观点）对中国的中小银行更有解释力。与此相反，赵尚梅等（2012）研究表明，如果城商行的终极控制人为地方政府，则融资平台贷款占比以及不良贷款率更高。祝继高（2012）基于2004—2009年城商行数据研究表明，第一大股东控股能力越强，银行不良贷款率越高，贷款集中度越高，经营绩效也越差。这表明银行大股东同样也存在"掏空"动机，第一大股东性质为地方政府的城商行不良贷款率更高，而独立董事对银行大股东的"掏空行为"有着明显的抑制作用。地方政府股权对城商行风险承担的影响，得出两种相反的结论，可能的原因是没有考虑城商行股权性质划分，如城商行的民营资本股东作为一个整体的控制权可能大于地方政府第一大股东的控制权，或者大于整个地方政府（包括地方国企）的控制权。

（三）外资对城商行经营绩效影响

在商业银行引资方面，国内外学者主要探讨引入外资对商业银行的影响。部分学者认为，商业银行引入外资有助于提高银行绩效（Bonin et al., 2005）。商业银行引入外资有三种效应——学习效应、监督效应和救助效应。国外投资机构有专业管理经验、严格风险管控流程和先进科学技术。引入外资有助于本国银行向国外股东学习先进经验及技术。如果外资股东的母公司位于法律制度和公司治理完善的地区，其对银行绩效的提升作用更大（Aggarwal et al., 2011）。监督效应认为，外资股东能够有效监督银行管理层，进而提升银行价值。Zhu et al.（2016）研究表明，如果外国投资者在中国本地有业务或派驻董事，则对公司的监督作用更强，更能抑制商业银行的冒险行为。救助效应认为，当本国银行遭遇流动性危机或其他金融不稳定因素时，外资股东可向银行提供救助，帮助其渡过危机（Cull et al., 2013；Doan et al., 2017）。

另一部分学者认为，外资入股不一定能提高银行绩效。首先，如果银行吸收能力较差或者银行管理模式、效率与外资股东差异过大，学习效应未必成立。其次，并非所有外资股东都有激励传播管理经验以提升银行治理水平。外资股东可能是财务投资者而非战略投资者，其持股目的是获得资本利得收益而非提升银行治理获得长期回报（张瑜 等，2014）。再次，如果外资股东持股比例较低，也没有动机监督大股东及管理层（Desender et al., 2016；刘家松 等，2016）。最后，外国投资者是否熟悉中国法律及文化，是否因地理距离或语言障碍、会计规则而面临更大信息不对称问题，这些均会影响外资股东提升公司经营绩效的作用（Pruthi et al., 2003；Zhu et al., 2016）。吴成颂等（2017）则研究了境外战略投资者对城商行风险水平的影响，结果发现城商行的风险水平随着境外战略投资者持股比例增加而增加，但女性董事的引入会抑制这种影响。

三、其他公司治理机制对城商行的影响

(一) 城商行内部公司治理结构与经营绩效

银行公司治理结构，除了股权结构外，还包括内部两会一层治理结构和外部治理环境，如监管、银行业竞争等。罗海萍（2011）基于法律的视角研究了我国城商行公司化经营，通过与美国的社区银行、德国的中小银行进行比较分析，选取了宁波银行和长沙银行发展过程中的真实情况作为案例分析的基础，研究发现我国城商行存在信息披露不完整、董事会的作用不突出和地方政府股权比重过大等法律问题。

郑志刚和范建军（2007）用定性的方法从法律监管、市场竞争、公司控制权市场、媒体作用和税务实施等外部公司治理机制和大股东作用、董事会和监事会、薪酬合约设计和利益相关的平衡等内部治理机制两方面对国有商业银行治理机制的有效性进行简单评估，得出国有上市商业银行与所有行业平均水平相比，股权结构较差、董事会和监事会独立性较差、薪酬合约设计不合理和职业关注不够且利益相关者之间平衡较差。

学界对公司治理的有效性进行定量衡量，一般采用经营绩效和风险承担来衡量，如ROA、不良贷款率等，且这类研究颇为丰富。曹廷求等（2005）则通过问卷调查的形式获取了山东省245个银行样本，发现不同类型不同地域的银行董事会、监事会、内控制度、激励制度、竞争环境和法律环境之间存在显著的差异。曹廷求和陈丽萍（2012）以2012年城商行公司年报披露信息通过构建银行公司治理评价指数，发现公司治理评价指数越高，则城商行的经营绩效EPS越高。与国有企业类型相比，城商行中的官员董事是一个特殊的角色。钱先航和曹廷求（2014）考察了城商行中官员董事的作用，发现存在官员董事的银行审慎行为比不存在官员董事的银行更差，且官员董事的行政级别越高、年龄越大，这种作用也越大；但独立董事能够显著抑制这种作用。

(二) 城商行外部治理结构与经营绩效

除了内部治理结构会对城商行的生产经营产生影响，外部治理结构也会对城商行产生影响。外部治理产生作用的途径分为以下几类：第一，地方治理影响；第二，金融发展和信贷环境的治理作用。政府除了通过直接持有城商行股份影响城商行公司治理外，还可以通过地方治理的方式，改变城商行所处经营环境，间接影响城商行公司治理。雷光勇和王文（2014）则研究了政府治理水平是否对银行产生影响，实证发现政府治理（市场化指数）对商业银行的资本充足率监管差值、贷款质量和经营业绩均产生了重要影响。尹威和刘晓星

（2017）研究表明，政府赤字率与城商行的贷款投放正相关，而政府加大教育和科技投入的治理力度能有效降低城商行的信贷风险和贷款投放；地方主政官员换届与城商行的贷款投放负相关。

而金融经济发展以及潜移默化的信贷环境也会对城商行的经营产生影响。王秀丽等（2014）研究发现，金融发展程度能够显著影响银行的信贷行为，即地区金融发展程度越高，城商行的贷款集中度和贷款流向国有经济的比例就会越低；而信贷行为又会显著影响银行的信贷效率，贷款集中度越高，银行的不良贷款率就越高。钱先航和曹春方（2013）研究表明，信用环境越好，城商行越会发放信用贷款、个人贷款和短期贷款，且信用环境对以上贷款的作用只在法律保护较差的地区才存在。

（三）城商行跨区域经营与风险承担

城商行为了与五大行、股份制银行进行有效竞争，近几年纷纷展开跨区域经营。蔡志强和孙晓萌（2014）认为，商业银行选择跨区域经营是经济效率（包括规模效率、管理效率和技术效率）的选择。但跨区域经营的效果在学术界则出现了不同的研究结论。王擎等（2012）研究了2004—2009年城商行跨区域经营的情况，发现选择跨区域经营的银行大多是资产规模大、资本水平高、资产质量好、市场势力强的"好银行"，与只在本地区经营的银行相比，跨区域经营能够有效分散投资风险，避免区域经济波动的风险，有利于降低银行风险水平，跨区域程度越高且银行信贷增速越快，风险水平也显著降低。但李广子（2014）基于2008—2012年的相关数据发现，城商行跨区域经营后，会对中小银行的盈利能力和资产质量造成一定的恶化，同时与未进行跨区域经营的中小银行相比，绩效相对较差。两位学者的研究结论刚好相反，可能的原因是研究数据选取了城商行跨区域经营的不同阶段，导致结论相反。

（四）地方官员晋升与城商行信贷行为

城商行在为地方政府推动地方经济发展做出贡献的同时，也成为地方官员的晋升工具。钱先航等（2011）以各地市级市委书记的晋升作为解释变量，并观察地方一把手的任期和年龄等对城商行贷款期限和分布的影响。李维安等（2012）则研究了官员治理特征对城商行信贷投放的影响，发现由外地晋升的市委书记任期内城商行会显著地扩张信贷；而调任省、中央的市委书记在任期内城商行会紧缩信贷，退居二线的市委书记任期内城商行却会增加贷款投放。整体而言，市委书记任期与城商行信贷显著正相关。纪志宏等（2014）则考察了市委书记和市长的晋升激励对城商行信贷规模和信贷质量的影响。他们发现，城商行信贷规模与地方官员年龄呈倒"U"形关系，且信贷峰值出现在地方官员54周岁左右；与地方官员激励相伴的信贷扩张会同时导致贷款质量下降。刘冲等（2017a，2017b）则发现省级银监局局长在政治激励下的监管行为可以促使城商行提高资本充足率，进而抑制其信贷投放；同时还发现银监局局长任期与城商行不良贷款负相关。史永东和王龑（2017）研究了职务犯罪对中小银行风险的影响，发现职务犯罪对银行风险具有正向显著的影响，职务犯罪会加剧银行风险。

四、文献评述

对城商行公司治理的优化，目前理论界和实务界都提出了部分思路和对策，但是系统性、完整性和理论性还存在重大缺陷和不足。城商行规模壮大、风险增加以及建立现代公司治理的现实迫切要求与理论研究缺乏，都需要我们加强城商行公司治理优化的研究。目前，该研究主要存在以下不足：第一，现有文件主要从政府股东或地方官员出发，研究其对城商行经营绩效和风险承担的影响，较少研究地方政府股东对城商行控股模式选择的内生性问题，缺乏一个整体逻辑框架讨论地方政府控股城商行的行为。城商行股权结构安排是政府资本与民营资本博弈的结果，本质上是金融资本分配问题。现有研究迫切需要金融分权的研究框架深化理解城商行公司治理的制度安排。第二，大部分文献围绕地方政府股东和外资展开，很少研究近几年民营资本入股城商行的动机，更毋论结合地方政府退出城商行股权进行一致性研究。第三，现有文献较少深入研究民营资本入股城商行的影响，对民营资本入股之后如何改变城商行公司治理结构、如何影响城商行公司治理有效性以及经营绩效等问题缺乏深入探讨。第四，大部分文献的城商行数据较少，且年份存在限制。文献集中研究2006—2012年的城商行情况，此阶段包含了部分城商行的改制重组（2005年前后）、金融危机等内容。然而，城商行的内外部环境变化比较大，文献结论经常出现不一致的情况。目前，城商行已成为地方金融体系的重要组成部分，我们进一步拓展和丰富城商行研究具有重要意义。本书拟在金融分权背景下，从股权结构视角，结合公司治理特殊性，研究城商行公司治理优化问题，为在实践中提升城商行竞争力、防范区域性金融风险的机制设计提供理论及经验支持。

第三节　基本概念

一、金融分权

本书将"金融分权"定义为：为推动一国经济长期增长，激励地方发展经济，在不同层级政府之间以及政府与市场之间就金融资源配置权与控制权进行划定与分配的一系列显性和隐性的制度安排。金融分权包括三种金融权力，即金融发展与创新权、金融控制权和金融监管权。具体可分为两个层次：中央政府向地方政府的分权（金融分权Ⅰ）和地方政府向民间的分权即金融民营资本化或市场化（金融分权Ⅱ）。

从内涵上讲，金融分权包括三种金融权力，即金融发展与创新权、金融控制权和金融监管权在不同主体之间的划分。金融发展与创新权是指地方是否拥有发展地方金融机构、地方金融市场和金融基础设施建设的权力，以及进行金融创新和金融改革试验的权力。金融控制权主要是基于产权和人事权两个角度，包括地方是否拥有金融机构、市场的所有权和金融机构的人事控制权。金融监管权可以细分为地方是否拥有金融机构的市场准入权、日常监管权和危机救助权。

二、公司治理

我们一般认为公司治理是一套制度安排，这套制度安排的目的是确保公司中相关者的利益。目前在学术界，关于公司治理主要有三类观点：第一类是股东至上论，认为公司治理的中心在于确保股东的利益，是确保股东得到应有投资回报的各种机制；第二类是投资者利益保护论，认为公司治理是确保包括股东和债权人在内的所有投资者得到投资回报的各种方式；第三类是利益相关者论，认为公司治理研究的是包括股东、债权人、雇员、顾客、供销商和社区在内的利益相关者之间的关系以及规定他们之间关系的制度安排。这三种观点包含的利益相关者范围逐渐增大。

三、银行公司治理

银行公司治理的内涵是一般公司治理内涵的延伸。鉴于银行业的特殊性（高杠杆性、债权人众多、风险传染性），我们一般认为银行公司治理是主要保护存款人和股东利益的安排，这套安排同时兼顾其他一般利益相关者。除此之外，这套安排必须考虑到宏观经济稳定和金融体系安全。

四、银行公司治理特殊性

银行公司治理特殊性是指与银行公司治理与一般公司治理主要的区别有：①资产组合不透明性对银行公司治理的影响；②董事和经理的信托责任；③金融安全网对银行公司治理的影响；④监管对于银行公司治理的影响；⑤竞争限制对银行公司治理的影响；⑥债权人约束。

五、银行股权结构特殊性

银行股权结构特殊性是指由于银行不同于一般企业而导致与一般企业股权结构有差异的地方。从世界范围来看，主要有几点差异：①银行控制性股东的控制权、现金流权比例以及控制权和现金流的分离程度都比非银行类公司略低；②整体而言，银行被广泛持有的程度与非银行类并没有显著差异，但对于投资者法律保护程度较高的国家而言，银行股权相对分散；③银行国家所有权比例较高，特别是对发展中国家和转型国家而言，银行的政府所有权控制是个较普遍的现象。我国城商行股权结构的特殊性表现在：①地方政府股东一股独大；②东、中、西部地区股权结构差异显著。

六、特许权价值

一般而言，某些特殊的行业由于政府限制，设立企业开展经营需要持有政府颁布的特许经营牌照，有限的特许经营牌照产生了特许经营权价值。我国的金融行业（尤其是银行业）由于进入门槛较高，申请金融特许经营牌照难度较大，因而有了银行特许权价值。

第四节　研究思路和逻辑结构

银行业的特殊性导致了城商行公司治理的特殊性，而城商行股权结构的差异又从根本上决定了公司治理的方向。城商行股权结构的变化表现为中央政府、地方政府、民营资本对城商行控制形式的变化，其与金融分权动态演变之间存在内在逻辑一致性。因此，本书的基本逻辑是，在金融分权背景下，从股权结构视角，结合公司治理的特殊性，研究城商行公司治理优化问题。

一、引入金融分权背景的重要性

城商行的股权结构演变与金融分权的历史演变息息相关。根据金融分权理论，中央政府向地方政府的分权（金融分权 I）决定了城商行股权结构中，中央政府与地方政府的相对持股关系。金融分权 I 的演变不仅是中央政府权衡地方经济发展和金融风险后的结果，也是地方政府与中央政府不断进行博弈的结果。一方面，中央政府开始在权衡地方经济发展与金融风险防范的基础上，审慎下放部分金融权力，强化地方政府的风险处置责任；另一方面，地方政府则通过"自下而上"的金融改革和创新,以"倒逼"的方式或隐性的方式从中央政府"攫取"部分金融权力。

政府向民间的分权(金融分权Ⅱ)决定了城商行股权结构中,政府与民营资本的相对持股关系。根据政府对待民营经济态度(民营经济政策)的钟摆原理,当国企出现严重亏损或国进民退、经济发展减缓时,政府希望通过激励民营经济发展为经济增长提供动力,此时民营经济便得到了鼓励或青睐,政策会向民营经济摆动,金融资源分配更多地表现为市场化或民营资本化;反之,当国企经营状况普遍好转、经济稳定增长时,政策便会摆向国企,民营经济生存空间将受到很大挤压,金融资源更多地向国企集中。因此,当地方国企的控制权收益较高,地方政府普遍希望谋求对城商行的控股来支持地方国企发展;当地区民营经济较为活跃,国企控制权收益较低时,地方政府愿意放弃城商行控制权,鼓励更多的民营资本进入,促进民营经济发展。

国企的金融优惠政策包括金融管制政策(如利率管制)和风险分担制度(如政府隐性担保),对上述两个层次的金融分权演变都会产生重要影响。当地方国企投资亏损由中央政府来分担时,地方政府更愿意控制金融资本,而中央政府则更倾向于金融集权;反之,当地方政府被要求承担更大比例的风险分担,或中央政府取消隐性担保时,地方政府控制金融资本的意愿将下降,而中央政府则更倾向于金融分权。利率管制对金融分权的影响与风险分担政策类似,利率管制越严重,即对国企利率优惠越多,地方政府和中央政府都倾向于控制金融,前者是为了获得利差,而后者则是为了减少对地方国企的利率补贴;反之,随着利率市场化即取消国企利率优惠,地方政府控制金融的意愿将下降,而中央政府则更倾向于金融分权。

对国企的金融优惠政策从本质上讲有助于增加国企和金融机构的控制权收益,从而极大地激励政府控制金融而不利于金融民营资本化的发展。由于利率管制,国企享受到法定(优惠)贷款利率,金融机构可获得双重利差。与此同时,中央政府对金融机构的隐性担保更是为控制方获得无风险融资和风险投资回报提供了保证。由此可见,上述政策能为金融机构控制方带来可观的收益,即金融特许权价值。由于以下两方面的原因,这种金融特许权价值的存在将对金融民营资本化带来负面影响,延缓金融民营资本化的进程:一是政府并不倾向于轻易让民企获得金融机构的这一特许权价值,如为避免获得丰厚的利差收益,只允许民企成立不吸收存款的小贷公司;为减少中央的隐性担保,政府往往对民营银行的设立采取更为苛刻的风险防范条件,如"生前遗嘱"。二是尽管有利于促进民营经济发展并推动经济增长,但金融民营资本化同时也会迅速减少国有金融体系和国有企业的控制权收益，因为充分竞争将导致垄断租金的耗散。由于民营经济难以真正享受政府对国企的金融优惠政策。类似于利率市场化和建立显性存款保险制度等减少国企金融优惠的政策，将使中央政府和地方政府放松对金融的控制，有助于金融民营资本化进程。利用金融特许权价值的变化，我们可以解释城商行股权结构的演变。当金融特许权价值变大时，政府倾向于控制城商行，民营金融发展相对困难；反之，随着金融特许权价值变小，引入民营资本变得相对容易。

二、各章节内容之间的逻辑关系

改革开放之初，银行系统分权化的表现之一是城商行的前身——城市信用社等地方金融机构在地方政府的推动下迅速设立并得到了快速发展。1994 年金融开始集权的表现之一是暂停城市信用社等地方金融机构的设立审批。2002 年至今，金融适度分权表现为城商行开始进行不良资产剥离、财务重组和股份制改造，部分城商行更是进一步完成了上市。因此，我们研究城商行公司治理和地区差异必须结合金融分权的理论框架。

一是介绍了金融分权理论框架及城商行公司治理的现状。我国城商行公司治理演变与金融分权的演变息息相关；城商行的股权结构演变与金融分权的历史演变息息相关。根据金融分权理论，中央政府向地方政府的分权（金融分权Ⅰ）决定了城商行股权结构中，中央政府与地方政府的相对持股关系。政府向民间的分权（金融分权Ⅱ）决定了城商行股权结构中，政府与民营资本的相对持股关系。

二是在金融分权理论基础上，分析了地方政府持股城商行模式差异以及在地方政府竞争下，政府持股对当地城商行绩效的影响。具体分为以下几点：①在金融分权理论的基础上，探讨政府持股城商行的模式选择及其对城商行绩效的影响。根据金融分权理论，金融分权具体表现为中央政府、地方政府和市场分别通过控制金融机构和金融市场来分别对中央国企、地方国企和民营企业提供金融支持。因此，地方政府控股模式差异主要取决于国企资本需求的大小。本书从国有经济比例、财政状况、金融竞争程度等影响国企资本需求的角度出发，探讨了政府持股城商行模式的选择问题。②本书从地方政府竞争这一角度分析了政府控股对当地城商行绩效的影响，探讨在不同竞争行为和压力条件下，地方政府对城商行是否采取不同的策略和产生不同的影响。金融分权理论与地方政府竞争理论息息相关。在分权竞争背景下，经济增长竞争主要表现为投资竞争，而投资竞争又主要表现为对资金的竞争。资金竞争不仅表现为财政资源的竞争，也表现为金融资源的竞争。金融竞争的结果便形成了金融分权。

三是结合城商行公司治理的特殊性，探讨民营资本入股城商行的动机及其对城商行的影响。根据笔者搜集的数据，70%以上的城商行仍由政府控制。而政府所有权带来国家干预和所有者缺位下的特殊内部人控制问题。民营资本进入银行业的确起到了多元化股权结构的作用，但也带来了股东关联贷款的突出问题。部分民营资本不满足于获得利润分红，而是希望谋取对商业银行的控制权，进而为自身企业的扩张提供足够的信用支持。因此，本书在政府控股模式选择基础上，结合城商行公司治理特殊性，进一步对民营资本入股动机展开研究。

四是除了对动机的研究外，本书还研究了民营资本基本特征（民营资本持股比例、重要民营资本股东个数、民营资本大股东结构）对城商行公司治理、盈利性和不良贷款率的影响，并区分了不同的影响机制（降低政府干预、缓解道德风险、解决所有者缺位）。

五是根据上述研究得出的结论，从股权结构视角，结合我国城商行公司治理的特殊性，从政府股东作用及特殊性、民营资本股东作用及特殊性、公司治理机制和外部监管四个方面提出城商行公司治理完善的建议。

第五节　主要研究内容

下面我们对本书的基本内容做一个简要介绍。第一，本书从董监高结构和股权方面研究了我国城商行公司治理的现状，分析了现行公司治理模式的特点及存在的主要问题。第二，本书介绍了金融分权理论，并对我国金融分权的演变进行梳理，用理论对我国金融分权的演变进行初步解释，总结出金融分权的内涵和特点。第三，本书研究了政府持股的模式选择，重点就地方政府对公司治理的影响进行深入分析；联系地方政府竞争，研究地方政府竞争与城商行绩效的关系。第四，本书研究了民营资本入股城商行的动机，并探究了民营资本入股对城商行盈利性与不良贷款率的影响。第五，基于上述研究成果，本书在规范地方政府和监管者行为的同时，着重从民营资本进入的角度对我国城商行的公司治理进行优化，研究民营资本进入对我国城商行公司治理的影响机制、优化措施及相关的政策设计。

本书的主要研究内容概述如下：

第一章引言，首先介绍本书的选题现实以及文献综述，从实践层面和理论层面阐述问题研究的重要性；其次厘清本书基本概念，在此基础上提出本书的研究思路和逻辑，以便读者清晰地了解本书的研究逻辑；最后对本书的研究内容做一个扼要介绍。

第二章从城商行股权变动的历史背景出发，结合数据从所有权性质、持股比例、地区差异等方面全面、系统地分析了城商行股权结构的演变及特征，并重点分析了民营资本股东的异质性。在此基础上，本章进一步梳理了城商行公司治理结构（董事会、监事会、高管持股，薪酬，分红，外部治理等）的现状，分析其与一般公司治理结构的异同之处。

第三章系统研究金融分权这一重要现象，基于我国金融分权的演变厘清金融分权的内涵，通过构建模型研究两个相互联系的问题（最优金融资本的分配和金融控制权的实施）来理解我国金融分权的内在逻辑，并据此对其演变方式进行初步解释。本章提出"政府对待民营经济态度（民营经济政策）的钟摆假说"来解释金融分权Ⅱ的演变，而金融分权Ⅰ的演变则主要取决于由财政分权所决定的中央与地方的财政状况。本章还以银行体系为例，通过区分国有银行内部分权化和外部分权化这两种演变方式，分析了金融分权的具体实现形式，即金融分权的实施问题。

第四章研究了政府股东对城商行股权模式的选择以及政府持股结构与城商行绩效的关系。在以往对于银行股权的研究中，多把银行股权或资本结构的变动单纯地作为一个公司金融问题来看待，其研究问题的本质为选择最优股东类型或资本结构以使银行满足利润最大化要求。然而对于城商行来说，其地方政府股东往往并不把银行绩效放在第一位。因此，本章从经济结构、财政禀赋的独特视角，研究了地方政府对控股模式的选择。

第五章结合地方政府竞争理论，分析了政府控股对当地城商行绩效的影响，探讨在不同竞争格局和禀赋约束下，地方政府对城商行的策略和作用是否会有不同，是否进而对城商行的盈利性以及不良贷款率产生影响。

第六章主要研究了民营资本入股城商行的动机。首先，对政府退出的背景进行分析，在此基础上，从理论层面分析民营资本入股城商行的利益诉求；其次，区分城商行的异质性，从民营资本股东的融资动机和获得高额的垄断利润收益两方面研究民营资本入股的动机。

第七章主要分析了民营资本入股对城商行经营绩效的影响，将城商行绩效分为盈利性和不良贷款率两方面。第一，研究了民营资本基本特征（民营资本持股比例、重要民营资本股东个数、民营资本大股东结构）对城商行经营绩效的影响；第二，研究了异质性民营资本对城商行经营绩效的影响；第三，区分了不同影响机制（减少政府干预、缓解道德风险、解决所有者缺位）对城商行绩效的影响。

第八章分析了民营资本入股对公司治理的影响。首先从民营资本持股比例、民营资本股东个数和本地民营资本持股比例三方面研究了对城商行公司治理结构（董事会人数、独立董事比例、监事会人数、外部监事比例）的影响；其次研究了城商行公司治理结构的改变对城商行公司治理有效性的影响；最后按照持股比例大小分组，研究了民营资本入股对公司治理有效性的影响。

第九章在金融分权的背景下，以城商行公司治理特殊性为基础，结合民营资本入股城商行提出了优化城商行公司治理的措施：①优化城商行股权结构，对待地方政府股东和民营资本股东具有一致性；②限制地方政府股东权利，改变地方政府政绩评价模式；③引入优质的本地民营资本股东，形成与地方政府股东的制衡关系，同时民营资本股东内部也形成制衡关系；④完善城商行内外部公司治理机制，内部治理机制包括董事会、监事会、薪酬体系等，外部治理机制包括会计师事务所、经理人市场等。除此之外，本章还在民营资本入股的背景下提出了新的监管要求。

第六节　主要创新点及进一步研究方向

本书在研究视角、研究内容、研究方法和研究结论上均具有一定的创新性。

一是创新性地提出了金融分权理论。本书提出的金融分权理论具有如下创新点：系统研究了我国金融分权现象，首次提出了金融分权的理论分析框架，包括金融分权的概念、内涵、类型、内在逻辑、实施机制、指标衡量和影响效应等，并利用这一分析框架深入研究了当前我国地方金融发展的独特现象，包括地方金融控股集团和地方金融管理体制。金融分权理论是对当前占主导地位的财政分权竞争理论的全新拓展，可以极大地丰富现有的金融发展和金融转型理论。

二是结合金融分权理论研究了城商行股权结构及其公司治理优化等问题。本书在分析框架内，强调了地方政府金融竞争和金融市场化等因素；在研究中着重考虑了金融分权背景下，由金融竞争驱动的地方政府控制城商行方式的演变，城商行与地方国有经济间的特殊依赖关系，以及由此引发的公司治理缺陷问题。根据金融分权理论，中央政府向地方政府的分权（金融分权I）决定了城商行股权结构中，中央政府与地方政府的相对持股关系；政府向民间的分权（金融分权II）决定了城商行股权结构中，政府与民营资本的相对持股关系。这突破了传统就事论事地分析城商行公司治理缺陷的模式，构造了统一的研究框架。

三是从城商行股权角度，对城商行的公司治理及经营绩效做出解释，视角新颖，拓展了对城商行研究的范围。本书摒弃以往的将股权结构作为外生给定的假说，首次研究了城商行政府股权演变的内生逻辑。现有研究缺乏对地方政府退出和控制的内生解释，而是多从规范经济学的角度进行讨论，尽管有一些文献进行了研究，也不能解释控制与退出并存的情形。本书试图揭示地方政府对城商行控股模式的差异现象，并着重解释差异形成的内生决定因素。在此基础上，本书还进一步分析了民营资本持股城商行的内生性，并根据城商行的异质性，区分了不同民营资本股东的入股动机。

四是多角度、全方位地分析了政府持股和民营资本持股的影响。首先，本书在政府持股方面探讨了不同的竞争格局和发展条件下，地方政府控股对城商行是否有不同的策略和作用。已有研究直接将政府持股数量或是否政府控股作为解释变量对城商行业绩进行分析，没有考虑政府股东自身不同的诉求导致的不同行为逻辑。本书从多角度衡量地方政府竞争，并在考虑地方发展约束的情况下分析了地方政府竞争对城商行收益和风险的影响。其次，本书从多个角度细致地研究了民营资本持股异质性特征（民营资本持股比例、重要民营资本股东个数、民营资本大股东结构、民营资本股东与政府股东制衡性、是否本地股东、民营资本股东持股时间）对城商行公司治理以及经营绩效的影响，丰富了城商行股权结构的研究范围。

五是采用了理论模型与实证分析相结合的研究方法，并非简单地实证检验因果关系。首先，本书建立了中央政府、地方政府以及市场相互博弈的模型，逆向归纳法求解出影响金融分权的因素；摒弃股权结构给定的研究范式，建立理论模型分析政府控股城商行的模式选择。其次，在实证分析中，本书综合运用固定效应模型、面板门槛模型和双重差分模型等多种回归模型，力求实证结果的可靠性和稳健性。

六是通过研究得出了以下一些有意义的结论：

（1）本书认为金融分权是由我国工业化进程和城市化进程所引致的发展资本需求和分权竞争体制所内生决定的，体现了激励地方发展与控制金融风险的权衡，并将金融分权划分为中央向地方的分权（金融分权Ⅰ）和政府向民间的分权即金融民营资本化或市场化（金融分权Ⅱ）；提出"政府对待民营经济态度的钟摆假说"来解释金融分权Ⅱ的演变，使用财政分权与地方政府竞争效应来解释金融分权Ⅰ的演变。金融分权理论是对当前占主导地位的财政分权竞争理论的全新拓展，可以极大地丰富现有金融发展和金融转型理论。

（2）国有经济比例、财政状况、金融竞争程度等影响国企资本需求的因素，决定了政府持股城商行模式。具体而言，财政禀赋与金融控制之间的关系受国有经济比例的影响，即国有经济比例较高时，地方政府越倾向于退出；而国有经济比例较低时，地方政府越倾向于控制城商行，呈替代关系。民营资本的入股动机在不同规模的城商行中有不同的表现：民营资本入股大规模城商行主要是基于投资角度考虑，为了获取稳定的超额利润；民营资本入股小规模城商行主要是基于减缓自身融资约束考虑，为了获取关联贷款。

（3）当城商行最终控制人为地方政府时，增加民营资本持股比例和增加主要民营资本股东个数都提高了城商行的绩效；民营资本大股东对民营资本发挥的作用有重要影响，如多个民营资本大股东的城商行，民营资本持股对经营绩效的正向影响最大，单一大股东次之，散沙式的民营资本持股对经营绩效影响最小甚至没有影响。从民营资本股东的异质性来看，本地民营资本股东和长期持股的民营资本股东对城商行的经营绩效的积极作用更大。

（4）基于城商行公司治理的特殊性，从股权结构和监管方面提出两点政策建议。第一，优化城市股权结构，形成合理的制衡机制。从政府股东的角度出发，改革官员评价体系，将地方政府控股的城商行业绩评价纳入评价体系，适当控制城商行规模，引导城商行良性发展。从民营资本股东的角度出发，引入本地民营资本，减少信息不对称；保证民营资本入股的质量，确定民营资本的持股锁定期；保障民营资本股东权利，提升第二大股东作用。第二，从监管的角度出发，对地方政府股东、民营资本股东的监管应一视同仁。对于拟入股的民营资本股东，要考察其行业背景、财务情况等，着重考察其入股动机，对于资质较差的民营资本股东，甚至可以设置无限责任安排；对于地方政府股东的监管，按照财政状况等指标给予地方政府评级，根据评级决定地方政府持股数量。城商行股权的转让应当放入大宗交易平台进行，或者进行公开拍卖。此外，从外部治理角度出发还应该完善高级管理人员的甄选机制，尤其是城商行行长的聘任制度；聘请高排名会计师事务所；引入资本市场中小投资者。

尽管本书有诸多创新及实践意义，但还有进一步探讨的空间。首先，我们应进一步丰富混合股权对公司治理提升作用的路径分析。混合股权作用的实质在于不同性质的股权进行博弈，最终形成权力配置，并体现于公司治理的有效性。因此，我们下一步将检验混合股权是否通过影响城商行中非国有董事比例影响其经营结果。

其次，本书在研究体系中未提及外部监管的压力测试。股权结构可能会影响外部监管的作用效果。在下一步研究中，我们可以加入外部监管压力测试，探讨不同股权结构的城商行最适度的监管压力，寻求监管强度与经济发展的平衡。

最后，本书的非国有股权的研究主要探讨的是民营资本，对外资的研究较少。民营资本与外资对城商行公司治理的作用渠道及力度是否有差异，其股权比例是相互替代关系还是互相加强的关系，值得我们进一步研究。

本书的结构框架见图 1-1。

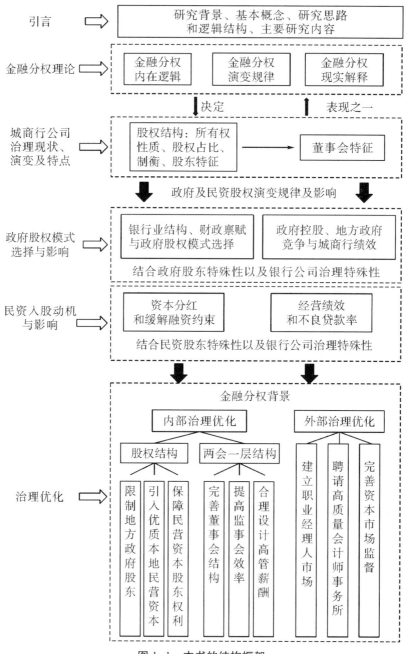

图 1-1 本书的结构框架

金融分权背景下中国城市商业银行公司治理优化研究——基于股权结构的视角

第二章　城商行公司治理的演变、现状及特点

第一节　城商行公司治理的演变

我国城商行的发展经历了从城市信用合作社到城市合作银行，最终到城商行的过程，其不同的阶段有着不一样的公司治理制度。从城商行不同的发展阶段，可以看出城商行公司治理的演变。

一、城市信用合作社（1979—1994 年）

1979 年 6 月，我国第一家城市信用合作社在河南省驻马店成立。非公有制经济开始崭露头角，相应地对金融服务的需求也开始增加，城市信用合作社正是为私营经济、金融服务供给不足而建立的。1986 年以前，城市信用合作社的数量约为 1 300 家，总资产约为 30 亿元。1986 年 1 月，国务院下发了《中华人民共和国银行管理暂行条例》，明确了城市信用合作社的地位。同年 6 月，中国人民银行又下发了《城市信用合作社管理暂行规定》，对城市信用合作社的性质、服务范围、设立条件等做了规定。自此，城市信用合作社设立的速度加快，当时主要设立在地级以上大中城市，但有一些地方在县（市）也设立了城市信用合作社。随着城市信用合作社在全国范围内大规模建立，为加强管理，1988 年 8 月中国人民银行颁布了《城市信用合作社管理规定》，提高了城市信用合作社的设立条件，注册资本由 10 万元提高到 50 万元。此阶段还不存在现在意义的公司治理机制。根据 1986 年的《城市信用合作社管理暂行规定》，城市信用合作社是城市集体金融组织，是为城市集体企业、个体工商户以及城市居民服务的金融企业。城市信用合作社必须实行独立的核算，自主经营、自负盈亏、民主管理，办成具有法人地位的独立的经济实体。城市信

用合作社受中国人民银行的领导、管理、协调和监督。1993 年颁布的《中华人民共和国公司法》中规定股东大会下设董事会和监事会两个平行的机构，从而形成了"双层治理模式"。而 1997 年，中国人民银行颁布了《城市信用合作社管理办法》，则借鉴了《中华人民共和国公司法》中关于监事会的规定，要求城市信用合作社创立大会需要选举理事会、监事会成员等，城市信用合作社实行社员民主管理、按照一人一票的原则，社员具有平等的表决权、选举权和被选举权，公司治理结构雏形初步呈现。

随着城市信用合作社数量的增多，规模的扩大，一部分城市信用合作社管理不规范、经营水平低下、不良资产比例高、抗御风险能力差，形成了相当大的金融风险。自 1995 年起，根据国务院指示精神，部分地级城市在城市信用合作社基础上组建了城市合作银行。同年 3 月，中国人民银行下发了《中国人民银行关于进一步加强城市信用合作社管理的通知》，以文件形式明确：在全国的城市合作银行组建工作过程中，不再批准设立新的城市信用合作社。这个通知下发以后，全国基本上完全停止了城市信用合作社的审批工作。为切实防范和化解金融风险，保持社会稳定，确保城市信用合作社稳健经营和健康发展，1998 年 10 月，国务院办公厅转发中国人民银行《整顿城市信用合作社工作方案》（以下简称《整顿方案》）。《整顿方案》要求各地在地方政府的统一领导下，认真做好城市信用合作社的清产核资工作，彻底摸清各地城市信用合作社的资产负债情况和风险程度，通过采取自我救助、收购或兼并、行政关闭或依法破产等方式化解城市信用合作社风险；按照有关文件对城市信用合作社及联社进行规范改造或改制；要求全国各地进一步加强对城市信用合作社的监管。全国各地按照《整顿方案》的要求，至 1999 年年底，除了对少数严重违法违规经营的城市信用合作社实施关闭或停业整顿外，还完成了将约 2 300 家城市信用合作社纳入 90 家城商行组建范围的工作，为城商行的健康发展奠定了良好的基础。2012 年 3 月 29 日，全国最后一家城市信用合作社——宁波象山县绿叶城市信用社改制为城商行，即宁波东海银行股份有限公司（简称"宁波东海银行"），城市信用合作社正式退出了历史舞台。

二、城市合作银行（1995—1998 年）

城市合作银行是城商行的前身。城商行是在中国特殊历史条件下形成的，是中央金融主管部门整肃城市信用合作社、化解地方金融风险的产物。1994 年，国务院决定合并城市信用合作社，成立城市合作银行。首批五个试点城市为北京、上海、天津、深圳、石家庄。1995 年 6 月，以过去的 16 家城市信用合社为基础，经过整顿、合并，作为全国首家试点银行——深圳城市合作银行成立，这标志着城市信用合作社开始转向城市合作银行。经过了解试点银行运营情况，学习试点银行经验，国务院又选取了黑龙江、辽宁、河南、山东、湖北、广东、云南等地区的省会城市作为第二批试点城市，共 11 个。同年 9 月，《国务院关于组建城市合作银行的通知》宣布，从 1995 年开始在全国 35 个大中城市建立城市合作银行，城市合作银行是股份制银行，股份由地方财政投资、社会投资以及原有城市信用合作社股份等部分构成。1996 年和 1997 年，国务院又分两次将城市合作银行的范围扩大到 118 个地级城市，范围主要集中在经济发展已达到一定水平的东南沿海地区和长江、珠江流域。自此，城市合作银行在全国范围铺开。

三、城商行（1998 年至今）

考虑到城市合作银行的性质与其名称不符，1998 年 3 月，经国务院批准，中国人民银行和国家工商总局共同发布通知，城市合作银行正式将名字全部更改为"城市商业银行"。因此，深圳城市合作银行也被视为我国第一家城商行。城商行建立初期，背负着城市信用合作社留下的深深烙印，不良贷款率和账面亏损仍处在较高的水平，经营状况和从业人员素质令人担忧。在当地政府的大力支持下，城商行从改革内部管理控制做起，完善法人治理结构，明确管理制度，同时在降低不良资产规模方面做了不懈的努力。地方政府也通过协助清查不良资产、资产置换、注资等方式对城商行资产质量的提升做了不小的贡献。城商行摆脱了历史的阴影，迈上了跨越式发展的道路。2001 年 8 月，中国证券监督管理委员会发布了《中国证券监督管理委员会关于在上市公司建立独立董事制度的指导意见》，2002 年其进一步联合国家经贸委（现商务部）发布了《上市公司治理准则》，这标志着上市公司将强制实行独立董事制度。这也为城商行建立现代公司治理制度树立了榜样。

为了满足四大国有银行上市条件，2005 年中国银行业监督管理委员会（以下简称"银监会"①）颁布《商业银行内部控制评价试行办法》，要求商业银行建立以股东大会、董事会、监事会、高级管理层为主体的公司治理组织架构，以保证各机构规范运作、分权制衡；并要求建立独立董事制度，对董事会讨论事项发表客观、公正的意见，以及建立外部监事制度，对董事会、董

---

① 2018 年 3 月，第十三届全国人民代表大会第一次会议批准了国务院机构改革方案，不再保留中国银行业监督管理委员会。为方便阅读，我们在后文中统称其为"银监会"。因此，本书所指的"银监会"均为原中国银行业监督管理委员会。

事、高级管理层及其成员进行监督，这标志着我国商业银行（包括城商行）开始建立了标准的现代公司治理制度。同年颁发的《股份制商业银行董事会尽职指引（试行）》规定了商业银行董事会职责、董事会会议规则与程序、董事会专门委员会、董事责任。在建立起标准的现代公司治理制度之后，城商行开始寻找扩充资本、改善资产质量的渠道，上市就成了许多规模较大的城商行的一致选择。2007 年首批 3 家城商行（北京银行、南京银行、宁波银行）上市，标志着城商行开始进入资本市场，接受中小投资者的监督。2008 年，银监会颁布了《商业银行信息披露办法》，要求商业银行按照本办法规定披露财务会计报告、各类风险状况、公司治理、年度重大事项等信息，同时要求商业银行披露的年度财务会计报告必须经具有相应资质的会计师事务所审计，城商行的信息披露制度就此建立起来。2010 年，银监会颁发的《商业银行稳健薪酬监管指引》要求商业银行主要负责人的绩效薪酬根据年度经营考核结果，在其基本薪酬的 3 倍以内确定，除此之外，中长期激励在协议约定的锁定期到期后支付，锁定期至少为 3 年，高级管理人员和对风险有重要影响的岗位员工，其绩效薪酬的 40%以上采取延期支付的方式，且延期支付期限一般不少于 3 年。城商行高管薪酬也按照此标准进行了调整。为适应金融危机后银行业风险加大的局面，防范金融危机蔓延到银行业，2010 年和 2014 年，银监会分别修订了《商业银行董事履职评价办法》和《商业银行内部控制指引》，对董事和内部控制制定了更为严格的措施。2018 年 1 月，银监会则颁布了《商业银行股权管理办法》，对商业银行的股东资质、股东责任、参股控股要求（"两参一控"）等做出相应的规定。

第二节　城商行股权结构的特征

城商行股权结构经过了多个阶段的演变。20 世纪 70 年代，各地成立了城市信用合作社和农村信用合作社以弥补传统大银行的经营空白，支持小微企业与农户发展。1995 年 7 月，国务院发布《国务院关于组建城市合作银行的通知》，城市信用合作社和农村信用合作社纷纷改制。改制之初，许多农村信用合作社与城市信用合作社不良资产率较高，地方政府和地方企事业单位为维护银行信誉，以财政出资的方式入股银行。尽管政府入股化解了地方金融风险，但也导致城商行在成立之初地方股权独大的局面。为解决城商行在运营过程中的资本不足问题，21 世纪初期，民营资本被鼓励参与城商行增资扩股和重组，城商行股权结构开始多元化，政府股权呈现出下降的趋势，虽然地方政府仍为大股东，但多处于相对控股地位（郑荣年，2013）。然而，由于监管缺失，部分城商行从"政府独大"变为"民企独大"后，出现了部分民营资本控股股东利用关联交易侵害银行利益的行为。在2003年的某城市商业银行的票据违规事件后，监管层严格规定新入股的民营资本股东及其关联方总持股比例不得超过10%，随后对战略投资者放松到20%。为改善城商行公司治理并弥补资本不足，在随后几轮的城商行增资扩股以及重组过程中，民营资本均被鼓励进入，但是持股比例受到严格限制。2012年，政策对民营入股管制放松，符合条件的民营企业对城商行持股比例可放宽至20%以上。2013年出台的《中国银监会中资商业银行行政许可事项实施办法》① 和2015年出台的《中国银监会中资商业银行行政许可事项实施办法》均鼓励民营资本进入城商行，但目前的城商行股权结构中，第一股东70%以上仍是地方政府。

笔者通过各种渠道手工搜集了125家城商行2007—2016年的年报，由于部分城商行的数据披露不够规范和详细，无法找到其前十大股东及其持股比例等信息。经过对信息缺失样本的删除，我们最终得到城商行样本632份，其中2007年14份，2008年30份，2009年46份，2010年64份，2011年73份，2012年68份，2013年49份，2014年85份，2015年93份，2016年110份。同时，我们对其年报公布的前十大股东逐一查证，追溯其终极控股股东。

如果以最终控制权计算的第一大股东持股比例低于10%，则该城商行为分散持股。如果以终极控制权计算的第一大股东持股比例超过10%，则根据第一大股东性质确定城商行性质。根据样本统计，城商行股权性质分为地方政府性质、民营性质、外资性质和分散持股四种。

地方政府：终极股东为地方财政、地方国资委、地方国企等，在本书中均视为地方政府，且最终股份为以上所有加总。

民营（自然人）：终极股东为我国（不含港澳台）公民。

外资：终极股东为外籍自然人或外国政府，并非按注册地认定。

分散持股：以最终控制权计算的第一大股东持股比例低于10%。

一、政府股权为主，民营资本为辅

中国城商行整体上属于国有控股。如图2-1和表2-1所示，在全部632个

---

① 该办法根据国家政策需要在不断修订，2015年出台的《中国银监会中资商业银行行政许可事项实施办法》实际为2013年出台的该文件的修订版，下同。

城商行样本中，有 79.75% 的城商行由地方政府控股，外资控股占 7.28%，民营资本控股仅占 4.59%。2007—2016 年，地方政府控制的城商行比例基本为 70%~90%。在金融危机之前，地方政府控股呈上升趋势；在金融危机之后，地方政府控股的城商行比例逐渐下降，直到 2012 年，又有所回升。

外资控股的城商行整体多于民营资本控股的城商行，这与政府政策和城商行历史不无关系。2001 年中国加入世贸组织后，放开了外资金融机构入股中资银行的限制，同时，银监会制定了《境外金融机构投资入股中资金融机构管理办法》。城商行普遍希望引入外资股东，从而可与国外金融机构进行公司治理、业务发展、信息技术、风险控制等方面的战略合作。因此在引资过程中，外资股东比民营资本股东更受城商行欢迎，并且外资股东入股一般以战略投资者身份，单独持股比例较高。而城商行由城市信用合作社合并而来，导致民营资本股东众多，持股分散，因此就最终控制权而言，民营资本占比较低。

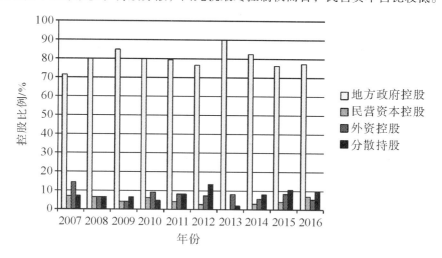

图 2-1　各年度城商行控股股东属性

表 2-1　2007—2016 年城商行控股股东属性

控制股东性质	地方政府	民营资本	外资	分散持股	合计
样本数/个	504	29	46	53	632
占比/%	79.75	4.59	7.28	8.39	100

资料来源：作者根据相关资料手工整理。

8.39% 的城商行样本在 10% 的统计标准下没有终极控制人，这从一个侧面说明了城商行股权相对分散。城商行多由城市信用合作社演化而来。以上海银行为例，其在 1995 年由多达 99 家城市信用合作社合并组建而成。股权分散作为历史遗留问题，成为城商行上市前的普遍瓶颈。由于产权和政策更迭，城商行往往历经多次股份变动。主管方、所有人增资频繁，导致股本演变十分复杂。此外，城商行股东人数众多，历史沿革中股份变动方式也很多样：有转让双方直接签订转让协议的，有转让方委托公司转让持有股份的，还有因法院裁定、清算投资以及股东本身被合并、分立或被兼并而导致的股东变更等多种情形。

二、民营资本持股分散，集中趋势加强

尽管民营资本控股的城商行较少，但是民营资本持股比例在城商行股权结构中占有重要地位。根据图 2-2 数据，以城商行前十大股东数据进行统计，民营资本持股比例在 2008 年后均高于 20%，且 2014—2016 年均保持在 25%以上。而政府持股比例在 2010 年后逐渐下降至低于 30%的水平。2015—2016 年，民营资本持股比例已经超过了政府持股比例。这说明在城商行股权中，民营股份将会起到越来越重要的作用。

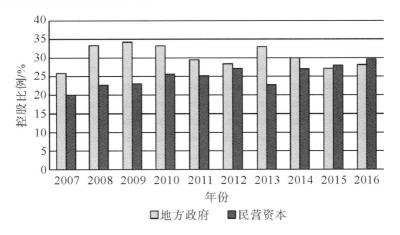

图 2-2　各年度地方政府和民营资本持股均值

根据 2015 年银监会年报的数据，截至 2015 年年底，已有 100 家中小商业银行的民营资本占比超过 50%，约占同类机构总数的 70%。其中，城商行民营资本占比已达 53%。全国农村合作金融机构民营资本占比接近 90%，村镇银行民营资本占比超过 72%。截至 2017 年年底，我国已试点设立了 16 家民营银行，进一步拓展了民营资本进入银行业的渠道。

民营资本进入银行业的常态化与近年来的政策引导有重要关系。2012 年

5月26日，银监会发布了《中国银监会关于鼓励和引导民营资本进入银行业的实施意见》，目的在于鼓励民营资本和其他资本按同等条件进入银行业，支持民营企业参与商业银行增资扩股，鼓励和引导民营资本参与城商行重组。民营企业参与城商行风险处置的，持股比例可以适当放宽至20%以上。该文件影响了城商行股权结构的后续变化。2013年发布的《中国银监会中资商业银行行政许可事项实施办法》和2015年发布的《中国银监会中资商业银行行政许可事项实施办法》，都在鼓励民营资本进入城商行。

我国城商行在存量银行民营资本化改革的过程中，民营资本大多以股份分散、规模较小的方式进入金融机构。如图2-3所示，2007—2016年，单一民营资本持股比例超过10%的个数不足0.5，单一民营资本持股比例超过5%的个数为1~2.5。从平均持股比例来看，2014—2016年，我国城商行的前十大股东中，民营资本股东在城商行的平均持股比例仅4.8%左右，远低于前十大股东中本市地方政府约16%的持股占比，更低于本省地方政府的约21%的持股比例。以上数据表明，民营资本的持股比例非常分散，超过10%的民营资本股东寥寥无几，超过5%的民营资本股东势力也较单薄，单一民营资本持股比例较低。这使民营资本进入城商行后，很难掌握决策话语权，在发挥公司优化治理作用时会受到一定的限制。

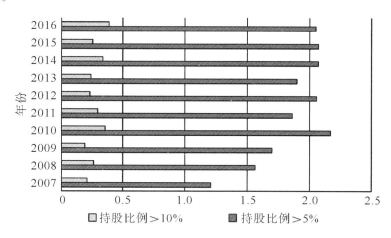

图2-3 城商行民营资本股东结构

从2007—2016年的地方政府和民营资本持股比例变化趋势来看，地方政府持股比例呈下降趋势，地方政府已开始"放权"，而民营资本持股比例基本逐年提高，民营资本越来越多地参与到城商行的股权份额中，而持股比例较高（超过5%及10%）的民营资本股东个数也略有上升。

三、各地区城商行股权结构差异，禀赋与政策是主要影响因素

地方政府持股比例和民营资本持股比例在各地区呈现出不同的特征，基本遵循东部地区民营资本化程度最高，西部地区民营资本化程度次之，中部地区民营资本化程度最低的规律。从图2-4可以看到，东部地区地方政府持股比例与民营资本持股比例之差最小，2007—2012年的民营资本持股比例与地方政府持股比例差异不超过5%。2014—2016年，其民营资本持股比例已经超过地方政府持股比例。就中部地区而言，2007—2011年的地方政府持股比例有非常明显的下降趋势，民营资本持股比例有所上升，但上升幅度略小。这表明中部地区正在引入民营资本，而且外资引入力度还较大。2014—2016年，中部地区的地方政府持股比例与民营资本持股比例依然相差较大。西部地区总体而言也呈现出相同的趋势①，但是西部地区的民营比例整体高于东部地区，且2014—2016年的民营资本持股比例与政府持股比例的差距越来越小。东、中、西部地区股权比例的特征见图2-4。

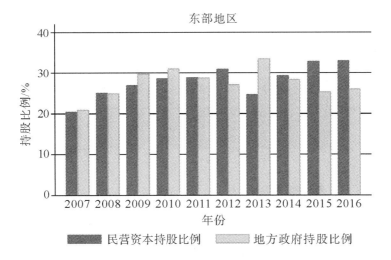

————————————

① 西部地区2007年仅统计有包商银行和宁夏银行两个样本，而包商银行政府持股比例为0，因此2007年西部地区整体呈现出政府持股比例较低的特征。

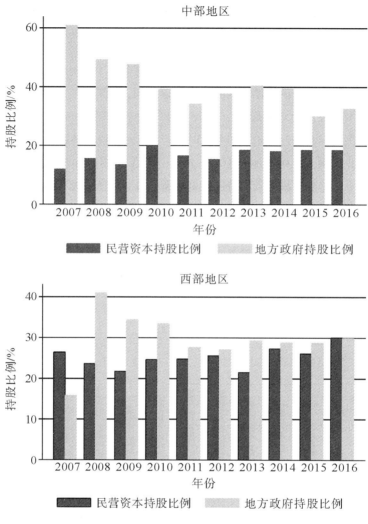

图 2-4 东、中、西部地区股权比例的特征

就地方政府持股比例而言，东部地区最低，西部地区次之，中部地区最高。就民营资本持股比例而言，东部地区最高，西部地区次之，中部地区最高。这与不同地区的禀赋有很大关系。东部地区市场化程度最高，民营经济最为活跃，占比最高，且拥有众多实力雄厚的民营企业，因此民营资本持股比例最高，地方政府持股比例较低。而中部地区和西部地区的民营经济相对落后，民营资本持股比例也低于东部地区。中部地区和西部地区的城商行股权结构的差异，主要在于其国有企业的类型。中部地区的国有企业以资本密集型的工业

金融分权背景下中国城市商业银行公司治理优化研究——基于股权结构的视角

企业为主，需要大量资金支持，而西部地区的国有企业以第一产业或资源型国有企业为主，对资金的需求小于工业企业。这决定了在西部地区，地方政府持股比例反而低于中部地区。而中部地区相对于西部地区在吸引外资方面更有优势，因此中部地区的非国有成分中，民营比例占比低。

以上分析表明，东、中、西部地区的城商行股权结构差异可能与不同地区国有工业经济有关系。为进一步验证此逻辑，笔者继续分析了不同省份的国有工业经济占比与民营资本持股比例的关系。图 2-5 显示出民营资本股权与国有经济比例（工业产值、国企利润总额）的基本线性关系，其中民营资本股权与国有经济比例呈负相关关系，即国有经济比例越高，民营资本进入城商行的比例越低。这可能是因为国有经济比例越高，民营经济越不发达，地方政府越倾向于控制城商行，为国有企业的发展提供资金支持。更为精确的理论分析和实证检验详见后续章节。民营资本持股比例与地方国有经济占比见图 2-5。

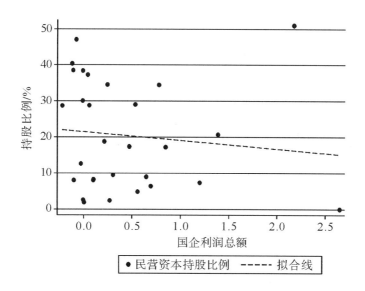

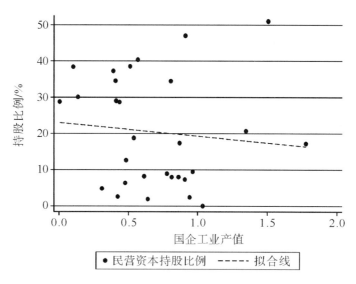

图 2-5　民营资本持股比例与地方国有经济占比

　　除了禀赋差异影响到地区城商行的股权结构外，政府出台的政策也是重要影响因素。2002 年 7 月，浙江省城商行第十次联席会做出决定：为提高资本充足率，进而提高市场竞争力，该省 8 家城商行将悉数对民营企业开放，欢迎优秀民营企业入股，且在 3 年内让民营资本占大股。浙江省城商行的民营资本比例在 2006—2007 年均占 50% 以上。2013 年 9 月，四川省人民政府办公厅下发了《四川省人民政府办公厅关于推进城市商业银行改革与发展的意见》。该意见指出，省内城商行应扩大资本规模、引进战略投资者、优化股本结构，要求将国有股总额控制在总股本的 20% 以内。该文件的颁布，使得该年内的四川省城商行民营企业平均持股提高了近 20%。2015—2016 年，四川省城商行的民营企业持股比例在全国位居榜首。

第三节　民营资本股东的自身特征

一、入股民营资本的行业分布相对集中

　　民营资本股东入股民营资本的行业分布集中且特点突出。其入股的民营资本主要分布在批发和零售行业，股东个数高达 755 家，分布在制造业的民营资本股东个数次之，为 750 家；而与此相比，住宿和餐饮行业的股东个数较少，

仅有 25 家，农、林、牧、渔行业背景下的入股民营资本股东有 32 家，各行业的分布差异明显。民营资本的行业背景分布较为集中，前四大行业的入股民营资本占比就达到全部入股民营资本个数占比的 73.3%，达到了一半以上的比重。

民营资本所在行业主要是批发零售业，该行业的许多民营企业是城商行的客户，对城商行的经营状况比较了解，又是我国市场化程度最高、竞争最为激烈的行业。尽管该行业是高现金流行业，但是利润率较低。城商行的垄断牌照有特许权价值，具有比一般行业更高的净资产收益率，吸引了许多从事批发零售业的民营企业入股。除了批发零售业外，民营资本股东所在行业主要有制造业，这可能是因为近年来的经济产业结构调整，使相关制造业的发展遇到了一定的瓶颈，民营企业为了减缓自身的资金约束和增加资本的利润来源，纷纷选择入股城商行拓展产业布局，提升企业经营效益。民营资本股东行业分布见图 2-6。

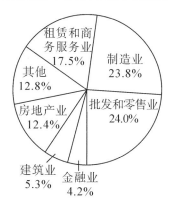

图 2-6　民营资本股东行业分布

二、民营资本股东投资的企业和行业众多

笔者对民营资本股东其余的对外投资企业数和行业数进行了分析。就民营资本股东对外投资行业而言，约一半的民营资本股东的投资行业数超过 5 个，且 45% 以上的民营资本股东对外投资企业数超过 10 家。这一方面表明，入股城商行的民营资本股东均为实力雄厚、多元化发展的民营企业集团；另一方面也说明，民营资本股东要警惕多元化发展为自己带来的压力。多元化发展对资金需求较高，经营不当可能会给企业带来巨大资金压力，而这很可能会压垮整个企业。随着民营资本股东的被投资范围扩大，城商行的关联关系就会更加复杂，要警惕民营资本股东通过构造复杂隐蔽的关联网络，操纵城商行贷款。民营资本股东对外投资数分布见图 2-7。

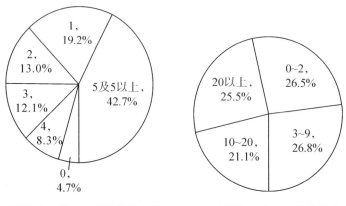

民营资本股东对外投资行业数　　　　民营资本股东对外投资企业数

图2-7　民营资本股东对外投资数分布

三、民营资本股东持股城商行的时间较短

从民营资本股东已持股时间来看，83.76%的股东持股时间均在1~5年，而持有时间超过8年（含）以上的则只占5.37%，说明民营股权近年来才开始大量涌入城商行，受累于宏观经济疲软及行业经济不景气，实体经济利润薄弱，各行业利润率整体下行，许多投资领域对于民营资本进入设定了严格的限制；股债市场行情不稳定，民营资本没有充足的投资渠道，出路难寻。而城商行借助于垄断牌照及稳定利差优势，往往具有比一般行业更高的净资产收益率，城商行股权交易向民营资本开闸，便为投资无门的民营资本提供了优质的资产标的。同时，民营资本的持续入股也是城商行市场化改革中必然的结果。民营资本股东已持股时间见图2-8。

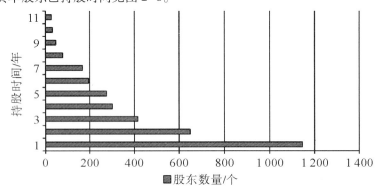

图2-8　民营资本股东已持股时间

四、民营资本股东入股方式的多元化

民营资本入股城商行主要有三次浪潮。第一次，20 世纪 90 年代城市信用合作社大规模重组城商行。1994 年开始，在人民银行的统一部署下，城市信用合作社逐渐被整顿、组建为城市合作银行，1995 年后又被更名为"城市商业银行"。在成立城商行的金融改革过程中，出于化解地方金融风险的考虑，城商行在组建之时中央就规定了地方政府的控股地位。在城商行股权结构设计上，地方财政为最大股东，持股比例在 30%左右，单个法人股东的持股比例不得超过 10%，其他出资人有城市信用合作社原有的个体工商户、城市居民和地方国企。包商银行、泰安银行以及营口沿海银行、宁波东海银行等都是在城市信用合作社改制为城商行时引入了大批民营资本股东的。第二次民营资本入股高潮出现在 2004 年左右。中国加入《巴塞尔协议》，为满足资本充足率 8%的要求，大批城商行进行了增资扩股，引入民营资本股东。哈尔滨银行、烟台银行、辽阳银行等正是在此背景下吸引了大批民营资本股东。第三次，2010 年左右的农村信用合作社改制为城商行。例如，中原银行是由多家城商行以及农村信用合作社共同改制而来。民营资本入股方式见表 2-2。

表 2-2　民营资本入股方式

银行名称	民营资本名称	城商行前身	主要入股方式
泰隆银行	职工持股会	台州市泰隆城市信用社	1993 年职工持股
青岛银行	海尔集团	青岛市诚实信用合作社	2001 年增资扩股
哈尔滨银行	科软软件、天地源远等	哈尔滨城市合作银行	2000 年增资扩股
潍坊银行	明天控股	潍坊市城市信用合作社	2006 年增资扩股
营口沿海银行	海航集团	盖州城市信用合作社	2010 年改制发起设立
烟台银行	南山集团	烟台市城市信用合作社	2012 年受让和增资扩股
宁波东海银行	中国远大	象山县绿叶城市信用合作社	2012 年改制发起设立

第四节 城商行公司治理现状

笔者通过登陆各个城商行官网下载年报信息，手工搜集整理了2012—2016年134家城商行公司治理结构数据，但由于部分城商行未披露年报，或者披露了年报但相关信息未进行报告，因此实际样本数量少于670个，且不同的指标的样本数量也不一致。城商行公司治理现状可以分为董事会、监事会与高级管理人员，薪酬激励制度和外部治理情况。根据前面对城商行股权结构的分析，本部分将城商行前十大股东中，地方政府股东持股（包括地方国企）总和最大的城商行归为地方政府组；将民营企业持股总和最大的城商行归为民营资本组。

一、"两会一层"初具规模

公司治理结构指标中，董事会人数均值为12.38人（中位数为14人），与祝继高等（2012）统计城商行2004—2009年数据中董事会均值11.8人（中位数为12人）相比有所提高；独立董事比例方面，均值为24.58%（中位数为26.67%）与祝继高等（2012）统计的独立董事均值14.9%（中位数为14.3%）相比大幅提高，这反映出随着我国经济快速发展、金融深化加剧，城商行公司治理结构越来越完善。高管人数均值为7.63人（中位数为7人），董事长与行长是否兼任情况中有6.62%存在两职兼任的情况。城商行的董事会结构见图2-9。

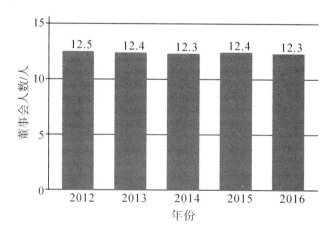

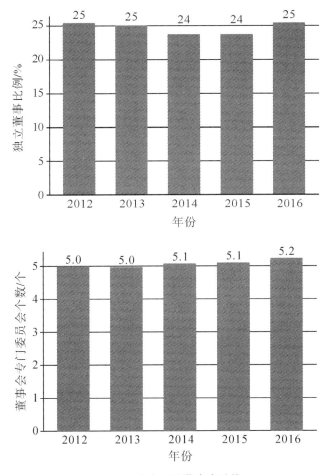

图 2-9　城商行的董事会结构

　　监事会结构则分为监事会人数和外部监事比例。而监事会人数均值为 7.63 人（中位数为 7 人），外部监事比例均值为 26.91%（中位数为 28.57%）略高于独立董事比例。监事会人数由 2012 年的 7 个上升到 2016 年的 7.2 个，外部监事比例则由 2012 年的 24% 上升为 2016 年的 28%。城商行的监事会结构见图 2-10。

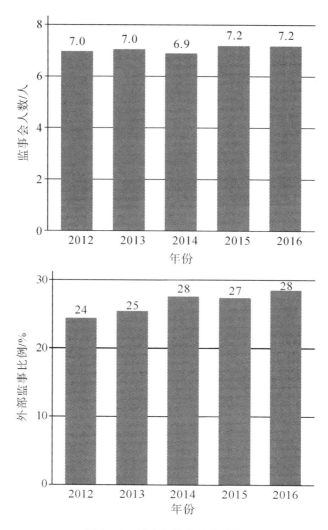

图 2-10　城商行的监事会结构

最后，高管人数（包括行长、副行长、董事会秘书）除了 2012 年为 7.3 人外，2013—2016 年保持在 7.7 人。综合看来，城商行"两会一层"的公司治理结构基本成形，尽管独立董事比例和外部监事比例从 2012 年到 2016 年逐年上升，但与上市公司相比偏低，董事会、监事会的独立性有所不足。城商行的高管人数见图 2-11。

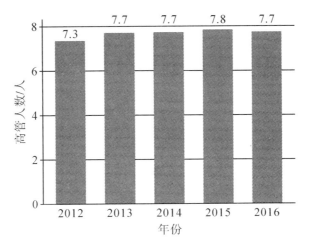

图 2-11　城商行的高管人数情况

二、城商行公司治理的实施情况

城商行公司治理的实施情况大致是：各种会议次数逐年上升，但监事会效率低下。从实施情况来看，城商行召开股东大会的次数从 2012 年的年均 2.1 次增长到了 2016 年的年均 2.4 次。在董事会次数方面，2012—2016 年的平均次数有较大提升，从 7.2 次上升到 8.6 次。而监事会次数则波动幅度比较巨大，2012 年为 4.5 次，随后上升到 2014 年的 5.1 次，2015 年下降为 4.8 次，2016 年又上升到 5 次。总体来看，城商行公司治理结构和公司治理机制实施改善较为明显，但监事会会议次数较少，大幅度低于董事会会议次数。城商行股东大会、董事会、监事会的会议情况见图 2-12。

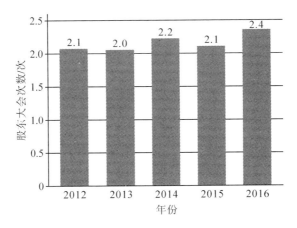

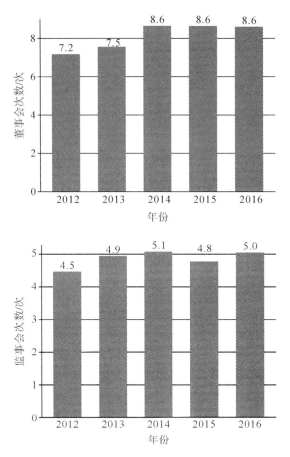

图 2-12　城商行股东大会、董事会、监事会的会议情况

三、薪酬激励多元化

（一）高管薪酬

城商行的高管薪酬相对稳定，具体情况见图 2-13。

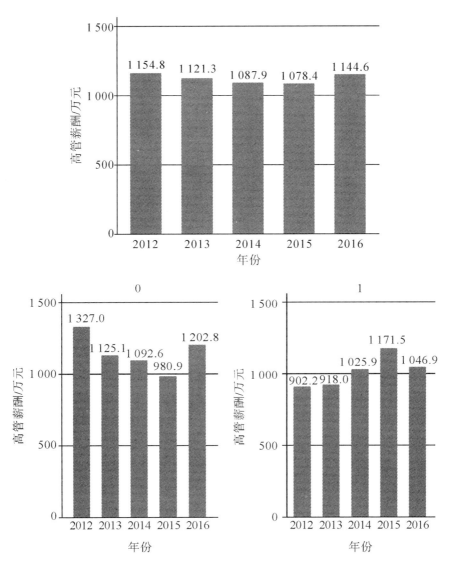

注：图中分组"0"为地方政府组，分组"1"为民营资本组。

图 2-13　城商行的高管薪酬情况

　　高管薪酬方面。我国在 2012—2016 年总共披露的 163 家城商行中，属于地方政府组的有 85 家，属于民营资本组的有 78 家。整体上看，2012—2015 年的城商行高管薪酬有所下降，从 1 154.8 万元下降到 1 078.4 万元，但 2016 年又上升到 1 144.6 万元。但分组来看，地方政府组和民营资本组出现了相反的趋势：地方政府组中高管薪酬的总体趋势为下降趋势，从 2012 年的 1 327.0 万元下降到 2015 年的 980.9 万元，但 2016 年又上升到 1 202.8 万元；民营资本组中的高层薪酬总体趋势为上升趋势，从 2012 年的 902.2 万元上升到 2015 年的 1 171.5 万元，但 2016 年又下降为 1 045.9 万元，与地方政府组恰好相反。其可能的原因是 2009 年受到财政部办公厅向各家金融类国企派发的《金融类国有及国有控股企业负责人薪酬管理办法（征求意见稿）》的影响，地方政府控股下城商行薪酬开始大幅度减少；而民营资本组中，受此规定的影响较小，且民营资本入股后为了激励高管人员，城商行的薪酬开始大幅度增加。

（二）股权激励制度

1. 董事会持股

董事会持股比例逐年减少。2012—2016 年，根据年报信息的不完全统计，城商行中存在董事会持股的有 162 家，其中属于民营资本组的有 75 家，属于地方政府组的有 87 家。整体上看，董事会持股比例从 2012 年的 0.091% 下降到 2016 年的 0.039%，呈逐年下降趋势。但在地方政府组中，董事会持股变动比较杂乱，2012 年为 0.070%，2013 年大幅下降为 0.033%，随后两年又上升，到 2015 年上升到 0.050%，2016 年又下降到近几年最低的 0.027%。而在民营资本组中，2012—2016 年的董事会持股变动则呈现阶段性下降趋势，即 2012 年为 0.107%，随后 2013 年下降到 0.086%，2014 年小幅上升到 0.091%；但 2015 年和 2016 年分别下降为 0.055% 和 0.051%。总体来说，董事会持股大部分来源于城商行由城市信用合作社改制过程，因此城商行经过几年发展，董事会成员逐渐套现也符合自身利益所求。此外，在民营资本组中，其董事会持股比例高于地方政府组。城商行的董事会持股情况见图 2-14。

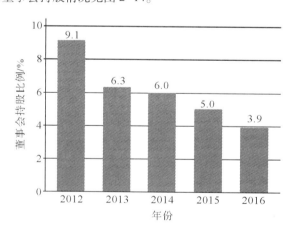

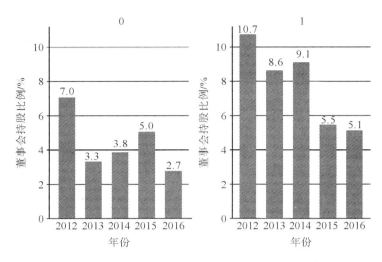

注：图中分组"0"为地方政府组，分组"1"为民营资本组。

图 2-14　城商行的董事会持股情况

2. 监事会持股

监事会持股比例逐年减少。在 2012—2016 年的城商行中存在董事会持股的有 179 家，其中属于民营资本组的有 90 家，属于地方政府组的有 89 家。同董事会持股变化趋势一致，整体上从 2012 年 0.063% 下降到 2016 年的 0.026%。从分组来看，地方政府组的变化与董事会相似，总体上看呈下降趋势，即从 2012 年的 0.060% 下降到 2016 年的 0.014%；而在民营资本组中，则是从 2012 年的 0.083% 逐步下降到 2016 年的 0.042%。这可能的原因与董事会持股变化一致。此外，民营资本组监事会比例高于地方政府组。城商行的监事会持股情况见图 2-15。

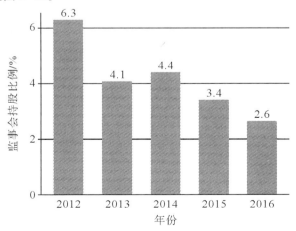

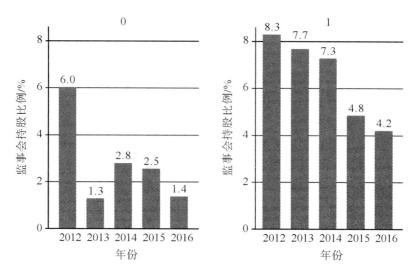

注：图中分组"0"为地方政府组，分组"1"为民营资本组。

图2-15　城商行的监事会持股情况

3. 高级管理层情况

高级管理层比例波动较大。此处分析的高级管理层情况是排除了董事会成员、监事会成员之后的高级管理层情况。2012—2016年的城商行中存在董事会持股的有168家，其中属于民营资本组的有80家，属于地方政府组的有88家。与董事会、监事会情况类似，其整体趋势也是下降，从2012年的0.098%下降到2016年的0.067%。从分组情况来看，地方政府组变化仍然是先下降（从2012年的0.058%下降到2013年的0.036%）后上升（上升到2015年的0.079%）再下降（下降到2016年的0.029%）；而民营资本组则是先下降（从2012年的0.142%下降到2014年的0.093%）后上升（从2014年的0.093%上升到2016年的0.121%）。另外，同样的，民营资本组中的高级管理层比例高于地方政府组。城商行的高级管理层情况见图2-16。

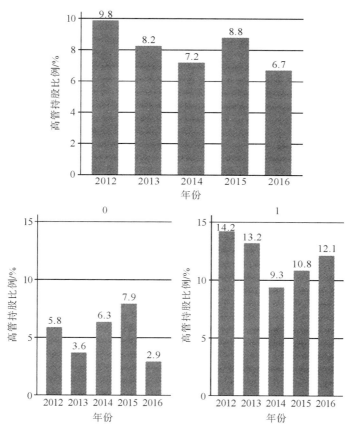

注：图中分组"0"为地方政府组，分组"1"为民营资本组。

图 2-16　城商行的高级管理层情况

4. 分红情况

从股利分红情况来看，2012—2016 年，城商行中存在分红行为的有 205 家，其中属于民营资本组的有 103 家，属于地方政府组的有 102 家。整体上看，每股分红呈逐年下降趋势，从 2012 年的每股 0.175 元下降到 2015 年的每股 0.111 元，然后 2016 年又上升到每股 0.131 元。从分组情况来看，地方政府组中同样是从 2012 年的每股 0.152 元下降到 2015 年的每股 0.126 元，随后 2016 年又上升到每股 0.161 元；而民营资本组中则是一直呈下降趋势，从 2012 年的每股 0.268 元下降到 2013 年的每股 0.148 元，随后又下降到 2014—2016 年的每股 0.109 元、0.110 元和 0.104 元，呈较稳定的趋势。城商行的分红情况见图 2-17。

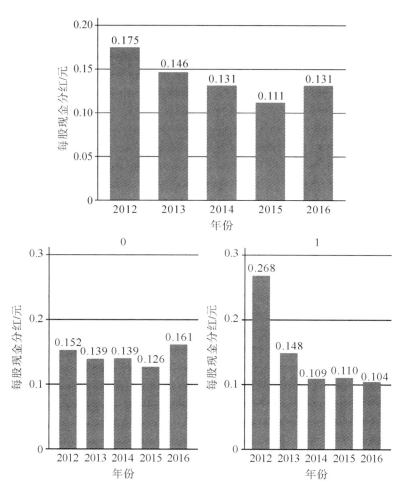

注：图中分组"0"为地方政府组，分组"1"为民营资本组。

图 2-17　城商行的分红情况

综上所述，城商行董事会、监事会、高级管理人员的持股比例在 2012—2016 年逐年下降。在民营资本组中，三类持股比例均高于地方政府组，可能的原因是民营资本组中具有更好的激励制度，因此持股比例较高；此外，在薪酬方面地方政府组逐渐下降，民营资本组则逐渐上升；在股利分红方面，尽管两个组都在下降，但民营资本组的下降幅度高于地方政府组。

四、外部治理异质性高

上一个小节介绍了城商行内部公司治理情况，本小节主要介绍城商行外部公司治理情况。我们主要从城商行的上市情况、城商行聘请会计师事务所的情况和城商行面临的外部竞争情况三个方面来说明。

（一）上市情况

总体来说，城商行的上市数量较少。截至 2016 年年底，城商行中上市的总共有 16 家（包括主板、中小板、新三板、港交所）。其中主板上市 6 家、中小板上市 1 家、新三板上市 1 家、港交所上市 8 家。从上市时间来看，2007 年上市了 3 家，2013 年上市了 2 家，2014 年上市了 2 家，2015 年上市了 4 家，2016 年上市了 5 家。城商行上市主要集中在 2013 年以后，尤其是 2015 年和 2016 年。从分组来看，地方政府组有北京银行、天津银行、上海银行、贵阳银行、江苏银行、南京银行、齐鲁银行 7 家；而民营资本组有杭州银行、盛京银行、锦州银行、哈尔滨银行、徽商银行、郑州银行、重庆银行、青岛银行、宁波银行 9 家。城商行的上市情况见表 2-3。

表 2-3　城商行的上市情况

上市板块	城商行名称（上市时间）
主板	北京银行（2007）、上海银行（2016）、江苏银行（2016）、南京银行（2007）、杭州银行（2016）、贵阳银行（2016）
中小板	宁波银行（2007）
新三板	齐鲁银行（2015）
港交所	天津银行（2016）、盛京银行（2014）、锦州银行（2015）、哈尔滨银行（2014）、徽商银行（2013）、郑州银行（2015）、重庆银行（2013）、青岛银行（2015）

（二）会计师事务所情况

总体来说，地方政府组略好于民营资本组。城商行披露的年报信息需要会计师事务所出具审计意见，好的会计师事务所会更加公正、严格地对城商行的年报进行审计，进而起到监督的作用；相反，较小或者本地的会计师事务所可能会因为私利或者人际关系与城商行形成共谋，对城商行年报的审计存在造假的可能性。因此，我们分析城商行所聘请的会计师事务所排名，可以了解城商行的外部公司治理情况。会计师事务所排名来自中国注册会计师协会官网每年公布的《会计师事务所综合评价前百家信息》。

鉴于大部分城商行所聘请会计师事务所不在此名单中，因此我们主要统计了城商行聘请的会计师事务所排名在前 100 名的占比。2012—2016 年总共有396 个样本公布了会计师事务所名称，其中民营资本组有 219 个，地方政府组有177个。从整体上看，排名在前100名的会计师事务所所占比例在2012—2016年（除2014年的75.8%以外）基本维持在80%左右；而从分组来看，地方政府组中该比例大致逐年上升，从2013年的75%上升到2016年的88%，民营资本组则略有下降趋势，从2012年的75%上升2013年的81%，随后下降，2015年均和2016年均维持在73%左右。城商行聘请会计师事务所前100名的情况见图2-18。

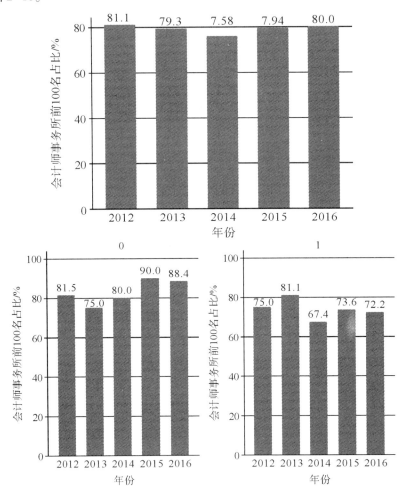

注：图中分组"0"为地方政府组，分组"1"为民营资本组。

图2-18　城商行聘请会计师事务所前100名的情况

在这些地方政府中，排名在前100名的会计师事务所全部排名在前50名，且集中在前20名；而民营资本组中有少数一部分排名在后50名，排名在前20

名的集中度没有地方政府组高。因此可以发现，地方政府组聘请的会计师事务所质量略高于民营资本组。城商行聘请会计师排前100名的分布情况见图2-19。

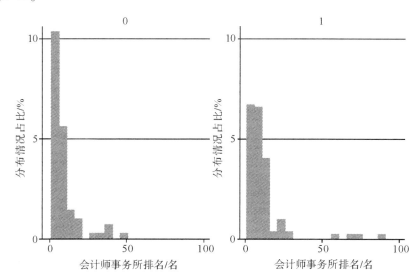

注：图中分组"0"为地方政府组，分组"1"为民营资本组。

图2-19 城商行聘请会计师排前100名的分布情况

（三）外部竞争情况

总体来说，地方政府组面临外部竞争程度比民营资本组更为激烈。总体来说，城商行面临的外部竞争程度越高，就越有动力提高公司治理，因此外部竞争程度可以衡量城商行的外部公司治理情况。本书以城商行总部所在城市其他类型银行（包括五大行、邮储银行、城商行和外资银行）的分行数量总和来衡量城商行所面对的银行业竞争。在2012—2016年的528个样本中，地方政府组有237个，民营资本组有291个。整体上看，城商行所面临的外部竞争逐年加剧，从2012年的12.8个上升到2016年的19.5个。从分组情况来看，地方政府组和民营资本组面临同样的上升趋势。地方政府组从2012年的15.9个上升到2016年的24.3个；而民营资本组则从2012年的9.8个上升到2016年的17.4个。同期相比，民营资本组所面临的竞争小于地方政府组。在存款利率市场化后，各个银行存款竞争压力增大，为应对这种压力，其纷纷进行跨区域经营，深入本省其他地级市或外省省会城市经营，因此导致银行业竞争加剧。城商行面临的外部竞争情况见图2-20。

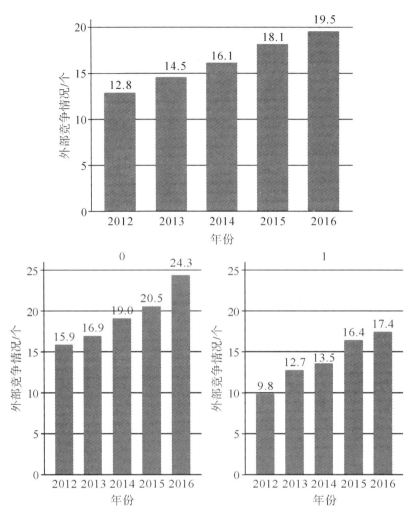

注：图中分组"0"为地方政府组，分组"1"为民营资本组。

图 2-20　城商行面临的外部竞争情况

第五节　本章小结

本章从城商行股权结构、民营资本股东特征和城商行公司治理现状三个方面对城商行进行了描述分析。首先，从城商行股权结构来看，民营资本控股银行较少，政府力量仍占主导；民营资本股权相对分散，但入股深度不断提升；

各地区城商行股权结构有显著差异，禀赋与政策是其主要影响因素。其次，入股城商行的民营资本股东主要有行业分布相对集中、民营资本股东投资企业及行业众多的特征；民营资本股东入股城商行的方式多元化。最后，从城商行内外部公司治理机制分析了目前的城商行公司治理情况。"两会一层"的公司治理结构初具规模，且外部人员的比例逐年增加；高管薪酬变化平稳，董事会、监事会、高级管理层比例逐渐减少，同时股利分红也在减少。就外部治理情况来看，城商行上市数量较少；城商行所聘请的会计师事务所中有80%排在前100名；城商行面临的外部竞争逐年加剧。从分组情况来看，民营资本组董事会、监事会、高级管理层比例高于地方政府组；薪酬方面民营资本组逐年上升，地方政府组刚好相反；而民营资本组分红少于地方政府组，且民营资本组聘请的会计师事务所的排名略低于地方政府组；民营资本组所面临的外部竞争弱于地方政府组。

第三章　城商行股权结构改革的制度背景：中国式金融分权

第一节　问题的提出

近年来，伴随着我国工业化和城市化的进程，地方金融①发展迅速，突出表现在以下几个方面：①地方金融机构与金融市场快速发展。如地方性城商行和农村商业银行（或农村信用合作社）普遍进行改制重组并积极从事跨区域经营，新型农村金融机构大量涌现，地方性准金融机构异军突起②，地方金融控股集团已具雏形③，区域性金融市场如金融资产交易所和产权交易市场广泛

---

① 关于"地方金融"的定义，学术界尚未给出一致意见。阎庆民（2012）将地方金融界定为"由地方人民政府管理或审批，并承担风险处置责任的金融机构"；张翼（2010）则认为"地方金融是指在一定行政区域内设立，并主要为当地居民或企业提供服务的金融机构和金融市场"。综合以上两种观点，本书将地方金融定义如下：所谓地方金融，一般是指在一定行政区域内设立，由地方人民政府管理或审批，并承担风险处置责任，主要为当地居民或企业提供金融服务的金融机构和金额市场，包括以地方商业银行、农村信用合作社为代表的银行业金融机构，以地方性证券公司、地方性保险公司为代表的证券业和保险业金融机构，以地方性信托公司、地方性融资租赁公司为代表的非银行金融机构，以小额贷款公司、融资担保公司、典当行为代表的准金融机构，以区域性股权交易所、区域性产权交易所为代表的金融市场，以及在全国各地广泛存在的民间金融。

② 根据银监会和人民银行统计，截至2011年年底，银行业地方金融机构（法人）有3 492家，占银行业的91.9%，其中城商行有144家，农村商业银行有212家，农村合作银行有190家，农村信用合作社有2 265家，村镇银行有635家，农村资金互助社有46家。

③ 以重庆市的重庆渝富资产经营管理有限公司（简称"渝富集团"）为例，该公司以打造全牌照金融服务集团为目标，参控股的金融企业包括重庆银行、重庆农商行、西南证券、安诚保险、汽车金融、三峡担保、进出口担保、兴农担保、银海租赁、股份转让中心等（http：//www.cqyfgs. com/）。地方政府积极发展地方金融的结果是，该市国有资本的产业格局已由原来的以工商业为主发展为工商业、基础设施和金融业三分天下（黄奇帆，2010）。

建立。②金融民营资本化趋势日益明显。民营资本已经在现有银行业资本构成中占有显著比例①，民营金融机构改革正式启动，如民营银行开始筹建②，由自然人或非金融机构发起的村镇银行允许设立。③区域金融风险开始显现。如城商行跨区域盲目扩张，地方金融市场违规发展导致案例频发，非法民间借贷频频引发"跑路潮"和"挤兑潮"，部分担保公司变相融资进行高息贷款面临倒闭，以及地方政府融资平台负债过高等。④地方金融管理初步形成。各地政府积极出台政策发展区域金融中心，纷纷成立地方性金融管理机构如金融办加强辖区内金融管理③，推动地方金融发展、创新和试验（详见附表1），并加强风险控制④。

上述现象预示着我国金融发展和管理已呈现出由中央集权逐步向地方分权化的显著趋势。我们将这种金融发展和金融管理地方化的现象称为"金融分权"⑤。就我国的经济分权而言，财政分权和金融分权虽然同是其重要组成部分，但在探讨中国经济转型与分权的诸多文献中，财政分权与金融分权所受关注和重视的程度却截然不同。一方面，地区分权竞争背景下正式的财政分权制度被广泛关注，财政分权被普遍认为是分权竞争的核心（张军，2007）；另一方面，显性或隐性并且更多呈现"自下而上"特征的金融分权则被理论界长期忽视，关注不足。由于缺乏对金融分权问题系统的梳理和总结，我们很难理解中国金融体系转型的内生逻辑及其对经济增长和金融风险的影响，现实发展

---

① 根据阎庆民（2014）对现有银行机构总股本中民营资本占比的统计，2013 年，股份制银行和城商行分别为 45% 和 56%，已有 100 多家中小银行超过 50%，部分中小银行为 100%。全国农村中小金融机构超过 90%，村镇银行达 73%。国有银行上市后，也有民营机构和公众持股。

② 2004 年 7 月，银监会已正式批准三家民营银行的筹建申请。这三家民营银行分别是以深圳市腾讯计算机系统有限公司（简称"腾讯"）、深圳市百业源投资有限公司、深圳市立业集团有限公司为主发起人，在广东省深圳市设立的深圳前海微众银行；以正泰集团股份有限公司、华峰集团有限公司为主发起人，在浙江省温州市设立的温州民商银行；以天津华北集团有限公司、麦购集团有限公司为主发起人，在天津市设立的天津金城银行。相比现有银行，民营银行在制度设计上最显著的特点是需提前订立风险处置与恢复计划，即"生前遗嘱"。民营银行要确定自担风险的有关安排，明确经营失败后的风险化解、债务清算和机构处置等，以企业或实际控制人资产对消费者进行有限赔偿。

③ 据统计，自 2002 年上海金融办成立以来，到 2009 年年底，我国已有 26 个省级政府、222 个地级以上城市成立了隶属于政府的金融协调机构，一些县市政府甚至区级政府也成立了相应的机构（吴智慧 等，2010）。

④ 为了防范地方金融发展中出现的区域性金融风险，中央强调发挥地方政府在金融管理和监督中的作用，为此《中华人民共和国国民经济和社会发展第十二个五年规划纲要》特别提出，将"完善地方金融管理体制，强化地方政府对地方中小金融机构的风险处置责任"作为深化金融体制改革的主要内容之一。

⑤ 由于金融集权可以理解为金融完全不分权，因此本书的金融分权概念包含金融集权的情形。

迫切需要对金融分权进行深入的理论探讨。为此，本书致力于回答如下三方面问题：①如何界定金融分权；②我国金融分权是如何演进的；③金融分权演变的内在逻辑是什么。与现有文献将金融制度作为规定来研究金融发展对我国经济增长的影响的思路不同，本书试图从金融分权的视角揭示中国金融发展和转型的内生逻辑。

由于金融分权是在我国经济分权背景下发生的，与财政分权密切相关，财政分权理论是我们理解金融分权的出发点和参照系。Xu（2011）将中国特色的体制概括为"（中央）政治集权、（地区）经济分权"。张军和周黎安（2008）认为，高度分权体制是改革后中国经济增长的一个重要特征性现象，经济分权对于中国经济发展产生了深刻的影响。自钱颖一和Weingast（1995）发表中国财政联邦制地区竞争的文献以来，关于财政分权、地方政府竞争以及对经济增长绩效影响的文献不断涌现。他们将分权分为两类：一类是由中央政府向地方政府的分权；另一类是由政府向企业或家庭的分权。前者突出表现为财政分权，由最初的"财政承包制"最终发展成1994年后的"分税制"；后者则与市场化存在紧密联系。他们最早认为，中国经济增长的主要原因在于经济分权背景下地方政府之间的竞争，并将其概括为"中国特色的维护市场的经济联邦制"。财政分权竞争促进了市场机制的建立、乡镇企业的发展、城市化和基础设施的建设、改革实验的发生和模仿以及外商直接投资的流入（林毅夫 等，2000）。但财政分权竞争也可能带来坏的影响，即"趋坏的竞争"。陈抗等（2002）认为，1994年分税制改革使中央加强了预算内财政收入的集权，从而改变了地方政府行为，从援助之手回到了攫取之手，地方最好的策略是选择预算外收入来增加自己的利益，促进地方经济增长。近期的研究分析视角逐步从地方政府转到了关注地方官员激励上，即政治锦标赛。Li et al.（2005）和周黎安（2007）认为，晋升锦标赛在地方政府之间引入了竞争机制，有利于促进对企业的扶持和对产权的保护，但恶性竞争也带来了一系列问题，如地方政府竞相压低土地、资金、劳动力等要素价格造成市场机制的扭曲，官员动用包括财政和金融在内的一切政策手段支持企业和其他商业扩张等。

关于我国金融分权化的研究，现有文献主要集中在三个方面，即金融分权化的表现、地方政府干预金融的原因和金融分权化的内在逻辑。就金融分权化的表现而言，文献多将其与地方政府金融干预行为紧密联系在一起。钱颖一和Weingast（1995）最早提出了"金融分权化"（financial decentralization）的概念①，并根据地方金融干预行为的表现将我国金融分权化划分为三个阶段，即由初始的直接行政干预到对银行决策施加影响，再过渡到通过逃废银行债务等间接争夺银行资源。在不同阶段，地方政府利用银行改革中的制度缺陷，不断改变对银行金融资源的争夺方式（巴曙松 等，2005）。地方金融干预近期突出表现为地方政府融资平台的银行债务激增（刘煜辉 等，2011；龚强 等，2011）。对于地方金融干预的原因，学者们区分了不同的因素：地方官员片面追求国内生产总值（GDP）的政绩考核导向是首要原因，分权化改革客观上导致地方政府之间对有限的金融资源展开竞争（周立 等，2002；张军，2008）；地方政府事权与财权的不对等以及转轨期"弱财政、强金融"的格局是重要原因，实施金融控制就是缓解财政收支矛盾的一种次优选择（周立，2003）；地方政府融资渠道狭窄是直接原因（李扬，2010）；中央政府隐含担保降低了地方政府为争夺金融资源所应承担的风险则是潜在原因（巴曙松 等，2005）。

在上述研究的基础上，少数学者进一步探讨了金融分权化的内在逻辑，并将之与财政分权相联系。傅勇（2011）认为，在中央—地方的权力博弈中，我国大致形成了财政分权与金融集权的体制搭配。这种体制一方面通过财政分权激励地方为经济增长而竞争；另一方面为限制地方竞争引发的经济过热，在金融体制上仍维持相对集权以保留调控，其金融改革总体特征表现为"有限分权下的集权"。Qian et al.（1998）从对预算软约束和通货膨胀影响的角度研究了财政和金融集权与分权的不同组合，结果表明，在财政分权和货币分权情形下，地方政府间的竞争将会产生过高的通货膨胀，为硬化地方预算软约束、降低通货膨胀，我们应采取货币集权和财政分权的组合。Park et al.（2008）研究了银行系统内部的金融分权，认为金融集权通过降低可获得信息使不对坏项目再融资的承诺可信，从而硬化了借款人预算约束，而金融分权则相反。这有助于解释 1994 年前后银行总行由原来向地方分行下放（分权）转向上收贷款审批权（集权）。张杰（2008）认为，地方政府为体制外企业（乡镇企业和私人企业）寻求金融支持推动了包括区域性商业银行和各类非正规金融部门的成长，导致了改革开放之初的金融分权。马颖和陈波（2009）则认为，为了适应市场导向改革的需要，利用国有银行体系中的金融资源来促进非国有企业的成长，由此形成了分权化的金融发展格局。

从以上文献回顾中可以看出，目前关于我国金融分权的研究存在以下不足：一是尽管部分学者提出了金融分权化的概念，但都没有给出其明确定义和

---

① 较早明确提出金融分权化概念的还有张杰（2003）、马颖和陈波（2009）等。

具体内涵；二是对金融分权的研究更多是针对 2000 年以前的时期，对于近期地方金融的迅速发展缺乏关注，对金融分权的分析视角也主要限于地方政府的金融干预行为，没有总结我国金融分权的演变特点和规律；三是尽管学者们提出了若干原因来解释影响我国金融分权的因素，但都没有构建一致性分析框架来研究我国金融分权演变的内在逻辑。特别是现有文献更多是针对 2000 年以前国企困难时期的预算软约束问题来讨论金融集权与分权，这一视角无助于理解 2000 年以后国企效益转好后明显的地方金融发展趋势，从而无法对我国金融分权的演变给出一致性解释。

本书将金融分权定义为：为推动一国经济长期增长，激励地方发展经济，在不同层级政府之间以及政府与市场之间就金融资源配置权和控制权进行划定与分配的一系列显性和隐性的制度安排。具体可分为两个层次：中央政府向地方政府的分权（金融分权Ⅰ）和地方政府向民间的分权（金融分权Ⅱ），即金融民营资本化或市场化①。金融分权是由我国工业化进程和城市化进程所引致的发展资本需求和分权竞争制度所内生决定的②。对于我国这样一个传统的农业国来讲，要实现现代化、工业化和城市化必然需要大量的投资，如何进行投资资本积累和配置就成为最重要的经济选择。为了在资本稀缺的农业经济中实现重工业优先发展的赶超战略，我国内生了"三位一体"的传统计划经济体制（林毅夫 等，1994；林毅夫，2007）③，在金融方面实行了高度集权制度，并通过压低利率和汇率等金融资本要素价格来降低金融资本形成和投资的成本。这种体制长期实行的结果是经济低效和增长停滞。高度集中的计划经济体制尽管可以利用全国性综合信息，但却不利于获取地方分散化信息，无法调动

---

① 尽管从形式上看金融民营资本化是中央政府的重要决策，但实际上由于以下原因其更多地由地方政府的行为所决定：首先，金融民营资本化多发生在地方，因此很多金融民营资本化改革虽然由中央政府发动，但最终还是由地方政府积极争取、组织实施和创新试验；其次，地方政府通过选择是否控制地方金融机构（如城商行）实际上决定了金融民营资本化的进展；最后，地方政府拥有部分金融机构和金融市场的监督管理权限，从而地方政府的行为在很大程度上决定了金融民营资本化的进程，这从新型农村金融机构组建中可以清晰地看出。

② 与西方发达市场经济国家相比，我国金融分权由于转型和发展的特点表现出显著差异：一是我国政府（中央和地方）属于追求经济增长的发展型政府，不同于前者主要限于提供公共品的服务型政府，我国政府间分权竞争的特点决定了中央与地方政府之间的金融分权，包括金融发展权、金融控制权和金融监管权，而前者主要限于金融监管权；二是在由计划经济向市场经济的渐近转型过程中，我国金融分权表现为金融资源由政府控制向市场的逐步分权，而前者金融资源主要由市场主导，政府向市场的分权问题几乎不存在。

③ 他们认为，为了降低重工业资本形成的成本，需要适当的制度安排，包括全面扭曲产品和要素价格的宏观政策环境、高度集中的资源计划配置制度和剥夺企业自主权的微观经营机制（如工商业的国有化和农业的集体化直至人民公社化）。

地方发展经济的积极性，而通过向地方分权来利用地方信息正是中国转型成功的关键（Qian et al., 2000）；此外，要放弃原来的资本密集型重工业优先发展战略，转变为符合要素比较优势发展的劳动密集型产业，就需要将国有企业从这些行业中退出并大力发展民营企业。这是形成"（中央）政治集权、（地区）经济分权"的中国特色体制的根源（Xu, 2011），因此经济分权就包括以地方政府竞争为特点的政府间分权和国退民进为特点的市场化分权。

在分权竞争背景下，经济增长竞争主要表现为投资竞争，而投资竞争又主要表现为对资金的竞争。资金竞争主要受财政分权制度的影响，地方政府在财政资源外为促进经济发展积极寻求金融资源，同时与中央政府展开纵向金融竞争以及同地方政府间进行横向金融竞争①。金融竞争的结果便形成了金融分权，其中纵向竞争形成了金融分权Ⅰ，而横向竞争则形成了金融分权Ⅱ。分权竞争的实现主要是经济主体通过各自控制的企业进行的，现实中中央政府、地方政府和市场分别控制（对应）着中央国企、地方国企和民企，因此金融分权便具体表现为各自通过控制金融机构和金融市场来分别对上述三类企业提供金融支持。现有的组织分权理论认为，最优的组织分权反映了（委托人）控制权的损失与（代理人）信息利用的权衡②。就投资信息而言，中央政府对全国范围内的投资具有优势，而地方政府和民企则对地方范围内的投资更有优势，由中央政府、地方政府和市场分别负责三类企业的投资正是反映了这种信息优势的差异。在经济增长的目标上，上述三类经济主体的利益并不完全一致。通常认为，国有企业由于代理问题严重等原因生产效率较民营企业低下，但政府控制国有企业却可以带来控制权收益。因此，民营企业追求效率最大化，而政府则需在效率与控制权收益之间权衡。而且，中央政府和地方政府从各自控制的国有企业中获得的控制权收益并不能被对方共享，更重要的是，地方政府间的过度竞争往往具有很强的负外部性，如重复建设与产能过剩、通货膨胀、金融风险外溢与传染等，可见中央政府与地方政府之间也存在着利益不一致。因此，金融分权从根本上讲，其需要权衡控制权损失导致的经济主体利

---

① 纵向竞争导致金融资源从中央流向地方，如地方行政干预国有银行信贷；而横向竞争是指地方之间相互争取金融资源，如支持本地城商行的跨区域设置、争相建立区域性金融市场甚至区域金融中心等，将导致金融资源在地区间流动。

② Poitevin（2000）从激励理论视角研究了组织分权问题，认为由于下级（代理人）存在着信息优势，将决策由上级（委托人）授予下级有助于利用这种优势，但上级同时面临着控制权损失，最优分权程度取决于沟通交流成本和控制权损失的权衡。Mookherjee（2006）则从机制设计视角对分权理论进行了全面综述，结论是当仅存在信息不对称时，集权占优于分权；但当存在信息交流成本、承诺不可信和再谈判、合谋等严重问题时，分权占优于集权。

益不一致和利用各自信息优势的激励问题。

我国金融分权一方面涉及长期的经济增长问题，另一方面又有着隐性和显性的复杂表现形式。鉴于这种现实的复杂性，我们把金融分权的研究分为两个相互联系的问题来进行，即最优金融资本分配问题和金融控制权的实施问题①。前者基于国企、民企生产率差异与国企控制权收益的权衡，将金融分权理解为如何在中央政府、地方政府及市场间分配金融资源控制权以实现最优的经济增长；后者则基于中央控制权损失与激励地方发展经济的权衡来研究上述金融控制权在现实中该如何实施。

本章后续部分安排如下：第二部分对我国金融分权的演变进行梳理，总结出金融分权的内涵和特点；第三部分通过构建基本模型，从经济增长的角度来研究金融分权的决定因素；第四部分是利用前面两部分发展的理论对我国金融分权的演变进行初步解释；第五部分是基于名义控制权和实际控制权的视角来研究金融分权的具体实施问题；第六部分是本章小结。

第二节　中国式金融分权的演进、特点及概念内涵

为了深入研究经济转型中的金融分权，我们需要梳理我国金融分权的历史演变，总结金融分权各阶段的特点，在此基础上给出金融分权的概念定义及其内涵。

一、金融分权的演进和特点

伴随我国工业化和城市化的进程、计划经济体制向社会主义市场经济体制的转型，金融领域内中央与地方、政府与市场之间的关系也随之不断演进。在我国经济渐进转型的大背景下，金融领域权力配置时而分权，时而集权，金融分权总体呈现隐形、渐进、反复、非制度化的特征。依据地方发展融资与金融风险控制的权衡，我们可以将改革开放以来的金融分权演变划分为三个阶段②：1978—1993 年为第一个阶段，在这一阶段，为配合经济领域放权让利的

---

① 本书的"实施"是指委托人为实现既定的目标所进行的机制设计或制度选择。

② 就金融分权的阶段划分而言，学者们的依据不尽相同，如根据金融约束强度的不同（殷剑峰，2013），按照国家重大经济体制改革政策的颁布（武力，2012），依据中央政府和地方政府在银行管理体制上的调整过程（丁聘聘 等，2012）。尽管如此，他们对时段的划分结果均与本书大体一致，我们则更进一步地将第三个阶段划分为两个子阶段。

改革发展目标，金融领域打破"大一统"的银行体系，地方金融开始发展，为经济发展提供资金支持，金融开始分权；1994—2001 年为第二个阶段，在这一阶段，金融风险累积威胁经济安全，中央上收地方权限、整顿地方金融、强调金融风险的化解与防范，金融重新集权；2002 年至今是第三个阶段，在这一阶段，金融发展与风险防范并重，金融适度分权。其中，第三个阶段又可根据存量和增量改革的不同分为两个子阶段：一是 2002—2006 年的现有商业银行的股份制改造和上市；二是 2007 年至今的以新型农村金融机构改革为标志的地方金融快速发展。

（一）金融开始分权阶段：1978—1993 年

1978 年中国开始实行改革开放，改革的起点是高度集中的计划经济体制和"大一统""统存统贷"的金融体制。为配合以农村家庭联产承包责任制改革、国企改革、财政体制改革、城市改革等为主要内容的经济体制改革，国家相应启动了金融体制改革，中国"大一统"的金融体系随之逐步被拆解。在"放权让利"和地方政府"自下而上"的金融改革的推动下，在金融领域中出现了分权化的浪潮，各类金融机构相继恢复，非银行金融机构兴起，各类金融市场出现，实际金融管理权力下移，金融开始分权。

1. 银行系统的分权化

银行系统的分权化主要体现在两个方面：一是国家专业银行与中国人民银行实现了分离、（区域性）股份制银行相继成立，银行系统外部层面实现分权；二是在"放权让利"改革的推动下，各专业银行总行将信贷资金调配权（信贷审批权）、留存利润支配权、利率浮动权和人事及组织结构调整权下放给各省（自治区、直辖市）分行，银行系统内部层面实现分权。

1979 年 3 月，中国农业银行恢复成立。1982 年 8 月，中国银行得到全面恢复。1983 年 9 月，中国工商银行成立，承担原来由中国人民银行办理的金融经营业务。1978 年 8 月，中国人民建设银行（后更名为"中国建设银行"）从财政部分离，成为一家独立的银行。1985 年 11 月，经国务院批准，中国人民建设银行的信贷计划纳入中国人民银行的信贷体系，在信贷业务上受中国人民银行的领导和监督。在组织架构上，四大国家专业银行自上而下建立各级机构，实行总行和省（自治区、直辖市）政府的双重领导。在业务上以总行领导为主；在党的工作和思想政治工作方面以地方政府为主。这种管理体制就为地方政府干预银行分支行的信贷行为提供了便利。至此，中央银行体制开始建立，国家专业银行体系也开始形成。

随着改革的推进，为了满足非公有制经济和地方经济发展对资金和金融服务的需求，国家相继批准设立了一批全国性股份制银行和总部设在地方带有地方性质的股份制商业银行，按成立时间顺序依次包括交通银行、招商银行、中信实业银行、深圳发展银行、兴业银行、中国光大银行、华夏银行、上海浦东发展银行。银行系统外部层面进一步分权。

与此同时，以城市信用合作社为代表的地方金融机构，在地方政府的推动下迅速设立并得到了快速发展。从 1979 年第一家城市信用合作社的成立到 1989 年年末，城市信用合作社的数量达到了 3 330 家，总资产达到了 284 亿元。但由于部分城市信用合作社的违规经营活动，加上地方政府的行政干预，使得城市信用合作社形成了相当大的金融风险，部分地区还出现了挤兑风波。随后央行开始对城市信用合作社进行了为期三年的整顿，清理工作于 1992 年年底结束。随着中国经济进入高速发展时期，各地申办城市信用合作社的要求非常强烈，城市信用合作社的数量急剧扩张，截至 1993 年年底，城市信用合作社的数量达到了 4 800 家，总资产达到了 1 878 亿元。

2. 非银行金融体系的分权化

1978—1993 年，在地方政府"自下而上"的金融创新和支持下，以信托公司为代表的非银行金融机构、以资金拆借市场为代表的地方金融市场逐步建立并发展起来，银行之外的金融体系层面开始出现向地方分权化的趋势。

为进一步发展地方经济、支持国民经济建设，1980 年中国人民银行总行指示各分行在有条件的地区积极开办信托业务，各地区、各政府部门纷纷自行组建信托公司，其主要职责是为地方政府在银行信贷计划之外筹措建设资金。通过各类名义进行贷款和投资，信托业务得到了快速发展，但却产生了基本建设规模扩大等问题。如一些专业银行为突破中央银行对信贷规模的限制，与地方政府进行"合谋"，通过各种形式和渠道将存款转给信托公司，结果是通过信托公司使计划外的贷款大量增加，直接助长了固定资产投资规模的膨胀，最终导致物价水平的大幅上涨。为防范通胀风险，中央随后分别于 1982 年和 1985 年对信托公司进行了数次整顿。

在 20 世纪 80 年代，"放权让利"改革和各种类型的承包经营构成了当时改革的基本方向和主要手段。在中央政府的推动下，各类经济当事人扩大投资、发展经济的冲动极其强烈。由于改革之初新办正规银行受到较多管制，因此兴办"信托公司"和"资金拆借市场"就成为地方政府从银行外获得资金的主要渠道。

3. 金融管理的分权化

1983 年和 1986 年，国务院先后颁布文件明确了中国人民银行作为中央银行和金融监管当局的职责，在名义上形成了对包括信贷政策、金融机构业务、银行金融机构、非银行金融机构和各类金融市场进行统一监督与管理的集权式金融管理体制。但实际上通过"俘获"中央银行地方分行或与其进行"合谋"，地方政府在很大程度上获得了地方金融资源配置与金融管理的权力，突出表现在对信托公司和城市信用合作社的市场准入、地方性资金拆借中心和股权交易中心的审批上。至少有两方面因素为地方政府"侵蚀"中央银行的金融管理权提供了便利：首先，中央银行按行政区划设立分支机构的组织管理体制垂直控制力不够，容易受到地方政府的干预；其次，在"放权让利"的大背景下，为提高地方分行的积极性，中央银行总行一开始就将诸如贷款规模调剂权、资金融通权、地方性金融机构及金融市场的审批权下放给地方分行，而地方政府则对地方分行拥有较大的影响力。

（二）金融重新集权阶段：1994—2001 年

1992 年我国出现了明显的泡沫经济现象，银行信贷资金通过信托公司、资金拆借市场被大量用于房地产市场和股票市场。许多非银行金融机构借助关联银行进行不正当竞争，由此形成了大量的不良资产。与此同时，国有企业相继出现大面积亏损，到 1993 年亏损面超过了 30%。在预算软约束下，亏损最终向银行积聚，不良贷款进一步增加。这导致两方面后果：一方面是地方政府为扩大固定资产投资"倒逼"中央银行进行货币超额投放；另一方面是银行体系坏账不断积累，资产质量下降。由此造成了较为严重的通货膨胀和金融风险。

面对出现的金融混乱局面，中央着手对金融秩序进行全面整顿，金融资源配置与金融管理权力开始出现上移。中央金融工作的重心也从盘活资金、推动国民经济发展转到化解和防范金融风险上。1993 年 12 月，国务院要求建立强有力的中央银行宏观调控体系，建立统一开放、有序竞争、严格管理的金融市场。首先，中央政府要求中国人民银行独立执行货币政策，不受地方政府的干预。中国人民银行将地方分支机构对国家专业银行和其他商业银行的资金融通权上收至总行，省级分行只保留一部分短期资金的融通权，取消对分支机构的利润留存制度转而实行财务预算管理制度，强化地方分支机构的监管角色。其次，国有银行总行相继上收地方分行的资金和贷款管理权，推行授权、授信管理制度，强化内部控制。1995 年后国有银行的商业化改革逐步加快，实行政策性金融与商业金融分离，强化统一法人制度，逐步建立以资产负债管理为核心的自我约束机制和风险防范机制。最后，其他银行和非银行金融机构的管理得到了强化，股份制商业银行、城市信用合作社等地方金融机构的设立审批相继暂停，对一批违规设立的地方性资金拆借市场、信托公司进行了取缔。

1998 年东南亚金融危机爆发后，中央的金融工作重心全面转到金融风险防范与化解上。首先，中国人民银行的管理体制进行了重大变革，撤销人民银行省级分行，按大区设立九大分行，杜绝了地方政府对中央银行地方分行的人事干预，中央银行的监管权力大大增强；其次，国有银行改革逐步深化，包括对国有银行实行垂直化管理、精简分支机构、对贷款实行五级分类管理、强化信贷人员的信贷责任等，这些改革显著降低了地方政府对国有银行的干预；最后，对全国各类金融机构进行清理整顿，如打击和取缔金融"三乱"，清理撤并农村合作基金会，接管、关闭和清算有问题的信托机构，对城市信用合作社和农村信用合作社也进行了规范整顿。

经过以上的中央政府对全国金融整顿后，地方金融机构数量锐减，地方金融权力也大大下降。但在中央政府上收金融权力的同时，为鼓励地方发展的积极性，中央政府也给予地方政府一定的金融权限，如鼓励地方在城市信用合作社的基础上组建城市合作银行和城商行。

（三）金融适度分权阶段：2002 年至今

经过前一阶段的金融整顿，防范和化解金融风险的工作基本完成，中国金融业潜在的风险大大降低。鉴于上一阶段为化解金融风险所付出的巨大成本，从这一阶段起，中央开始在兼顾金融支持经济发展和控制金融风险的情况下审慎下放金融权力，并进行金融改革。

1. 2002—2006 年，现有银行的股份制改造并上市

2003 年 4 月，中国银监会正式成立，主要负责银行业的监督与管理工作。至此，金融领域"一行三会"的监管框架正式形成①，中央的金融监管权力得到加强。继 1998 年国有银行实行垂直化改革之后，从 2003 年起，国有银行相继进行股份制改造并完成上市，商业化程度进一步提高，地方政府对国有银行地方分支机构的干预能力则逐步下降。与此同时，为支持地方经济发展，中央审慎下放了部分金融权力。2003 年中央政府将农村信用合作社的风险救助责任下放给地方省级政府，同时将其管理权下放给省级信用联社。而对于农村信用合作社的准入及过程监管则仍由银监会负责。2002 年后，城商行开始进行不良资产剥离、财务重组和股份制改造，部分城商行更是进一步完成了上市。农村信用合作社也积极进行股份制改造，部分农村信用合作社已改造为农村商业银行。由于大股东多为地方政府或其控制的国有企业，多数地方银行仍被地

---

① 1998 年我国正式成立证监会和保监会，强化对证券业和保险业的管理。

方政府所控制。

2. 2007 年至今，地方金融真正加速发展

以 2006 年的新型农村金融机构改革为契机，村镇银行、小贷公司和资金互助社等地方性金融机构得到了迅速发展。与此同时，为推动地方经济发展，地方政府更是将地方金融发展与管理作为重要的战略举措，从优化地方金融生态、到成立地方金融控股集团，并最终发展到建设区域甚至全国金融中心，为吸引金融资源流入进行了激烈的竞争。2013 年 7 月，随着经济增速的放缓，中央政府要求金融业进一步向民营经济开放，并将成立民营银行支持民营经济发展作为一项重要的改革举措。

在金融管理权限上，为了更好地发挥服务中小企业的功能，同时弥补因信息不对称和监管力量不足导致的监管真空，中央政府相继将小额贷款公司、典当行、融资性担保公司等非存款类准金融机构的金融监管权下放给地方政府。2013 年，中央政府在强化地方政府责任的基础上，又将发债预审权下放给地方政府。金融资源配置权和金融管理权的下放，极大地激发了地方政府发展金融的积极性。为加强地方金融管理，各地纷纷成立地方金融管理机构（如金融办），中央也明确要求完善地方金融管理体制，强化地方政府对地方中小金融机构的风险处置责任，至此由中央和地方构成的两级监管体制初步形成。

近期，中央与地方政府在金融资源配置权方面的博弈突出表现在地方政府融资平台上。2007 年的次贷危机后，为实现预期的经济增长目标，在中央扩大投资政策的鼓励下，各地纷纷通过成立地方政府融资平台来推动经济增长。尽管这有助于维持短期的经济增速，但却导致地方政府的负债大幅上升①，加上部分政府融资平台违规运作，地方金融风险日益凸显，严重威胁经济持续增长。2011 年之后，针对日益严重的地区金融风险，中央政府相继出台政策对违规的政府融资平台进行清理，限制地方政府融资平台的过度扩张，规范融资平台的运作。与此同时，2013 年中央政府开始允许部分地方政府进行地方债自发自还试点，融资平台债务逐步从隐性向显性方式转变。

（四）金融分权演变的特点

从上述过程中可以看出，我国金融分权演进具有以下两个显著特点：①金融分权的演变很大程度上是中央权衡地方经济发展和金融风险后的结果。在第

---

① 根据审计署公布的《全国政府性债务审计结果》，截至 2013 年 6 月底，省市县共 7 170 个融资平台公司，政府负有偿还责任的债务、政府负有担保责任的债务和政府可能承担一定救助责任的债务分别达到 40 755.54 亿元、8 832.51 亿元和 20 116.37 亿元，直接债务和或有债务总计达 69 704.42 亿元。

一个阶段，中央的工作重心是推动国民经济增长以及实现经济社会的顺利转型，因此中央对地方争夺金融资源配置权和地方金融管理与发展权的行为采取了容忍甚至在一定程度上默许的态度，只有当地方行为引发较为严重的金融风险时（如严重的通货膨胀），中央才进行短暂的清理与整顿，且多为合规整顿，并未真正上收地方的金融权力。在第二个阶段，由于前一阶段的过度纵容，经济发展中积聚了大量的金融风险，如地方金融机构出现大幅亏损甚至挤兑风波；国家银行因地方政府干预与国企大幅亏损造成大量坏账，金融风险向银行转移；部分金融机构实质上已陷入破产等，为维护经济社会的稳定，中央开始进行强力的清理与整顿，上收绝大部分地方金融权力，建立起统一的中央金融监管体制。在整个第二阶段中，中央金融工作的重心均为防范和化解金融风险。在第三个阶段，中央开始在权衡地方经济发展与金融风险防范的基础上，审慎下放部分金融权力，强化地方政府的风险处置责任，金融分权的程度在权衡中不断进行调整，形成了金融适度分权。②金融分权是地方政府同中央政府不断博弈的结果。除了接受中央正式授权的一部分金融权利外，地方还通过"自下而上"的金融改革和创新，以"倒逼"的方式（如地方金融中心建设、地方金融改革实验等）或隐性的方式（如违规审批、设立地方金融机构，干预国有银行地方分支机构的信贷发放等）从中央"攫取"部分金融权力，从而在名义金融分权之外存在着更高程度的实际金融分权。

二、金融分权的界定

任何领域的分权本质上都是一种权利以及相伴随的义务在不同主体之间划定与分配的过程，金融领域的分权也不例外。就金融分权的概念而言，理论界至今尚无明确界定，只有部分学者在讨论预算软约束问题时有所提及。如 Dewatripont et al.（1995）将大银行拆分成小银行视为银行层面的金融分权；Qian et al.（1998）针对地方政府通过行政手段干预银行体系获得信贷资源的行为，提出了"金融分权化"的概念；Park et al.（2008）将银行总行向地方分行上收或下放贷款审批权理解为银行系统内部的金融（集）分权。上述文献关于金融分权的定义是专门针对某一特定问题所提出的，范围和内容均显得较窄。实际上从其发展演变中我们可以看出，金融分权从根本上讲是我国经济长期发展进程中地方发展融资与风险防范权衡的结果。结合前文中对金融分权的演进及特点的描述，我们将"金融分权"定义为：为推动一国经济长期增长，激励地方发展经济，在不同层级政府之间以及政府与市场之间就金融资源配置权和控制权进行划定与分配的一系列显性和隐性的制度安排。

我国的金融分权具有一般分权的共同特点，但更有其内在的特殊性。首先，金融分权的首要目的是配合一国经济发展战略、实现经济长期增长。由于金融在现代经济发展中的核心作用，各国都针对本国的经济发展战略采取了与其相匹配的金融制度安排。如为实现重工业优先发展的赶超战略，我国采取了高度集中的金融集权制度，中央政府垄断了绝大多数金融权力，由市场来支配的金融资源被严格限定；而在遵循比较优势的发展战略后，就需要金融资源的控制权不断地由政府转向市场，采取不同程度的金融分权制度。其次，从金融权力划定的主体来看，主要包括中央政府、地方政府和市场。由于金融业具有高杠杆、高风险、高传染性等特殊性，中央政府与地方政府对金融资源控制权和监管权的划分就成为金融分权最为重要的内容。最后，金融分权是金融领域内各参与主体不断博弈的结果，金融分权程度处于不断调整的过程中。除了显性的金融权力划分外，隐性的金融权力也十分突出。与财政分权由最初基于临时规则的"财政承包制"最终发展成正式的"分税制"（钱颖一等，1995）不同，金融分权尽管在总体上呈现出由隐性向显性发展的趋势，但正式的金融分权制度远未形成。与其他领域的制度转型相比，金融制度的渐进转型总体表现出滞后性。

从内涵上讲，金融分权包括三种金融权力（金融发展与创新权、金融控制权和金融监管权）在不同主体之间的划分[①]。金融发展与创新权是指地方是否拥有发展地方金融机构、地方金融市场和金融基础设施建设的权力，以及进行金融创新和金融改革试验的权力。金融控制权主要是基于产权和人事权两个角度，包括地方是否拥有金融机构、市场的所有权和金融机构的人事控制权。一般而言，人事权应该是所有权的自然延伸，但在我国人事权有着特别重要的含义，对于金融领域而言所有权和人事权往往可以分开对待[②]。金融监管权可以细分为地方是否拥有金融机构的市场准入权、日常监管权和危机救助权。金融分权具体可分为两个层次：中央政府向地方政府的分权和地方政府向民间的

---

① 本书关于金融分权的定义和内涵的界定起初是由洪正（2013）在国家社会科学基金一般项目"金融分权与地方金融管理体制研究"（13BJY168）申请书中提出，后经胡勇锋（2014）在其硕士论文《中国经济转型中的金融分权》中得到进一步阐释。

② Xu（2011）认为，中国制度的核心是地方分权式的威权主义体系，其特点是政治、人事权的高度集中与行政、经济控制权的高度放权的紧密结合。可见在我国人事权和经济控制权是分开的，这充分体现了"党管干部"的原则。Pistor（2011）利用网络结构专门研究了我国金融机构高管的人事变动历程，发现政治关联路径是导致高管变动的主要因素，而非金融机构的产权结构。在现实中，尽管有些金融机构并非政府控股，但其高管的人事任命权实际上仍然由代表中央的监管部门所控制。

分权，即金融民营资本化或市场化。这两个层次的分权之间存在着紧密的联系并相互影响。中央对金融的过度集权会极大地压制金融市场化，而金融市场化的过快发展反过来会对国有金融体系造成冲击①。两个层次的适度分权将形成有益竞争，因此有序的金融分权安排显得特别重要。根据存量和增量的差异，金融分权可区分为两种不同的方式，即金融机构内部的分权化和金融机构外部的分权化。前者反映了金融机构内部的市场化改革，旨在减少政府对金融的控制，如国有银行的商业化、股份制改造和上市；后者则表现为各类地方新型金融机构和市场的迅速发展，即体制外金融的成长。金融分权的演变同时遵循这两条路径。

第三节　金融分权的逻辑：基本模型

一、模型基本设定

考虑一个国家有 N 个同质的地区②，地区之间为经济增长（或 GDP）进行竞争，参与的经济主体有两类：政府，包括中央政府和地方政府；企业，包括国企（又可进一步区分为中央国企和国企）和民企。

（一）投资机会和产出

各类企业面临着不同的投资机会，中央国企主要涉及全国范围内（"战略全局性领域"）的投资（全国性项目），而地方国企和民企则更多是从事地方范围内的投资（地方性项目）。假定投资项目成功时可获得产出，失败时则收益为 0。前者成功的概率为 q，后者成功的概率为 p。三类企业的生产函数分别是：中央国企 $F_c = A_c K_c^{\alpha}$，地方国企 $F_s = A_s K_s^{\alpha}$，民企 $F_p = A_p K_p^{\alpha}$，其中 A_c、A_s、A_p 是各自的生产效率，而 K_c、K_s、K_p 则是各自的（金融）资本投入。通常认为，国企生产效率较民企低，因此一般有 A_c 和 $A_s < A_p$（Song et al., 2011）。

---

① 林毅夫和李志赟（2005）就认为，由于国有银行承担了国有企业转制过程中的亏损，体制外金融的过快增长势必会对国有银行体系造成威胁。

② Cai et al.（2005）根据地区发达程度区分了不同类型的地方政府，研究了（实物）资本竞争在约束政府方面是否存在显著差异。结果表明：拥有良好禀赋（发达）地区的政府将积极吸引更多的资本流入，而禀赋贫乏（欠发达）地区的政府则变得更少商业友好。本书侧重于研究中央政府与地方政府、市场之间的总体金融分权状况，而对于金融分权的地区差异将是值得我们进一步研究的一个非常有趣的问题。

但控制国企可以给政府部门带来控制权收益①（林毅夫，2007；Qian et al.，1998），而且不管项目是否成功，都可获得该收益。为了简化分析，我们假定控制权收益是产出的线性函数，中央政府控制中央国企带来的控制权收益 $B_c(F_c)=b_c A_c K_c^\alpha$、地方政府控制地方国企带来的控制权收益 $B_s(F_s)=b_s A_s K_s^\alpha$，$b_c$ 和 b_s 分别是中央国企和地方国企控制权收益占产出的比例系数。控制权收益仅为本级政府独占，其他政府则无权分享，因此在地方政府与中央政府之间存在着利益不一致现象。中央政府的目标函数是全社会产出加中央国企的控制权收益之和最大化。由于在目前我国分税制情形下，金融机构的税收收入主要归中央政府所有，因此地方政府的目标函数是最大化地方净产出（包括地方国企与民企的净产出）加地方国企的控制权收益之和最大化。由此可见，地方政府可能为了控制权收益而控制地方国企，即使其效率不高。

（二）融资和金融资本分配（金融分权）

为了简化分析，我们假定所有企业无自有资本和国外融资，其投资资本全部来自国内的外部金融资本（如贷款）。我们进一步假定外部金融资本总量 $\bar{K}=K_c+K_s+K_p$ 给定，上述三类企业投资所需的金融资本分别来源于中央政府、地方政府和民营经济控制的金融机构②（如银行）。也就是说，中央政府、地方政府和民营经济需要通过各自控制的金融机构来实现金融资本分配，以实现各自的最优化目标。上述金融资本分配的结果就形成了金融分权，它包括两个层次：第一个层次是指中央政府与地方政府之间的分权，即中央政府决定金融资源在其与地方政府之间的分配，我们用金融分权 I（$\mu_c=\dfrac{K_c}{K_s+K_p}$）来表示；第二个层次是指地方政府决定金融资源在地方国企与民企之间的分配，我

---

① 对于社会主义国家而言，控制国有企业至少可以带来两方面的收益：一是从政治角度来讲，可以坚持公有制占主体的社会主义方向，保证党和政府对社会的权力控制；二是从经济角度来讲，可以保持政府对国民经济的控制力，为有效实施政府发展战略和宏观调控意图提供物质基础。此外，如果将政府视为全民代理人的话，控制国有企业还可为官僚带来巨大的私人控制权收益。从经济建模角度来看，由于大多数文献都假定国有企业效率低于民营企业，如果控制国有企业没有相应收益，均衡结果必然是国有企业最终将完全消失，而民营企业将占据全部经济（Song et al.，2011；Castanheira et al.，2000），很显然这与我国的经济现实不符。因此，我们考虑国有企业的控制权收益可以为模型解释提供内在的均衡力量。

② 就我国的现实情形而言，国有银行总行往往对应着中央国企，而其省分行及以下支行则主要为地方国企提供金融服务，之后才是民营企业；地方商业银行，最先满足地方国企的信贷需求，然后才是民营企业；民营银行（目前主要是小贷公司和部分村镇银行）则主要面向民营企业。总体而言，我国信贷市场基本上按所有制类型进行对应分层，同时也呈现出自上而下的顺次覆盖、从下往上逆向覆盖较难的特点。这里的假定只是为了简化分析的需要。

们用金融分权Ⅱ（$k_s = \dfrac{K_s}{K_p}$）来表示。上述两个指标数值越大，表示金融集权程度越高，相应地金融分权程度越小。

（三）博弈与时序

中央政府、地方政府和民营经济围绕着金融资源展开争夺以最优化各自的目标，对金融资源的争夺包括中央与地方政府之间（金融资源的纵向竞争）、地方政府之间（金融资源的横向竞争）以及政府与民营经济之间（金融市场化）三个层次。假定地方国企被地方政府限定在所属地区，而民营资本则可以在不同地区自由流动。博弈的时序如下：在 0 期，中央政府选择中央国企的金融资本投入 K_c，由此决定了 μ_c（金融分权Ⅰ）；在 1 期，剩余金融资本 $\bar{K} - K_c = K_s + K_p$ 由地方政府来决定分配，也就是地方政府选择地方国企的金融资本投入 K_s，由此决定了 k_s（金融分权Ⅱ）；在 2 期，地方政府之间竞相吸引民营金融资本 K_p 流入，为民企投资展开竞争[①]。由于假定地区之间是同质的，为了简化分析，我们下面将对 N 个地区采取代表性地方政府的做法进行分析。

二、模型的均衡结果：金融分权的基本决定因素

我们采取逆向归纳法进行求解。

（一）地方政府之间竞争民营金融资本流入

由于民营资本可以自由流动，地方政府竞争民企的结果是后者的资本边际回报率等于市场利率，即 $r_p = p\dfrac{\partial F_p}{\partial K_p} = p\alpha A_p K_p^{\alpha-1}$（3-1）。对于地方国企而言，我们假定其贷款利率 r_s 同样由资本边际回报率决定，即 $r_s = p\dfrac{\partial F_s}{\partial K_s} = p\alpha A_s K_s^{\alpha-1}$。但由于地方国企资本不能自由流动，因此 r_s 和 r_p 并不会趋于一致。从上面两式的比较中可以看出，当 K_s 远高于 K_p 时，r_s 将明显低于 r_p。上述国企与民企间贷款利率水平的显著差异反映了在金融分权下我国信贷市场的严重分割。

（二）代表性地方政府选择地方国企的金融资本投入

地方政府最大化地方净产出加地方国企的控制权收益之和最大化，即最优化以下目标函数：$\max\limits_{K_s} U_s = pA_s K_s^{\alpha} - r_s K_s + b_s A_s K_s^{\alpha} + pA_p K_p^{\alpha} - r_p K_p$（3-2），化简得 $U_s = (p(1-\alpha) + b_s)A_s K_s^{\alpha} + p(1-\alpha)A_p K_p^{\alpha}$。上述问题最优化的一阶条件是

---

① 这里为了简化分析，我们假定地方政府无法竞争中央国企，现实中我国很多商业银行总行与地方政府之间签署有重要的合作协议，地方政府也会积极争取中央国企在本地落户。

$\frac{\partial U_s}{\partial K_s} = (p(1-\alpha) + b_s)\alpha A_s K_s^{\alpha-1} - p(1-\alpha)\alpha A_p K_p^{\alpha-1} = 0$，令 $k_s = \frac{K_s}{K_p}$，整理上式

得 $k_s^{1-\alpha} = (1 + \frac{b_s}{p(1-\alpha)})\frac{A_s}{A_p}$（3-3）。由此我们得到命题 3-1。

命题 3-1：随着地方国企相对民企的效率（或利润）A_s/A_p 提高，地方国企的控制权收益 b_s 越大，地方政府越倾向于控制地方金融资源即 k_s 越大。

（三）中央政府选择中央国企的金融资本投入

中央政府最大化全社会产出加中央国企的控制权收益之和，即最优化以下

目标函数：$\max\limits_{K_c} U_c = qA_c K_c^{\alpha} + b_c A_c K_c^{\alpha} + pA_s K_s^{\alpha} + pA_p K_p^{\alpha}$（3-4）。由于 $k_s = \frac{K_s}{K_p}$，上式

整理得到 $U_c = (q + b_c)A_c K_c^{\alpha} + p(A_s k_s^{\alpha} + A_p)K_p^{\alpha}$。由该式最优化的一阶条件可知，

$\frac{\partial U_c}{\partial K_c} = (q + b_c)\alpha A_c K_c^{\alpha-1} + p(A_s k_s^{\alpha} + A_p)\alpha K_p^{\alpha-1}\frac{\partial K_p}{\partial K_c} = 0$。由 $\bar{K} = K_c + (1 + k_s)K_p$ 得

$K_p = \frac{1}{1 + k_s}(\bar{K} - K_c)$。上述一阶条件整理得到 $(q + b_c)\alpha A_c K_c^{\alpha-1} - p(A_s k_s^{\alpha} +$

$A_p)\alpha K_p^{\alpha-1}\frac{1}{1 + k_s} = 0$，令 $k_c = \frac{K_c}{K_p}$，上式变为 $(q + b_c)A_c k_c^{\alpha-1} - p(A_s k_s^{\alpha} + A_p)\frac{1}{1 + k_s} =$

0，整理得到 $k_c^{1-\alpha} = \frac{1 + k_s}{p(A_s k_s^{\alpha} + A_p)}(q + b_c)A_c$（3-5）。由于 $\mu_c = \frac{K_c}{K_s + K_p} = \frac{k_c}{1 + k_s}$，

由上式得 $k_c^{-\alpha} = \frac{1 + k_s}{k_c p(A_s k_s^{\alpha} + A_p)}(q + b_c)A_c$，整理得到 $\mu_c = \frac{q + b_c}{p}\frac{A_c k_c^{\alpha}}{A_s k_s^{\alpha} + A_p}$

（3-6）。由此，我们得到命题 3-2。

命题 3-2：随着中央国企的控制权收益 b_c 增加，中央国企相对地方国企和民企的效率提高（A_c/A_s 和 A_c/A_p 增大），全国性项目相对地方项目更容易成功（q/p 越大），中央相对于地方对民营经济的控制更强（k_c/k_s 越大），中央越倾向于对地方进行金融集权；反之，中央更倾向于向地方进行金融分权。

从命题 3-2 中可以看出，金融风险对于中央政府的金融分权具有重要影响。与发达成熟的经济体相比，我国面临更多的是发展变迁与转型中的风险，国企的低效和地方政府的无序竞争将导致国企的累积亏损，并最终反映在银行体系巨额的不良资产上，成为我国金融风险的主要来源。因此，我们可以将地方国企的低效率视为（影响金融分权的）金融风险的主要来源，这可以通过地方国企投资的成功概率 p 和生产效率 A_s 反映出来。根据式（3-6）或命题 3-2，当 p 和 A_s 值较低时，意味着地方国企的投资风险较大（低效），这时 μ_c 值越

大，中央越倾向于对地方进行金融集权；反之，则倾向于对地方分权。

值得一提的是，中央政府和地方政府在对待民营金融的控制上是否表现出差异，也就是在式（3-6）中，k_c 和 k_s 之间具有什么样的关系？以下我们借助分析弹性 $e = \dfrac{\partial k_c}{\partial k_s} \dfrac{k_s}{k_c}$ 的符号方向及数值大小来进行讨论。我们对式（3-5）两边取对数得 $\ln k_c = \dfrac{1}{1-\alpha}[\ln(q+b_c) + \ln A_c + \ln(1+k_s) - \ln(p(A_s k_s{}^{\alpha} + A_p))]$ ，

因为 $\dfrac{\partial \ln k_c}{\partial k_s} = \dfrac{\partial k_c}{\partial k_s} \dfrac{1}{k_c}$ ，所以 $e = \dfrac{\partial k_c}{\partial k_s} \dfrac{k_s}{k_c} = k_s \dfrac{\partial \ln k_c}{\partial k_s} = \dfrac{1}{1-\alpha}\left(\dfrac{k_s}{1+k_s} - \dfrac{1}{1 + k_s{}^{-\alpha} A_p/A_s} \right)$ ，

并将式（3-3）代入整理得 $e = \dfrac{1}{1-\alpha}\left[\dfrac{k_s}{1+k_s} - \dfrac{k_s p(1-\alpha)}{p(1-\alpha)(1+k_s) + b_s} \right]$ 。由此可以证明[1]：当 $b_s > 0$ 时，有 $e > 0$；在参数正常取值范围内，即 p 不太小，α 不太接近于 0 或 1，$b_s \in (0, 1)$，$A_s/A_p \in (0, 1)$ 时，有 $0 < e < 1$。进一步考虑我国现实情形，根据 Song et al.（2011）的做法，取 $\alpha = 0.5$，$A_s/A_p = \dfrac{1}{4}$，$\dfrac{1}{3}$；$p = 1$（消除不确定性），$b_s \in (0, 1)$ 时，我们还可得到 $0 < e < 0.5$。

上述结果意味着中央政府和地方政府对于民营金融的控制呈现同向变动，但前者比后者的变动程度更小。考虑两种相反的情形，当地方国企经营效率低下（A_s/A_p 较小），控制权收益很小（b_s 趋于零）时，相对中央政府，地方政府将减少对地方国企的控制，更愿意发展民营金融（k_s 相对 k_c 下降的幅度更大）；反之，当地方国企经营效率提升（A_s/A_p 较大），控制权收益很大（b_s 较大）时，地方政府为加强对地方国企的控制会限制民营金融的发展。由于此时 k_c 相对 k_s 上升的幅度更小，表明中央政府会采取有利于金融民营资本化的措施以抵消地方政府的影响[2]，也意味着其更愿意发展民营金融。由此我们得到推论 3-1。

推论 3-1：中央政府和地方政府在对待民营金融态度上存在显著的程度差异。一般来讲，当地方国企经营状况越好，控制权收益越大时，地方政府对地

---

[1] 限于篇幅，这里省略了证明过程，感兴趣的读者可向我们索取。

[2] 中央政府主要是通过两个途径来影响民营金融发展：一是通过决定金融分权 I 影响地方政府对金融分权 II 的选择（$k_c = \mu_c(1+k_s)$）。如中央政府要想发展民营金融，可以通过提高金融分权 I 增加地方获得金融资本的数量，再由地方政府通过金融分权 II 的选择使民营金融得到更多的支持；二是通过宣布有利于民营金融发展的政策，来间接影响地方政府促进民营金融发展的条件（为简化分析，后一个途径没有在模型中明确考虑）。

方金融控制越强，比较而言，此时中央政府则更愿意发展民营金融（k_s 较 k_c 的上升幅度更大）；当地方国企经营状况较差，控制权收益趋于零时，则可能会出现相反的情形，即地方政府更有促进民营金融发展的积极性（k_s 较 k_c 下降得更快）。

一般情形下，中央政府之所以比地方政府更有积极性去发展民营金融，主要是由于两者在目标函数上存在着显著差异。对于中央政府而言，发展民营金融在增加民企投资高效产出的同时，可以减少地方国企投资的低效产出，两者都有利于实现社会总产出的增加；而地方政府要发展民营金融则必须限制对地方国企的金融支持，尽管会带来民企投资的高效产出，但也会相应减少对地方国企的控制权收益。在相反的情形下，地方国企亏损严重需要地方政府给予大量补贴以维持其生存时，其控制权收益将趋于零，就会出现地方政府比中央政府更有积极性放弃地方国企，通过发展民营金融来支持民营经济发展。

三、模型拓展：金融分权影响因素的延伸讨论

前面的分析表明，金融分权从根本上取决于中央国企、地方国企和民企的投资效率差异，这种差异在现实中最直接的表现就是国企利润的变化。2000年前后国企利润发生了显著变化，这种变化势必对金融分权产生显著影响。另外财政金融政策或制度安排，诸如财政分权制度（如分税制）、国企的金融优惠政策（如政府隐性担保和利率管制），对金融资本分配即金融分权显然具有重要影响。下面我们将在基本模型的基础上进一步讨论上述因素的影响。

（一）国企利润的变化

由于国企在2000年前后利润表现出很大的不同，以及次贷危机后利润重新出现下降，这种利润变化很大程度上反映了除生产技术之外，外部市场环境或垄断地位的变化。国企如处于上游产业则由于高度垄断会带来巨额的市场利润，而处于下游产业则由于面临民企的激烈竞争将出现严重亏损。国企利润的这种变化势必对金融分权产生重要影响。为了便于分析，我们做了线性简化，将上述影响表示成在其生产函数前增加一个系数，分别用 $(1 + \theta_c)$ 和 $(1 + \theta_s)$ 来反映中央国企、地方国企的利润变化。θ_c 和 $\theta_s > 0$ 表示因垄断获得超额利润，θ_c 和 $\theta_s < 0$ 则表明因激烈竞争所导致的亏损。从而中央国企和地方国企的生产函数分别变为 $(1 + \theta_c)A_c K_c^{\alpha}$ 和 $(1 + \theta_s)A_s K_s^{\alpha}$，此时 $r_s = p\alpha(1 + \theta_s)A_s K_s^{\alpha-1}$。

代表性地方政府最优化以下目标函数：$U_s = p(1 + \theta_s)A_s K_s^{\alpha} - r_s K_s + b_s(1 +$

$\theta_s)A_sK_s^\alpha + pA_pK_p^\alpha - r_pK_p$，由一阶条件可得 $k_s^{1-\alpha} = (1 + \dfrac{b_s}{p(1-\alpha)})(1 + \theta_s)\dfrac{A_s}{A_p}$ （3-7）。

中央政府最优化以下目标函数：$U_c = q(1 + \theta_c)A_cK_c^\alpha + b_c(1 + \theta_c)A_cK_c^\alpha + p(1 +$

$\theta_s)A_sK_s^\alpha + pA_pK_p^\alpha$，由一阶条件可得 $\mu_c == \dfrac{q + b_c}{p}\dfrac{(1 + \theta_c)A_ck_c^\alpha}{(1 + \theta_s)A_sk_s^\alpha + A_p}$ （3-8）。由

式（3-7）和式（3-8）我们很容易得到命题3-3。

命题3-3：k_s 随着 θ_s 的增加而增大，μ_c 是否增大取决于 θ_c/θ_s 的相对大小，并与其正相关。这意味着随着国企利润的增加，中央与地方政府都有加强金融控制的倾向；反之，则倾向于放松金融控制，增强金融分权。

上述命题可以很好地解释我国金融分权演变呈现出的三阶段变化，在20世纪80年代初至90年代中期，国企普遍出现严重亏损，为支持地方经济发展开始了隐性金融分权。而2000年之后，国企利润出现大幅好转，中央与地方政府的金融集权趋势明显。当次贷危机后国企利润重新出现逐步下降时，地方政府在大力发展地方金融的同时，中央政府更是竭力推动民营金融的发展，由此形成了金融适度分权。

（二）分税制的影响

假定中央与地方政府关于产出的税收分成比例分别为 t 和 $1 - t$。由于地方国企的控制权收益属于地方政府独享，因此不受税收分成的影响。此时，市场利率应等于民营资本的税后资本边际回报率，即 $r_{pt} = (1 - t)p\dfrac{\partial F_p}{\partial K_p} = (1 - t)p\alpha A_pK_p^{\alpha-1}$；同理，地方国企的利率 $r_{st} = (1 - t)p\dfrac{\partial F_s}{\partial K_s} = (1 - t)p\alpha A_sK_s^{\alpha-1}$。代表性地方政府最优化以下目标函数：$\max_{K_s} U_s = p(1 - t)A_sK_s^\alpha - r_{st}K_s + b_sA_sK_s^\alpha + p(1 -$

$t)A_pK_p^\alpha - r_pK_p$，可得 $k_s^{1-\alpha} = \left[1 + \dfrac{b_s}{p(1-t)(1-\alpha)}\right]\dfrac{A_s}{A_p}$ （3-9）。中央政府最优化

以下目标函数：$\max_{K_c} U_c = qA_cK_c^\alpha + b_cA_cK_c^\alpha + tpA_sK_s^\alpha + tpA_pK_p^\alpha$，可得 $\mu_c = \dfrac{q + b_c}{tp}$

$\dfrac{A_ck_c^\alpha}{A_sk_s^\alpha + A_p}$ （3-10）。由式（3-9）和式（3-10），我们很容易得到命题3-4。

命题3-4：k_s 是 t 的增函数，而 μ_c 是 t 的减函数，这表明随着中央财政集权的增加，地方对金融的控制增强，而中央则倾向于对金融进行分权（财政集权与金融分权相结合）；相反，随着财政分权的增加，地方对金融的控制将下

降，而中央对金融的控制却相应增强（财政分权与金融集权相结合）。

在资本总量一定的前提下，财政和金融的集分权组合实际上影响到中央与地方政府的投资资本。为了最大化社会总产出，中央政府就需要在财政资金和金融资本之间进行平衡，以此来激励或限制地方政府投资。具体而言，在财政集权情形下，地方财政资金减少，中央需要通过金融分权向地方提供金融资本激励其发展，推动整体经济增长；反之，在财政分权情形下，地方获得较多的财政资金，为防止经济全面过热，中央需要通过金融集权减少地方金融资本以限制其过快发展。

上述命题表明，为了实现最优的经济增长，金融分权必须与财政分权合理搭配。从我国金融分权的演变阶段来看，金融分权与财政分权组合对应着第一阶段，尽管前期实现了较快的经济增长，但后期却出现了严重的通货膨胀；金融集权与财政集权组合对应着第二阶段，有助于控制金融风险，但却牺牲了部分经济增长；金融分权与财政集权组合对应着第三阶段，反映了通过促进地方金融快速发展来推动经济持续增长；金融集权与财政分权组合体现了风险控制下的稳定增长。可以看出，后两种组合均是占优的选择。这一结果与傅勇（2011）和 Qian et al.（1998）的结论一致。

（三）隐性担保或风险分担

当地方企业出现亏损时，中央政府会不会进行担保、补贴或救助将极大地影响到地方政府的投资行为。在通常情形下，当地方国企投资的项目出现亏损时，中央政府会采取某种形式的补贴或救助等隐性担保措施，而民企投资损失往往由自己承担，政府很少进行干预。由于缺乏对投资风险进行市场定价的显性存款保险制度，地方政府往往会出现对地方国企的过度投资或控制。假设地方国企投资项目失败的概率为 $1-p$，失败时收益为 0，损失资本本息 $r_s K_s$，损失在中央政府与地方政府之间分担，分担比例分别为 φ、$1-\varphi$、$0 \leq \varphi \leq 1$。完全的隐性担保相当于 $\varphi = 1$。

代表性地方政府最优化以下目标函数：$U_s = pA_s K_s^{\alpha} - r_s K_s + \varphi(1-p)r_s K_s + b_s A_s K_s^{\alpha} + pA_p K_p^{\alpha} - r_p K_p$，由一阶条件可得 $k_s^{1-\alpha} = \left[1 + \dfrac{\varphi(1-p)\alpha}{1-\alpha} + \dfrac{b_s}{p(1-\alpha)}\right]\dfrac{A_s}{A_p}$

（3-11）。中央政府最优化以下目标函数：$U_c = qA_c K_c^{\alpha} + b_c A_c K_c^{\alpha} + pA_s K_s^{\alpha} + pA_p K_p^{\alpha} - \varphi(1-p)r_s K_s$，由一阶条件可得 $\mu_c = \dfrac{q + b_c}{p} \dfrac{A_c k_c^{\alpha}}{A_p + (1-\varphi(1-p)\alpha)A_s k_s^{\alpha}}$（3-12）。

由此我们容易知道：$\dfrac{\partial k_c}{\partial k_s} > 0$。我们将式（3-12）和式（3-6）进行比较［为了对其进行区分，我们分别在下标字母后增加"（12）"和"（6）"］可以证明，随着 φ 增加，$k_{s(12)}$ 较 $k_{s(6)}$ 增大，从而分子 $k_{c(12)}$ 较 $k_{c(6)}$ 变大；在参数合理赋值情形下，如 b_s 较大而 p 较小时，式（3-12）的分母较式（3-6）的小，从而 $\mu_{c(12)}$ 相对 $\mu_{c(6)}$ 增大。其经济含义是，当 b_s 较大时，地方政府控制金融资本的倾向性越强，在成功概率 p 较低即救助可能性较大时，随着分担比例 φ 的增加，中央政府承担的损失越大，为了减少所承担的损失，中央政府越有必要控制金融资本。

命题3-5：当地方国企投资亏损由中央政府来分担时（$0 < \varphi \leq 1$），地方政府越愿意控制金融资本（k_s 增大），而中央政府则更倾向于金融集权（μ_c 增大）；反之，当地方政府被要求承担更大比例的风险分担或中央政府取消隐性担保时，地方政府控制金融资本的意愿将下降，而中央政府则倾向于进行金融分权。

（四）利率管制和利率市场化

利率管制主要是对存贷款利率进行限制，通常国企贷款享受较低的基准利率甚至下浮10%，而民企贷款则按市场利率，在基准利率基础上上浮30%甚至更高。利率管制下较低的国企贷款利率不仅反映了国企和民企在资本边际效率上的差异 $r_p - r_s$，甚至可能低于 r_s。为了更直接地看出利率管制的影响，这里我们以 r_s 为标准，较低的国企贷款利率相当于享受利率补贴，即一定比例的折扣，并假设对地方国企的折扣率为 δ。利率管制（或补贴）政策与上述风险分担政策的区别在于，前者的实施不依赖于项目是否成功，而后者只在项目失败时才会实行，但两者对金融分权的影响类似。

代表性地方政府最优化以下目标函数：$U_s = pA_sK_s^{\alpha} - \delta r_s K_s + b_s A_s K_s^{\alpha} + pA_p K_p^{\alpha} - r_p K_p$，由一阶条件可得 $k_s^{1-\alpha} = \left(\dfrac{1 - \delta\alpha}{1 - \alpha} + \dfrac{b_s}{p(1-\alpha)} \right) \dfrac{A_s}{A_p}$（3-13）。由于要补贴地方国企 $(1 - \delta)r_s K_s$，中央政府最优化以下目标函数：$U_c = qA_cK_c^{\alpha} + b_c A_c K_c^{\alpha} + pA_s K_s^{\alpha} + pA_p K_p^{\alpha} - (1 - \delta)r_s K_s$，由一阶条件可得 $\mu_c = \dfrac{q + b_c}{p} \dfrac{A_c k_c^{\alpha}}{A_p + (1 - (1 - \delta)\alpha)A_s k_s^{\alpha}}$（3-14）。由式（3-13）和式（3-14）容易得到命题3-6。

命题 3-6①：利率管制对金融分权的影响与风险分担政策类似，利率管制越严重，即对国企利率优惠越多，地方政府和中央政府都倾向于控制金融，前者是为了获得利差，而后者则是为减少对地方国企的利率补贴；反之，随着利率市场化即取消国企利率优惠，地方政府控制金融的意愿将下降，而中央政府则更倾向于金融分权。

第四节　对中国式金融分权演变的初步解释

从上面的分析中可以看出，金融分权主要是基于国企、民企生产率差异与国企控制权收益的权衡，利用这一权衡和前文模型分析结论可以帮助我们理解我国金融分权演变的基本事实。

金融分权的目标是配合一国经济发展战略，实现经济长期持续增长。研究者们发现，驱动我国经济长期增长的动力来源于两项重要的结构转变：一是农业劳动力大幅度向制造业和服务业的转移；二是劳动力和其他资源从国企向民企的流动（Brandt et al., 2008；Li et al., 2013）。前者使得中国长期获得廉价的劳动力，后者则是因为民企的生产效率普遍高于国企②（Song et al., 2011）。当金融资源分配有利于促进上述结构转变时，金融分权就能推动经济持续增长；反之，则会阻碍经济增长。因此，金融分权的演变主要是由经济增长的目标所驱动，这取决于国企、民企的生产率差异，而政府对国企或民企的选择还要受国企控制权收益的影响，后者则与国企盈利状况正相关。由此可见，金融分权从根本上反映了国企、民企生产率差异与国企控制权收益的基本权衡，通过经济增速和国企经营状况的变化就可以预测金融分权演变的基本方向（命题 3-1、命题 3-2 和命题 3-3）。

为了帮助理解，这里我们提出一个假设：政府对待民营经济态度（民营

---

① 命题 3-6 的证明详见附录二。

② 天则经济研究所课题组（2011）的分析表明，即使在国企利润大幅增长的 2001—2009 年，国有及国有控股工业企业平均名义净资产收益率为 8.16%，也低于非国有工业企业的 12.9%。而如果将政府财政补贴、融资成本和土地及资源租金等方面的优惠予以扣除，上述期间国有及国有控股工业企业平均真实净资产收益率则为 -6.29%。

经济政策）的钟摆原理①。由于国企效率普遍低于民企（见附图1），当国企出现严重亏损或国进民退、经济发展减缓时，政府希望通过激励民营经济发展为经济增长提供动力，此时民营经济便得到鼓励或青睐，政策会向民营经济摆动，金融资源分配更多地表现为市场化或民营资本化；反之，当国企经营状况普遍好转、经济稳定增长时，政策便会摆向国企，民营经济生存空间将受到很大挤压，金融资源更多地向国企集中。民营经济政策的钟摆原理维持了国有经济与民营经济之间的动态平衡，反映了以公有制为主体的社会主义市场经济的基本定位。上述钟摆原理决定了我国金融分权Ⅱ的演变②③。

在改革开放之初，由于计划经济下国企经营普遍困难，效益低下④（见附图2），亏损严重的国企成为政府沉重的包袱，经济增长几乎陷入停滞，国企控制权收益明显下降，现实要求政府推动民营经济发展来促进经济增长。因此，金融资源通过各种非正规方式流向民企，这是金融分权的第一阶段。而进入2000年之后，加入WTO带来的需求冲击，按照要素禀赋优势大力发展劳动密集型产业，经济出现持续增长（见附图3），国企利润随之大幅增加⑤（见附图4），此时控制国企可以带来显著的控制权收益，政府推动国企快速扩张，金融资源重新向国企集中，典型的银行信贷出现了"垒大户"现象，民营经

---

① Huang（2008）研究了我国20世纪80年代和20世纪90年代的政府对待民营经济的态度。结果表明，在80年代农村私人企业家得到迅速发展，农村也有实质金融改革，银行系统的信贷大量流入到私人部门，政策制定者非常强烈地推行着这些政策。而在90年代，政策制定者开始偏好城市的国有经济，通过更多地向国有部门进行信贷配给，并对农村地区和民营经济课以重税为国家主导的国有部门改革融资。从而80年代的民营经济政策出现了反转。

② 与绝大多数文献在给定我国金融市场不完善（国企享受信贷优惠而民企受到严格的金融约束）的假设下来研究国企与民企相对变化的转型过程（Song et al., 2011）不同，我们是从相反的方向基于国企与民企的动态平衡来研究内生的金融分权演变。

③ 推动"钟摆"或金融分权演变的外生力量主要有：发展阶段的变迁、外需变化以及市场竞争等。

④ 直到20世纪90年代初，国企整体上仍然处于长期亏损状态，如1990—1993年的国企净亏损分别为−500.58亿元、−435.55亿元、−384.99亿元和−361.80亿元（天则经济研究所课题组，2011）。关于亏损的原因有两类基本的观点：一是超越要素禀赋阶段发展的资本密集型国企不具有自生能力（林毅夫，2007）；二是国企因严重代理问题在竞争性领域效率低下（张维迎，1999）。

⑤ Song et al.（2011）和Li et al.（2013）解释了2000年前后国企平均利润率相对于民企的变化，认为其主要原因是国企与民企之间的生产垂直结构。2000年后国企占据资本密集型上游企业处于垄断地位，而民企系劳动密集型企业处于下游充分竞争，当国企从下游退出，民企在下游的效率和需求增加会提高上游企业的垄断地位和利润。而2000年之前，由于下游的民企符合我国劳动力比较优势得以快速发展，很多下游产业中的国企都失去原先的垄断地位，并且由于承担了额外的社会性和政策性的负担，加上产权引起的各种公司内部治理问题，导致国企的整体平均利润率较低。

济融资难问题则显得尤其突出。次贷危机后，由于外需减弱以及产业结构升级困难，前期国有经济的过度扩张导致经济增速开始放缓（见附图3），国企利润有所下降，民营经济发展受到严重限制①。为了提高经济增速，缓解民营经济的融资困难，我国要求政府对其进一步开放金融市场，除吸引民营资本进入金融机构外，最重要的突破是开始筹建真正意义上的民营银行。这种金融民营资本化的趋势，反映了金融分权第三阶段子阶段二的事实。

值得注意的是，尽管上述钟摆原理同时适用于中央政府和地方政府，但因地方国企的控制权收益主要归属地方政府，两者在对待金融民营资本化上仍然存在差异，具体表现为：在改革开放初期，地方国企亏损严重，其控制权收益迅速下降，相较于中央政府，地方政府对发展民营金融更有积极性，导致体制外金融迅速增长。当2000年后地方国企利润普遍好转，而经济增速有所减缓时，中央政府对金融民营资本化则更为积极，这一点充分体现在城商行股份制改造和发展民营银行的态度上。由于此时地方国企的控制权收益较高，地方政府普遍希望谋求对城商行的控股来支持地方国企发展，而代表中央政府的银监会则试图鼓励更多的民营资本进入，并竭力推动民营银行的组建来促进民营经济发展，以此限制地方国企的低效扩张。

由于分权式竞争是我国经济增长的关键因素，金融分权竞争必然与财政分权制度存在着密切的联系。因此，地方政府与中央政府之间的金融竞争（金融分权Ⅰ）取决于财政分权所决定的中央与地方政府的财政状况，金融分权需要在激励地方发展经济的同时控制金融风险。随着1994年分税制改革的实施，财政资源更多由地方向中央集中，中央的财政压力基本消失，而地方的财政压力则显著增大②（见附图5）。这迫使地方政府为经济发展积极寻求金融资源，一方面通过向国有银行的地方分支机构进行行政干预获取中央的金融资源（隐性金融分权），这在金融分权的第一阶段体现得特别明显；另一方面积极发展属于地方控制的金融机构和市场（显性金融分权），主要表现在金融分权的第三阶段。在财政集权逐步增强的情况下，中央政府正是通过由隐性向显

---

① Song et al.（2011）认为，如果国有经济占据垄断程度较高的资本密集型产业，经济的转型并不总是能进行到底。一个可能的情况是，由于国有经济追逐垄断利润，民营部门的发展受到遏制，甚至出现萎缩。这时，整个经济就会出现倒退。

② 随着分税制的实施，地方政府的财政收入比重从1978年的84.5%下降至2013年的53.4%，而地方政府的财政支出比重却从1978年的52.6%上升至2013年的85.4%，地方政府的财政收支压力（财政收支压力=地方政府财政支出/地方政府财政收入）从1978年的0.62%上升至2013年的1.73%，地方政府的事权不断上升，财权则逐步下降，财政收支压力显著增大，地方政府财权和事权呈现严重不对等态势。

性分权的演变方式逐步向地方政府下放金融权力，以增加地方发展经济的积极性（命题3-4）。上述两种金融分权的长期发展必然会带来金融风险①②（见附图6），由于我国金融风险最终由中央政府承担，地方政府在为发展而融资时往往会忽略风险的累积和外溢。当金融风险积聚严重时，中央政府被迫限制分权重新回归金融集权，尽管暂时会牺牲部分经济增长，这就是金融分权的第二阶段，即显著的金融集权（命题3-5）。

国企的金融优惠政策包括金融管制政策（如利率管制）和风险分担制度（如政府隐性担保），对上述两个层次的金融分权演变都会产生重要影响③。这对国企的金融优惠政策从本质上讲有助于增加国企和金融机构的控制权收益，从而极大地激励政府控制金融而不利于金融民营资本化的发展。由于利率管制，国企享受到法定（优惠）贷款利率，金融机构可获得双重利差，即总体资本的法定存贷差（长期在3个百分点以上，见附图7）加上民营资本的上浮贷款利差④（在法定利率基础上上浮30%以上）。与此同时，中央政府对金融机构的隐性担保更是为控制方获得无风险融资和风险投资回报提供了保证。由此可见，上述政策能为金融机构控制方带来可观的收益⑤，即金融特许权价值。由于以下两方面的原因，这种金融特许权价值的存在将会对金融民营资本化带来负面影响，延缓金融民营资本化的进程：一是政府并不倾向于轻易让民

---

① 由前文的分析知道，我国的工业化与城市化进程是在政府主导下依赖国有企业体制进行的，国企的低效和地方政府无序竞争导致的投资过热、产能过剩和重复建设，最终会导致国企的长期亏损，这是我国金融风险的主要来源，直接表现为国有银行体系以及包括城商行、农村商业银行、地方信托租赁机构等在内的地方金融机构中的巨额不良资产。为了维护国有企业和国有金融体系，中央政府实施了国企的金融优惠政策，如利率管制和政府隐性担保，这又会进一步加剧风险：一是中央政府的隐性担保会增加地方政府无序竞争的风险；二是国有金融体制造成的扭曲（民间融资困难）导致了民间金融的风险，如"非法集资"、过高的利率以及经济下行时对企业债务的挤兑，容易爆发区域性或局部风险。由于国企和民企产生金融风险的根源不同，其对金融分权的影响也存在显著差异。对于前者，要通过适度集权来限制地方政府和低效国企的扩张；而对于后者，则应更多地推动市场化或民营资本化的金融分权改革，以减少国有金融体制造成的扭曲。

② Allen et al.（2007）认为，2000年左右不良贷款规模可能是官方数据的两倍，即达到50%。近年来，尽管我国银行不良贷款率出现了大幅下降，但隐藏的信贷风险不容忽视，主要是以土地和房地产作为抵押的贷款占比过高，银监会的调查为38%，而国际投行研究报告认为达60%。因此，房地产和土地价格的大幅下跌可能对银行体系造成严重风险（潘英丽，2014）。

③ 本段着重分析风险分担机制对金融分权Ⅱ的影响，其对金融分权Ⅰ的影响将结合金融分权的实现形式在下段予以讨论。

④ 我们利用一个简单的分解来予以说明。假定市场贷款利率 r，法定贷款利率 r_L，法定存款利率 r_D，则金融机构收益可以表示为：$R_b = rK_P + r_L(K_s + K_c) - r_D\bar{K} = rK_P + r_L(\bar{K} - K_P) - r_D\bar{K}$。

⑤ 考虑到贷款利率上浮与经营费用两个因素可以相互抵消，粗略计算一下，资本收益率=资产收益率×杠杆率=资产收益率/资本充足率=3%/8%=37.5%。

企获得金融机构的这一特许权价值，如为避免获得丰厚的利差收益，只允许民企成立不吸收存款的小贷公司；为减少中央的隐性担保，政府往往对民营银行的设立采取更为苛刻的风险防范条件，如"生前遗嘱"[①]。二是尽管有利于促进民营经济发展并推动经济增长，但金融民营资本化同时也会迅速减少国有金融体系和国有企业的控制权收益，因为充分竞争将导致垄断租金耗散。由于民营经济难以真正享受政府对国企的金融优惠政策，因此类似于利率市场化和建立显性存款保险制度等减少国企金融优惠的政策将使中央与地方政府放松对金融的控制，有助于金融民营资本化进程（命题3-5和命题3-6）。利用金融特许权价值的变化，我们可以解释金融分权的演变。当金融特许权价值增大时，政府倾向于金融集权，民营金融发展相对困难；反之，随着金融特许权价值变小，向民间进行金融分权变得相对容易。由于利差变化反映了金融特许权价值的大小，我们从附图7中可以看出，金融分权的演变与利差变化一致。在金融分权的第一阶段，利差较小，在1.5%以下，有些年份甚至在0%附近，这时民营金融发展迅速；在金融分权的第二阶段，平均利差在3.5%左右，金融集权明显而民营金融受到严格管制；在金融分权的第三阶段，特别是子阶段二中，利差下降为3.0%左右，民营金融重新获得快速发展。

最后，综合上述影响因素，我们对金融分权演变的解释进行了简要总结（见附图8）。在1978年改革初期，由于高度集中的计划经济体制，经济增速缓慢，国企普遍亏损，国企控制权收益较低。为推动经济增长，在财政分权下，中央进一步放松了金融控制以激励地方发展经济，鼓励民营经济发展。地方金融机构迅速设立并扩张，在利差较小且金融特许权价值不高的情形下，民营金融也得到一定程度的发展，金融开始分权；在上述双重分权下，地方政府的无序竞争导致了投资过热和通货膨胀，国企出现严重亏损，银行累积了巨额的不良资产，带来了严重的金融风险。1994年，中央政府开始通过分税制改革实现财政集权，并加强了金融控制来限制地方政府和低效国企的扩张，同时将利差逐步上升至较高水平来减少银行亏损，再考虑到政府的隐性担保，较高的金融特许权价值限制了民营金融的发展，金融重新集权；2001年以后，经济增速较快，国企利润大幅增加，国企控制权收益显著上升，通过政府控制的金融机构市场化大大降低了金融风险，在财政集权下中央政府再次放松金融控制来促进地方发展，地方政府的金融控制显著增加，民营金融发展则受到严重

---

① 洪正（2011）研究了新型农村金融机构改革的特点，认为在农村金融改革中，当代表中央政府的监管部门面临着改革创新和控制金融风险的两难冲突时，往往会强化风险防范而抑制创新，更易形成以现有商业银行为主导、对民营资本准入进行审慎限制的增量改革模式。

阻碍；在 2007 年次贷危机后，随着经济增速和国企利润的下降，为推动民营经济发展，在利差水平降低和拟建立显性存款保险制度的前提下，金融特许权价值减少，民营金融得到快速发展，形成金融适度分权。

第五节　金融控制权的实施：现实考虑

我国的金融分权不仅具有显著的阶段性变化，而且金融机构的演变还具有复杂的表现形式。尽管上述因素有助于理解前者，但对于后者仍需我们做出进一步解释。前面的分析假定中央国企、地方国企和民企三类企业投资所需的金融资本分别来源于中央政府、地方政府和民营经济各自所控制的金融机构，以银行业为例，它们分别控制着国有银行、地方商业银行[①]和民营银行，那么金融机构与企业类型之间是否存在或需要这样的一一对应关系呢？这就提出了一个理论问题，即三类企业贷款应该由什么类型的金融机构实施。也就是说，为什么国有银行不能提供所有企业的贷款，而需要发展地方金融机构和民营金融机构呢？

就我国的现实情形而言，国有银行总行往往对应着中央国企，而其省分行及以下支行则主要为地方国企提供金融服务，之后才是民营企业；地方商业银行首先满足地方国企的信贷需求[②]，其次才是民营企业；民营银行（目前主要是小贷公司和部分村镇银行）则主要面向民营企业。总体而言，我国信贷市场基本上按所有制类型进行对应分层，同时也呈现出自上而下的顺次覆盖、从下往上逆向覆盖较难的特点。这在次贷危机后我国信贷扩张狂欢中体现得特别明显，全国性大项目（中央国企）贷款往往被国有银行垄断，其他银行基本被排除在外；地方性项目（地方国企）贷款在国有银行贷款之外由地方商业银行参与；而民营企业贷款更多是由地方商业银行和民营银行提供。除了上述信贷市场分层控制外，我国金融机构控制权具有更为复杂的实际表现形式，即存在着名义控制权与实际控制权之分。具体而言，国有银行名义上由中央政府控制，但事实上其各省及以下分支行的信贷决策受到地方政府的广泛干预；而地方商业银行名义上为地方政府所控制，但实际上代表中央政府的银行监管部

---

① 根据钱先航等（2011）的统计，82.6%的城商行为地方政府所控制，政府股东包括地方财政、政府投资公司、地方国资委和地方国企等。

② 根据王秀丽等（2014）的研究，目前我国城商行前十大客户贷款流向国有经济金额占十大客户贷款额的比例平均达到64%，表明城商行的绝大部分贷款是流向了地方国企。

门却拥有人事任命、业务发展与创新及风险控制等多方面的重要决定权。由此产生了另一个理论问题，就是金融机构的控制权形式如何反映真实的金融分权状况，也就是说，该如何理解我国现实中各种正式和非正式的金融分权形式。

为了分析现实中我国金融分权的上述复杂的表现形式，将控制权区分为名义控制权和实际控制权可以为我们提供一个有益的理论视角。就形式控制权与实际控制权而言，中央与地方政府之间可以形成四种可能的组合：第一种情形是中央政府同时拥有地方金融的形式控制权和实际控制权，这种情形对应着计划经济时期以及20世纪90年代中期后的金融集权阶段；第二种情形是中央政府拥有地方金融的形式控制权，而地方政府则拥有实际控制权，这种情形对应着改革开放后至20世纪90年代中期的金融开始分权阶段；第三种情形是地方政府拥有地方金融的形式控制权，而中央政府则拥有实际控制权利，这种情形对应着2001年后地方金融发展与监管现状，即金融适度分权的第一阶段；第四种情形是地方政府同时拥有地方金融的形式控制权和实际控制权，这种情形对应着2006年后民营金融的迅速发展，即金融适度分权的第二阶段。我们将第一种情形称为"金融完全集权"，第二种情形和第三种情形称为"部分金融分权"，第四种情形称为"金融完全分权"。显然第三种情形下金融分权程度高于第二种情形。可以看出，上述四种组合基本上涵盖了我国金融分权演变的各个阶段及其具体表现，而且能很好地概括上述两个相互关联的理论问题。这是因为信贷市场分层反映了我国金融机构分类控制的基本事实，而名义控制权和实际控制权的差别却使这种严格的对应变得模糊，上述四种组合以及现实中复杂的金融分权形式正是两者综合影响的体现。

这里我们借鉴 Aghion et al.（1997）的模型进行简单拓展，对上述问题进行分析[①]。其基本思想是：由于中央政府和地方政府对于不同范围内的项目信息具有各自的优势，中央政府更适合从事全国性项目，而地方政府对于地方性项目更了解。因此，全国性项目的资本需求应由中央控制的国有金融机构来满足。对于地方性项目的融资，由于委托代理链条过长，国有金融机构无法有效利用地方信息显得效率低下；而地方政府和民营经济在利用地方信息上具有优势，应由其分别控制的地方金融机构和民营金融机构来提供。但由于中央与地方政府之间存在着利益不一致的情形，特别是在地方项目投资和地方金融机构经营具有负外部性的情形下更是如此，如重复建设和产能过剩、通货膨胀以及

---

① 本书的模型拓展主要体现在三个方面：一是结合我国金融分权的事实将一般经济问题转化为对具体金融分权问题的现实考虑；二是将原模型中的两种对称情形拓展到四种情形；三是将金融风险问题明确引入，便于讨论中央金融风险控制与激励地方努力的权衡。

金融风险的外溢和传染，由此将形成中央控制权丧失的损失。因此，中央政府向地方政府进行金融分权需要在激励地方努力（利用地方信息）和控制权丧失带来的损失之间进行权衡。

一、模型基本设定

中央政府和地方政府在地方项目的金融投资上存在着不完全一致性。中央政府偏好于对全国经济增长有益的项目，而地方政府更侧重于促进地方经济发展的项目，尽管这一项目具有很大的负外部性，如金融风险的溢出和传染。也就是说，中央政府同时关注地方经济发展和金融风险防范，而地方政府更多地只追求前者而忽视后者。假定中央与地方政府就地方项目进行选择，控制权的分配决定了参与方在项目选择上的权利。拥有形式控制权的一方先选择，通过努力以一定概率获知项目信息，如果无法获得项目信息，则由另一方建议项目，我们称此时另一方拥有实际控制权。如果中央政府偏好的项目被选中，其可以获得收益 B；如果地方政府偏好的项目被选中，那么其获得收益 b，假定 $0 < b$，$B < 1$。由于中央与地方政府在项目选择上存在利益不一致情形，假定中央与地方政府之间存在所谓的一致性参数 β 和 γ（$0 < \beta$，$\gamma < 10 < \alpha < 10 < \beta < 1$），如果中央政府偏好的项目被选中，那么地方政府只能得到 γb 的收益；如果地方政府偏好的项目被选中，那么中央政府将只能得到 βB 的收益，而且还会为其带来一个 $A > 0$ 的负外部性损失。假定地方性项目的信息需要中央政府或地方政府付出一定的监督成本之后才能获知。中央政府付出努力 E，以 E 的概率获知项目信息，以 $1 - E$ 的概率无法获知任何信息，努力的成本为 $\frac{1}{2}E^2$。相应地，$\frac{1}{2}E^2\ 0 \leq E \leq 1$，地方政府付出努力 e，以 e 的概率获知项目信息，以 $1 - e$ 的概率无法获知任何信息，努力的成本为 $\frac{1}{2}e^2\ \frac{1}{2}e^2$（$0 \leq e$，$E \leq 10 \leq e \leq 1$）。努力成本的不同反映了中央与地方政府在获取地方信息能力上的差异或信息差距，通常而言，地方政府在获取地方信息上具有优势。下面我们将依据形式控制权与实际控制权的不同组合，区分四种情形进行对比分析。为方便讨论，我们将第二种情形称为"弱式金融分权"，第三种情形称为"强式金融分权"。

二、模型分析：四种情形的比较

（一）金融完全集权

在金融完全集权下，项目选择只由中央政府做出，地方政府不起任何作用。

中央与地方政府的效用函数分别为 $U_c^c = \text{EB} - \dfrac{1}{2}E^2$，$U_C^c = \text{EB} - \dfrac{1}{2}E^2$（3-15）；

$U_s^c = E\gamma b$，$U_L^c = E\beta b - \dfrac{1}{2}e^2 - \text{EP}$（3-16）。其中，上标 C 代表金融集权，下标 c 和 s 分别代表中央政府和地方政府。由式（3-15）容易得到中央政府的最优努力水平为 $E^c = B$，$E^c = B$（3-17）；由式（3-16）知道地方政府的最优努力水平为 $e^c = 0$，$e^c = 0$（3-18）。在金融完全集权情形下，由于缺乏影响中央政府决策的权力，地方政府不谋求地方金融的任何控制权，在推动地方金融发展与管理上将不会付出任何努力。

（二）弱式金融分权

在弱式金融分权下，中央政府拥有地方金融的形式控制权，而地方政府则拥有实际控制权。中央与地方政府的效用函数分别为：

$$U_c^{\text{WD}} = \text{EB} + (1 - E)e\beta B - \dfrac{1}{2}E^2 - (1 - E)eAU_c$$

$$= \text{EB} + (1 - E)e\alpha B - \dfrac{1}{2}E^2 - (1 - E)eA \qquad (3\text{-}19)$$

$$U_s^{\text{WD}} = E\gamma b + (1 - E)eb - \dfrac{1}{2}e^2\ U_L = E\beta b + (1 - E)\ eb - \dfrac{1}{2}e^2 - \text{EP}$$

$$(3\text{-}20)$$

其中，上标 WD 代表弱式金融分权。

比较式（3-19）和式（3-15）不难发现，当 $(1 - E)e\beta B < (1 - E)eA$ $(1 - E)e\alpha B \leq (1 - E)\ eA$ 时，即 $\beta B < A\alpha B \leq A$ 时，$U_c^{\text{WD}} < U_c^c\ U_C^{\text{WD}} \leq U_C^c$。其含义是，只要金融分权导致的负外部性足够大，中央就会偏好于对地方金融实行完全集权。如果将 βB 看成下放实际控制权给中央政府带来的收益，那么 A 反映的负外部性则代表由此产生的成本，中央政府是否对地方金融进行分权取决于两者之间的权衡。

命题 3-7：中央政府是否对地方政府进行金融分权，取决于下放金融控制权利用地方信息优势带来的经济发展收益与控制权丧失产生的金融风险成本之间的权衡。

由命题 3-7 可以推知，中央政府实行弱式金融分权的条件是实施地方偏好的项目不会给其带来太大的负外部性，即 $A < \beta BA < \alpha B$。下面我们假设这一条件总是满足。

由式（3-19）可以得到中央政府努力的最优反应函数，即 $E = B(1 - e\beta) + eAE = B(1 - e\alpha) + eA$（3-21）；由式（3-20）可以得到地方政府努力的最优反应函数，即 $e = (1 - E)b$，$e = b(1 - E)$（3-22）。由式（3-21）和式（3-22）容易求得均衡的努力水平，即

$$E^{\mathrm{WD}} = \frac{B + b(A - \beta B)}{1 + b(A - \beta B)} , E^{\mathrm{WD}} = (B - \alpha Bb - bA)/(1 - \alpha Bb - bA) \quad (3\text{-}23)$$

$$e^{\mathrm{WD}} = \frac{b(1 - B)}{1 + b(A - \beta B)} , e^{\mathrm{WD}} = b(1 - B)/(1 - \alpha Bb - bA) \quad (3\text{-}24)$$

比较式（3-23）和式（3-17）不难看出 $E^{c} > E^{\mathrm{WD}}$；比较式（3-24）和式（3-18）易知 $e^{c} < e^{\mathrm{WD}}$ $e^{c} < e^{\mathrm{WD}}$。

（三）强式金融分权

在强式金融分权下，地方政府拥有形式控制权，而中央政府保留着部分实质控制权，这在城商行的发展和监管中体现得特别明显。从形式上看，城商行主要由地方政府所控制，经营和管理活动可以自行决策，但实际上代表中央政府的监管部门在人事任命、业务发展与创新、信贷规模、结构和风险控制等重要方面具有显著影响力。强式金融分权下，中央与地方政府的效用函数分别为

$$U_{c}^{\mathrm{SD}} = e\beta B + (1 - e)\mathrm{EB} - \frac{1}{2}E^{2} - eA \ U_{c} = e\alpha B + (1 - e)\ \mathrm{EB} - \frac{1}{2}E^{2} - eA$$

$$(3\text{-}25)$$

$$U_{s}^{\mathrm{SD}} = eb + (1 - e)E\gamma b - \frac{1}{2}e^{2} \ U_{L} = eb + (1 - e)\ E\beta b - \frac{1}{2}e^{2} - (1 - e)\ \mathrm{EP}$$

$$(3\text{-}26)$$

其中，上标 SD 代表强式金融分权。

由式（3-25）可以得到中央政府努力的最优反应函数 $E = B(1 - e)$，$E = B(1 - e\alpha) + eA$（3-27）；由式（3-26）可以得到地方政府努力的最优反应函数 $e = (1 - \gamma E)b$，$e = b(1 - E)$（3-28）。由式（3-27）和式（3-28）可以求得均衡的努力水平，即

$$E^{\mathrm{SD}} = \frac{B(1 - b)}{1 - \gamma bB} , E^{\mathrm{WD}} = (B - \alpha Bb - bA)/(1 - \alpha Bb - bA) \quad (3\text{-}29)$$

$$e^{\mathrm{WD}} = b(1 - B)/(1 - \alpha Bb - bA) \ e^{\mathrm{SD}} = \frac{b(1 - \gamma B)}{1 - \gamma bB} \quad (3\text{-}30)$$

比较式（3-21）和式（3-27）以及式（3-22）和式（3-28）易知 $E^{\mathrm{WD}} > E^{\mathrm{SD}}$，$e^{\mathrm{WD}} < e^{\mathrm{SD}} e^{c} < e^{\mathrm{WD}}$。

（四）金融完全分权

在金融完全分权下，地方政府拥有地方金融的形式和实际控制权，中央政府没有任何权力。此时中央与地方政府的效用函数分别为 $U_{c}^{D} = e\beta B - eA$，$U_{c}^{\mathrm{SD}} =$

$e\alpha B - eA$ （3-31）；$U_s^D = eb - \dfrac{1}{2}e^2$，$U_L^{SD} = eb - \dfrac{1}{2}e^2$ （3-32）。其中，上标 D 代表金融完全分权。由式（3-32）可以得到地方政府的最优努力水平 $e^D = b$，$e^{WD} = b$ （3-33）；由式（3-31）可以得到中央政府的最优努力水平 $E^D = 0$，$E^{WD} = 0$ （3-34）。比较式（3-33）和式（3-30）易知 $e^{SD} < e^D$ $e^c < e^{WD}$。

综合以上分析，我们可以得到命题 3-8。

命题 3-8：从金融完全集权、弱式分权、强式分权到完全分权，中央政府逐步向地方政府下放地方金融控制权。金融分权程度越高，地方政府努力的积极性越大，即 $e^c < e^{WD} < e^{SD} < e^D$，而由控制权丧失带来的负外部性可能逐步增加 $e^c < e^{WD} < e^{SD}$。由此可见，在中央政府控制权损失与地方政府激励之间存在着基本的权衡。

在中央政府进行金融集权时，地方政府推动地方金融管理与发展的积极性就将大大下降。由金融分权的演变进程可以看出，金融集权会极大地打击地方政府推动地方正规金融管理与发展的积极性。但与此同时，地方政府会通过各种非正规方式与中央政府展开金融竞争，最终"倒逼"中央政府进行授权。

以银行体系为例，我国已经逐步形成了包括国有银行、全国性股份制银行、城商行和农村商业银行以及民营金融机构在内的四类分属不同控制方的金融机构，而且不同金融机构因名义和实际控制权的区别表现出很大差异。金融机构的演变形式即金融分权的实施从根本上反映了地方信息的利用与金融风险控制之间的权衡（命题 3-7）。随着我国经济发展和市场经济的进一步深化，关于持续增长的机会和创新的信息更加分散化，这就要求进一步激励地方政府发展经济的积极性，并充分发挥市场在信息利用上的优势（哈耶克，1945）。与此同时，由于地方金融发展可能带来风险外溢和传染的负外部性，要求有合理的制度安排来实现风险控制。在金融分权的实现形式上，之所以不能由中央政府控制的国有金融机构来统一实施，是因为尽管这在一定程度上有助于控制金融风险，但却无法有效利用地方信息，激励地方政府发展经济。而要做到后者，就需要中央政府向地方政府让渡金融控制权（命题 3-8）。其中包括向地方政府让渡一部分实际控制权，形成对国有银行的行政干预；或向地方政府让渡名义控制权，允许地方政府控制银行，如地方城商行和农村商业银行；或向市场完全放权，组建民营银行；而全国性股份制银行则介于中央控制、地方控制与市场化之间。这就形成了国有银行外部的分权化。随着外部分权化，中央政府需要更多来自地方政府和市场的风险分担机制，如建立地方金融管理体制和市场化的存款保险制度等。与此同时，自改革开放以来，国有银行一直进行的商业化改革，实际上从内部受到上述三种力量（中央的意愿、地方政府的行政干预和市场化经营）的影响，反映了国有银行由中央政府向地方政府再向市场化发展的金融分权化进程，结果是国有银行内部的分权化。尽管近期先后完成了财务重组、股份制改造并实现上市，但国有银行离真正的市场化还有相当长的距离，其信贷投向依然是中央国企、地方国企和民企这样的顺序。只要政府对国企的优惠政策不变，国有银行面向中小民营企业的市场化业务就很难真正发展起来，可见国有银行内部的分权化效果是非常有限的。上述两种分权化方式同时演进并相互竞争，共同形成了我国银行体系的分权化格局。这一分析特别有助于解释第三阶段两个子阶段的金融分权差异。

第六节　金融分权与城商行股权结构的关系

城商行的股权结构演变与金融分权的历史演变息息相关。根据金融分权理论，中央政府向地方政府的分权（金融分权Ⅰ）决定了城商行股权结构中，中央政府与地方政府的相对持股关系。金融分权Ⅰ的演变不仅是中央权衡地方经济发展和金融风险后的结果，也是地方与中央政府不断博弈的结果。一方面，中央政府开始在权衡地方经济发展与金融风险防范的基础上，审慎下放部分金融权力，强化地方政府的风险处置责任；另一方面，地方政府还通过"自下而上"的金融改革和创新，以"倒逼"的方式或隐性的方式向中央政府"攫取"部分金融权力。

政府向民间的分权（金融分权Ⅱ）决定了城商行股权结构中，政府与民营资本的相对持股关系。根据政府对待民营经济态度（民营经济政策）的钟摆原理，当国企出现严重亏损或国进民退、经济发展减缓时，政府希望通过激励民营经济发展为经济增长提供动力，此时民营经济便得到了鼓励或青睐，政策会向民营经济摆动，金融资源分配更多地表现为市场化或民营资本化；反之，当国企经营状况普遍好转、经济稳定增长时，政策便会摆向国企，民营经济生存空间将受到很大挤压，金融资源更多地向国企集中。因此，当地方国企的控制权收益较高，地方政府普遍希望谋求对城商行的控股来支持地方国企发展，当地区民营经济较为活跃、国企控制权收益较低时，地方政府愿意放弃城商行控制权，鼓励更多的民营资本进入，促进民营经济发展。

国企的金融优惠政策包括金融管制政策（如利率管制）和风险分担制度（如政府隐性担保），对上述两个层次的金融分权演变都会产生重要影响。当地方国企投资亏损由中央政府来分担时，地方政府越愿意控制金融资本，而中央政府则更倾向于金融集权；反之，当地方政府被要求承担更大比例的风险分担，或中央政府取消隐性担保时，地方政府控制金融资本的意愿将下降，而中央政府则倾向于进行金融分权。利率管制对金融分权的影响与风险分担政策类似，利率管制越严重，即对国企利率优惠越多，地方政府和中央政府都倾向于控制金融，前者是为了获得利差，而后者则是为了减少对地方国企的利率补贴；反之，随着利率市场化即取消国企利率优惠，地方政府控制金融的意愿将下降，而中央政府则更倾向于金融分权。

对国企的金融优惠政策从本质上讲有助于增加国企和金融机构的控制权收益，从而极大地激励政府控制金融而不利于金融民营资本化的发展。由于利率管制，国企享受到法定（优惠）贷款利率，金融机构可获得双重利差。与此同时，中央政府对金融机构的隐性担保更是为控制方获得无风险融资和风险投资回报提供了保证。由此可见，上述政策能为金融机构控制方带来可观的收益，即金融特许权价值。由于以下两方面的原因，这种金融特许权价值的存在将会对金融民营资本化带来负面影响，延缓金融民营资本化的进程：一是政府并不倾向于轻易让民企获得金融机构的这一特许权价值，如为避免获得丰厚的利差收益，只允许民企成立不吸收存款的小贷公司；为减少中央政府的隐性担保，政府往往对民营银行的设立采取更为苛刻的风险防范条件，如"生前遗嘱"。二是尽管有利于促进民营经济发展并推动经济增长，但金融民营资本化同时也会迅速减少国有金融体系和国有企业的控制权收益，因为充分竞争将导致垄断租金耗散。由于民营经济难以真正享受政府对国企的金融优惠政策。类似于利率市场化和建立显性存款保险制度等减少国企金融优惠的政策将使中央与地方政府放松对金融的控制，有助于金融民营资本化进程。利用金融特许权价值的变化，我们可以解释城商行股权结构的演变。当金融特许权价值增大时，政府倾向于控制城商行，民营金融发展相对困难；反之，随着金融特许权价值变小，引入民营资本变得相对容易。

第七节 本章小结

金融分权是我国金融转型和发展中出现的重要现象，是中国式经济分权的重要组成部分。本书对这一现象进行了系统研究，在对其演变过程进行全面梳理的基础上，明确提出了金融分权的概念，并对其内涵进行了界定。我们通过进一步分别构建模型研究了两个相互联系的问题，即基于国企、民企生产率差异与国企控制权收益的权衡研究最优金融资本分配问题，以及基于中央控制权损失与激励地方发展经济的权衡研究金融控制权的实施问题，来理解我国金融分权的内在逻辑，并据此对其演变进行了初步解释。

本书将金融分权定义为：为推动一国经济长期增长，激励地方发展经济，在不同层级政府之间以及政府与市场之间就金融资源配置权与控制权进行划定与分配的一系列显性和隐性的制度安排。金融分权包括三种金融权力，即金融发展与创新权、金融控制权和金融监管权。具体可分为两个层次：中央政府向地方政府的分权（金融分权Ⅰ）和地方政府向民间的分权，即金融民营资本化或市场化（金融分权Ⅱ）。依据地方发展融资与金融风险控制的权衡，本书将改革开放以来金融分权演变划分为三个阶段，从初期地方金融违规发展（开始分权）逐步转向以风险防范为主（重新集权），并最终调整为当前地方金融发展与风险防范并重（适度分权）。我国金融分权总体上呈现出由隐性向显性发展的趋势，但正式的金融分权制度尚未形成。金融分权是由我国工业化与城市化进程所引致的发展资本需求和分权竞争制度所内生决定的。由于分权式竞争是我国经济增长的关键，金融分权需要在激励地方发展经济的同时控制金融风险。金融分权的演变主要取决于经济增速和国企经营状况的变化，本书提出"政府对待民营经济态度（民营经济政策）的钟摆假说"来解释金融分权Ⅱ的演变，而金融分权Ⅰ的演变则主要取决于由财政分权所决定的中央与地方政府的财政状况。国企的金融优惠政策包括金融管制政策（如利率管制）和风险分担制度（如政府隐性担保），对上述两个层次的金融分权演变都会产生重要影响。除了解释我国金融分权演变的上述阶段性变化，本书还以银行体系为例，通过区分国有银行内部分权化和外部分权化这两种演变方式，分析了金融分权的具体实现形式，即金融分权实施问题。

由于本书是尝试性就金融分权问题进行系统研究，未来可在以下三个方面有所拓展：一是本书模型属于单期局部均衡分析，即给定金融资本总量为外生，中央、地方政府与民营经济如何进行分配以实现各自最优。为了内生化金融资本供给，我们还应在一般动态均衡框架内研究消费、储蓄（资本供给）和投资（资本分配）的动态调整过程，并对金融分权演变进行相应的福利分析，据此研究最优的金融分权问题。二是将地方政府竞争行为具体化，并与财政分权结合起来分析。我们还应考虑其不仅组织工业生产，而且还提供生产所需的基础设施投资，同时将财政预算约束引进来，以便研究地方政府在工业化、城市化进程中的金融资本融资以及由分权竞争带来的中央与地方政府之间的金融风险分担问题。三是对金融分权进行定量研究，包括金融分权程度的衡量、影响金融分权的决定因素和金融分权的经济影响等。

第四章　地方政府对城商行控股模式的选择

第一节　政府持股银行的理论研究

一、政府股东产生的原因

（一）一般均衡理论

一般均衡理论没有提及企业所有权的影响，认为当政府与私有产权都追求利润最大化时，则两者应该是无差异的，因此可以用一般理论解释政府对银行所有权的需求。

一般均衡理论由法国经济学家 Walras（1874）最早提出，Arrow et al. （1954）运用不动点定理加以验证和完善，一般均衡理论成为经济学核心理论。该理论的基本观点认为，当市场处于完全竞争状态下，市场中消费者的消费需求满足效用最大化原则，市场中生产者的生产供给是符合利润最大化原则的，因而市场最终形成了竞争性均衡的状态。市场的竞争性均衡状态是满足帕累托最优的，实现了市场中资源的有效配置。

一般均衡理论背后的思想实质是"看不见的手"的思想。"看不见的手"是亚当·斯密在1766年出版的《国富论》中提出的。该理论认为市场可依据市场规律运行良好，受到政府干预越少越好，只需政府执行基本职能保障市场经济的有序运行。在一般均衡理论中，基本假设条件是私有产权追求利润最大化。因此，如果政府控制的企业也是依据利润最大化安排企业生产，那么，基于一般均衡理论分析，国有产权与私有产权对企业生产的影响是无差异的。在一般均衡理论中，政府从未对国有产权的和私人产权的银行表现出丝毫的倾向性，银行政府所有权的问题尚需研究。

在"看不见的手"的理论中，基本前提是认为市场经济处于完全竞争状态。然而，在现实中的政府对银行的干预程度已经影响了市场的自律运行，违背了"看不见的手"模型中市场无须政府干预的条件。因此，该理论与现实的巨大反差难以运用到分析银行政府所有权的现象中。

（二）市场失灵理论

市场失灵理论认为，政府的作用是弥补市场功能的缺失，实现社会的资源配置和福利分配，因此可以用市场失灵来解释政府对银行所有权的需求。

市场失灵是指市场无法有效率地进行资源配置的状况。市场失灵通常的表现有不完全竞争、外部性、公共产品等。不完全竞争是指少数几家企业能够左右产品市场的价格，并降低资源配置的效率；外部性是指一个经济主体做出的决策会对其他经济主体受损或者受益的状况；公共产品是指在消费上具有非排他性、非竞争性的产品。由于市场经济中私人部门提供公共产品的收益和成本不相匹配，因此存在经济主体搭便车的行为，从而市场经济体制不能提供公共产品。然而，公共产品确实是很多经济主体在生产、消费过程中所需要的。这些均为引发市场失灵的因素。

从提供金融服务的角度来讲，金融中介的不完全竞争、外部性以及公共产品的现象也是存在的。就不完全竞争而言，金融中介的垄断可能会提高消费者金融产品和金融服务的价格。就外部性而言，由于很多金融中介尤其是银行具有较高的杠杆率，其风险可能会让更多的存款者和其他社会经济主体来承担，从而面临外部性的问题。就公共产品而言，很多地区、时间、消费群体有基本的金融服务需求，如果金融中介仅考虑自身边际收益和边际成本，则难以提供足够数量的金融服务。Saha et al.（2004）研究表明，政府对银行的所有权可以克服市场失灵的现象，提高社会整体的福利水平，更有利于福利的分配。

（三）合约理论

与政府所有权相关的理论还包括合约理论。合约理论又称为"契约理论"。合约理论有助于分析政府所有权相对于私有产权的优势。合约理论通常可分为完全合约理论和不完全合约理论。

完全合约是指参与合同缔结的参与者都可以预见合同期间所有可能发生的影响该业务的情况，当合同的一方违约时，第三方可以进行仲裁。合同签订面临的问题包括事前的逆向选择和事后的道德风险。而产生逆向选择和道德风险的源泉是信息不对称和委托人与代理人的目标不一致。将合约理论运用到政府的股权决策上可以发现，政府对私有企业和公有企业的信息不对称程度存在差异（A Alchian et al.，1972；Shapiro et al.，1990；Schmidt，1995）。政府对私有企业的信息不对称程度更高，从而政府从中抽取租金的能力较弱。因此，为了提高银行的效率，地方政府应该减少对银行的股权控制。

不完全契约理论由 Grossman et al.（1986）和 Hart et al.（1990）创立。该模型认为，由于现实世界的复杂性和不确定性、语言表述的无法穷尽和有限性、第三方无法证实性等原因导致合约不可能完备。根据不完全契约理论意味着产权无法真正完全的明晰，因此谁拥有剩余企业的剩余控制权很重要。分析的重心在于对事前的权利（包括再谈判权利）进行机制设计或制度安排。因此，不完全合约看轻公有企业与私有企业之间的信息差别，而看重谁拥有企业的最终控制权，以此来区别两者，既简单，又自然，还更具解释力。不完全合约理论从控制权的角度来分析政府所有企业和私人所有企业的差别。当合约是不完全时，政府不能对自己的需求做出准确的预计、定义、调节或实施时，则会凭借所有权获得最终控制权和谈判能力。不完全合约将重点放在了合约界定不明晰条件下剩余控制权的归属问题。因此，从不完全合约理论出发，政府出于自身的目标如果需要影响金融系统的服务，最好的方式是掌握金融中介的剩余控制权。

二、银行的政府所有权行为的影响

（一）银行的政府所有权的宏观影响

1. 发展观

关于政府对银行所有权与经济增长的宏观影响是基于"发展观"和"政治观"的观点。

第二次世界大战结束后，大量的发展中国家对本国的银行体系实施了国有化操作，使得政府对银行拥有所有权，通过设立国有银行或者将原本私有的商业银行进行国有化来建立政府对银行体系的直接所有权。经验研究显示，政府拥有商业银行非常普遍（Barth et al.，2001；La Porta et al.，2002）。

关于银行的政府有权的理论基础是基于发展经济学中政府"扶持之手"的观点，这一观点在于强调政府的作用，政府在经济中因起到积极甚至是决定性的作用——通过来自政府的经营和投资行为，以及对私营经济的各种控制包括诱导和限制等方式，将有利于指导和鼓励经济的发展（Myrdal，1968）。进而，具体到金融系统中，该观点的主要支持者 Gerschenkron（1962）认为在发展中国家（他特别强调了俄罗斯的例子）存在经济制度落后难以发挥市场的作用，社会信用的缺失导致社会融资成本高，进而几乎很难有一个市场化的银行系统能够满足工业化进程中大规模的资金需求。有学者进一步说明，发展中国家面临如此的经济环境，只能依靠政府采取干预措施弥补市场缺位，政府通过强制性措施引导国民储蓄转化为社会中的长期投资，完成国家和地区的工业化发展进程。"扶持之手"的观点从制度环境基础薄弱、产权保护不完善、合同执行能力低下而导致的市场功能缺失（"市场失灵"）的角度，解释了发展中国家银行的政府所有权存在着积极效应，认为当银行属于政府所有，能够满足工业化发展对金融的需求。

从20世纪中期开始以Lewis（1950）、Gerschenkron（1962）和Myrdal（1968）为代表的发展经济学家认为，银行属于"战略经济部门"，对一国经济发展起着关键性战略作用，所以对银行这种"战略经济部门"采用政府所有权经营，有助于积聚资金且投向战略性长期项目，继而促进经济发展。银行的政府所有权的这种"发展观点"得到政府的普遍响应，纷纷推行"银行国有化"。

2. 政治观

与"扶持之手"相对应的是"政治"的观点，这种观点认为"扶持之手"预设的这种仁慈而且全知全能的政府不符合现实，政府参与银行的动机往往是私人"政治目标"，如对支持者提供就业、补贴和其他利益，以获得支持者的投票、政治捐款等。一方面，银行的实际控制人可能为了自己的政治利益而迎合某些政治力量、达成短期政治目的，或者为特定的企业提供资金便利，甚至为政府官员谋求私利。政府目标的复杂性加深了国有银行的代理问题，即使银行表现非常糟糕的时候，银行家依然可以宣称他们的决策符合"社会目标"，这样是很难甚至无法测度的标准。另一方面，国有银行的管理层通常由政府指派，甚至他们本身同时也是政府官员，薪酬和管理层替换这样的激励方式受到了限制。除了激励方式以外，国有银行监督机制也会相对更弱。国有银行的大股东——"政府"只是真正股东的代理人，对企业绩效的敏感程度更低，监督动力相对更差。最后，国有银行的受益者更加容易通过政府之手来限制并购这样的外部治理机制在国有银行公司治理中的作用，加深了代理问题。因此，国有银行的这种"政治"观点认为，国有银行会引起远比民营银行更加深重的代理问题，更容易产生低绩效、高风险这样无效率的结果（Shleifer et al.，1994）。

20世纪80年代以后，伴随着新自由主义思潮的兴起，许多国家纷纷实施了"银行私有化"，1987—2003年，全球超过250家的国有银行推行了私有化。这种现象背后的理论逻辑集中体现在Shleifer et al.（1994）等提出的银行政府所有权"政治观点"，认为政府参与银行的动机往往是私人"政治目标"

（例如，对支持者提供就业、补贴和其他利益，以获得支持者的投票、政治捐款等），而且还会带来更为严重的代理问题，所以应该限制和削弱政府对银行的控制和干预，推行"银行私有化"。同时，我国也提出了"银行的民营资本化"，这是从"国有经济"和"民营经济"的角度提出来的（刘迎秋，1994）。

（二）银行政府所有权的微观影响

Weintraub et al.（2005）基于巴西银行数据研究发现，国有银行的业绩显著低于私营银行。Bonin et al.（2005）以保加利亚等 6 个东欧转型国家银行的数据发现，基于总资产回报率和净资产回报两种业绩指标衡量，发现国有银行的经营业绩显著低于私营银行和外资银行。Megginson（2005）综述了银行所有权性质与绩效关系的实证文献后得出的基本结论是：国有银行比私人拥有的银行更缺乏效率，政府主导银行业给这些国家带来严重的问题。Iannotta et al.（2007）根据欧洲 15 个国家的银行数据研究发现，政府所有的银行，即具有更低的成本，但是与私营银行比较，仍然具有更低的利润；此外，政府所有银行贷款质量更差，而且具有更高不易化解的风险。Micco et al.（2007）以 179 个国家的银行数据研究发现，在发展中国家，国有银行的业绩普遍低于私营银行，利润更低、成本更高，发展中国家的国有银行在利润、不良贷款率和摊销成本方面不如私人银行，但是这些差别在工业化国家则不具有显著的差异性。Cornett et al.（2008）以 16 个远东国家的银行数据研究发现，国有银行业绩显著低于私营银行，具有更低的资本充足率、更大的信用风险、更低的流动性和更低的管理效率，即使 1997—1998 年的亚洲金融危机恶化了银行经营环境，但是国有银行经营恶化的程度比私营银行更高。曹廷求和张光利（2011）利用 2001—2009 年的中国主要城商行财务数据得出结论，政府干预机制在一定程度上替代了市场约束机制，而政府干预机制显著增加了银行风险，市场的价格约束机制显著降低了银行风险。易志强（2012）对我国 69 家城商行在 2006—2010 年的数据为研究对象，实证考察了政府干预对城商行经营效率的影响，结果表明：地方政府的干预不利于城商行公司治理机制的发挥，降低了城商行的经营效率。

但是，也有一些实证证据得到了相反的结论，即政府控制或所有的国有银行表现出更高的经营效率。例如，Altunbas et al.（2001）基于德国的银行数据检验发现，德国的国有银行比私有银行更具有成本与利润上的优势，表现得更富效率。Bhaumik et al.（2004）通过考察印度于 1992 年开启的银行业改革之路发现，在 2000 年以后，政府控股比例和干预程度已经不是影响银行治理是否有效的决定因素，市场竞争和预算约束的共同作用将会缩小甚至消除国有银行和私有银行之间的差距。曹廷求等（2006）从研究银行公司治理出发，探究地方政府股东对银行经营风险之间的影响机制，调查采集山东和河南共计29家中小商业银行的内部经营数据并进行实证研究，结果表明：政府以股东身份对银行的控制起到了显著降低银行经营风险的作用，这说明政府所有权对中小商业银行来说，发展观点更有解释力。

综上所述，大部分的实证研究都表明政府干预的国有银行在经营效率上低于私营银行，一定程度上说明政府所有权确实给银行的治理带来了负面的影响。

三、城商行的政府所有权的相关研究

中国的经济转型过程需要金融发展以助一臂之力，城商行作为金融系统的重要组成部分在金融转型中的作用不可小觑。由此，研究中国城商行公司治理需要基于经济金融转型这一客观事实来展开。曾康霖和高宇辉（2006）在研究中国转型期间商业银行公司治理实践的过程中，认为剖析商业银行公司治理的本质不能采用利益相关者的观点，因为我国商业银行自成立以来承担了过多的社会责任和政策性职能。因此，包括城商行在内的所有商业银行的公司治理都需要从股东和投资者的利益保护出发，结合中国转型发展的实际，探索银行发展的出路。钱先航等（2011）基于中国改革开放以来经济转型的历史沿革，将地方政府与银行的关系划分为三大阶段，从地方政府官员视角出发研究了晋升压力和任期长短对城商行贷款行为的影响。他们的研究透析了中国经济转型中政府在城商行公司治理中扮演的角色。赵昌文等（2008）研究发现，在中国转型期的商业银行广泛存在政府持股的现象。他们的研究涵盖了三类商业银行的信息：国有控股商业银行、股份制商业银行和地方城商行，率先发现政府持股比例与银行经营效率之间存在显著的倒"U"形关系，认为商业银行包括城商行在内的改革是长期的且复杂的。我们文献研究总结了现有文献中的学者对我国城商行公司治理的相关研究成果。

（一）地方政府所有权的理论

1. 地方政府竞争理论

地方政府竞争这一现象在世界范围内广泛存在，它指的是市场经济各区域经济体中的政府围绕具有流动性的要素如资本、劳动和其他投入等展开竞争，并最终获得更多经济资源和政治收益的行为。正如企业竞争可以改善市场的帕累托效率，地方政府竞争也可以使非市场的地方公共产品供给实现帕累托最优（Tiebout，1956）。不过，地方政府竞争的帕累托最优是有前提的，如果出现初

始禀赋差异明显、地方政府的激励制度过于注重短期收益，地方政府会放弃竞争而是倾向于采取地方保护主义甚至是掠夺主义（周业安，2003）。正是由于地方政府不同的行为和策略，导致其对控股企业和控股金融机构的作用也应不同。

考虑地方政府竞争对城商行影响的文章还不多见，王文剑等（2007）将地方政府竞争因素纳入了考虑，但其研究对象不是城商行，而是FDI的增长效应。钱先航等（2011）以各地市级市委书记的晋升作为解释变量，并观察地方一把手的任期和年龄等对城商行贷款期限和分布的影响。刘阳等（2014）用地方政府持股的城商行作为考察对象，分析地方政府在不同竞争程度和格局下对城商行业绩的影响是否会有不同，研究结果显示：整体来看，政府股权对城商行收益率有负面影响，对不良率的作用在控制了初始业绩因素后则表现为中性。当考虑地方竞争以后，发现地方政府竞争程度较低时，政府股权对城商行业绩并无显著影响；而随着地方竞争程度加深，政府持股会显著降低城商行的收益率，并且竞争越激烈，收益率下滑就越严重。本书表明城商行作为地方政府竞争的工具而不是目标，至少部分地承担了竞争成本。

2. 制度经济学理论

运用制度经济学解释城商行公司治理的股权结构改革，杜朝运和邓嫦琼（2008）认为要想完善我国城商行的公司治理和经营绩效，产权结构的优化是决定因素。产权制度这一前提解释了地方政府在城商行中的绝对控制，最终导致了城商行公司治理产权制度安排的效率缺乏。一方面，学者们从产权效率对城商行原有股权结构进行静态分析；另一方面，学者们又对城商行股权结构的历史变迁进行制度解析，考察了城商行股权结构改革的路径依赖因素。李义奇（2005）从需求与供给的理论框架说明了制度选择和制度变迁，基于政府忽视公司治理和所有者缺位等方面的分析，认为城商行对现代公司治理制度的有效需求不足，从而导致了有效制度供给落不到实处。这进一步表明，理论上建立现代公司治理的制度有助于提高城商行的经营绩效，但先前固有的制度传统以及相关主体对城商行的现代公司治理知识的欠缺，都可能导致现代公司治理制度落实被悬空。罗海萍（2011）基于法律的视角研究了我国城商行公司化经营，通过与美国的社区银行、德国的中小银行进行比较分析，选取了宁波银行和长沙银行发展过程中的真实情况作为案例分析的基础，研究发现我国城商行存在信息披露不完整、董事会的作用不突出和地方政府股权比重过大等法律问题。

3. 金融结构理论

从金融结构中城商行的定位来研究政府控制权，刘锡良和辛树人（2006）发现一个基本事实：合理的银行业结构必须能够满足不同产业和企业的融资需求，不同规模划分下的大、中、小银行在金融体系所处的位置和分工是具有明确区分和显著差异的，这表明城商行处于中小银行的范围在为中小企业提供融资等金融服务上具有比较优势。在我国，120 家城商行作为"特殊的金融群落"，具有特殊的组织模式，在整个银行结构中扮演着"零售银行"的角色。在城商行广泛重组的经济背景下，刘锡良和辛树人（2006）通过分析山东 11 家城商行的情况为实证资料，认为城商行的重组模式应当将要素禀赋结构、经济结构和政府发展战略考虑在内。由此，城商行采用整合的非信贷资产的控（参）股制的模式是比较合理的。艾仁智（2005）认为银行业是具有一定的层次结构的，金融体系是一个系统工程，城商行等作为系统中的子系统，其自身实现有序的结构和功能将关系到整个银行系统的发展。研究引入"自组织"的理论，通过引入开放性和外部负熵流，城商行产权制度产生本质变化，提高了城商行自我发展和自我增强的能力；城商行作为一个慢变量在中国整个银行系统向国际银行水准的有序发展过程中起着显著作用。

林毅夫（2012）提出最优金融结构的观点，认为我国现阶段生产要素禀赋下的产业结构决定了现有的金融结构。他从银行业结构内生并匹配经济结构的角度出发，重点解释了不同金融制度安排为不同经济结构提供金融功能时各自具备的比较优势，其所关注的"经济结构"即根据初始要素禀赋形成的资本密集型产业与劳动密集型产业的相对规模。在具有较高的资本密集度的产业中，一般具有较大的企业规模；而在具有较高的劳动密集度的产业中，则是以企业规模较小的中小企业为主。同时，对于所研究的"银行业结构"，其关注的是其中按照大银行和小银行划分的结构下，两种不同类型的银行在整个金融体系占据的地位以及重要性，进而，需要明确分析大银行和中小银行具备基本金融功能的比较优势。因此，我们参照林毅夫和姜烨（2006）的具体观点，以大、小银行划分的金融结构在为中小型企业提供金融服务的比较优势分析理论，可以扩展到该金融结构对非国有企业提供金融服务的分析之上。中小型银行相较于大型银行，在为中小型企业（非国有企业）提供金融服务、满足其金融需求上具有比较优势。而城商行是中小型银行中的重要成员银行，城商行的公司治理要立足于现有金融结构，发挥城商行在为中小企业融资中的比较优势。

（二）地方政府所有权的影响

同时，现有研究主要关注地方政府所有权的微观影响，但是对城商行经营绩效的影响效应尚有分歧。部分研究认为，城商行股权的国有属性不存在显著影响。李维安和曹廷求（2004）调查了山东和河南两省共计28家城商行，基于该调查数据实证分析了城商行股权结构中股权的产权属性和集中程度对银行经营绩效的影响。结果发现：虽然，我国地方城商行股权主要表现为国有属性，并且股权结构趋于集中的特征明显；但是，城商行大股东是地方政府这一国有属性并没有对银行绩效产生影响，反而是城商行股权结构的集中程度越高对城商行经营绩效有明显的积极影响。

也有部分研究显示，城商行中地方政府的股权会显著降低银行的经营绩效。Ferri（2009）对中国20家城商行2000—2003年的情况进行问卷调查发现，当城商行的控股股东表现出国有属性并且控制股份越多时，城商行的经营绩效的表现也是越差。巴曙松等（2005）认为，地方政府作为股东进入城商行，会严重干预其运营与管理，将会降低整个金融体系的运行效率，更重要的是会显著提高城商行道德风险与经营冒险的问题。周文武（2010）研究发现，我国城商行中政府直接或间接持股的比例普遍较高，"一股独大"的现象十分严重。股东之间权力的制衡不足，经理层将不能受到有效的监督和约束，一方面会导致大股东在行政上对城商行干预过多；另一方面，银行会缺乏追求企业价值增值的动力和监督经理层经营的激励机制。

然而，考虑到中国市场制度不完善中地方政府的弥补市场缺位的情形，地方政府控制权对城商行经营稳健性是存在正向影响的。郑荣年（2013）研究认为，地方政府所有权在制度不完善情况下有利于城商行的经营的稳健性。他采用La Porta等（1999）的研究方法，基于股东控制链层层追溯终极控制股东，对我国城商行的股权结构特点和政府控制行为进行研究，结果显示：第一，中国城商行的股权结构表现出集中的特征，城商行的终极控股股东主要是相对控制权模式，股权结构中表现出所有权和控制权基本不分离的稳定状态；第二，地方政府是最主要的控股股东，控制模式主要采用财政和资产管理公司实行间接控制，地方政府普遍通过多控制链进行城商行的控制权。曹廷求等（2006）从城商行股东属性和对董事会控制的公司治理角度研究出发，发现城商行第一大股东的国有产权性质并没有对该银行风险产生显著的影响，而地方政府以股东身份对银行董事会的控制作用却降低了银行风险，这说明地方政府所有权对城商行影响表现出的是"扶持之手"（而不是"掠夺之手"的观点），对作为中小银行的城商行更有解释力。

四、对地方政府城商行控制权的理论分析

理论分析基于地方政府竞争理论认为，地方官员的"晋升锦标赛"等机制在地方政府之间引入了竞争机制，政府官员动用包括财政和金融资源在内的一切政策手段支持地区经济发展。地方政府控制城商行作为金融工具来刺激经济发展。城商行作为金融工具发挥的功能包括：作为融资工具，支持地方政府重大项目，通过政府引导实现经济发展；为中小金融机构向中小企业融资的功能，为当地经济发展提供金融服务需求，通过市场作用实现经济发展。具体到什么影响着地方政府对城商行控制权的选择，我们认为地区金融结构和经济结构等地区特点决定了地方政府对城商行的股权结构。

（一）地方政府追求经济增长

因为本书是分析地方政府对城商行的股权行为，所以需要分析地方政府的目标函数以及其可能的选择，才能分析其在不同约束条件下地方政府对城商行的股权占比的选择。

地方政府的行为与政策是由一个多重目标函数所决定的。一方面，地方政府的任务本身是多样的，如促进经济增长、增加就业和保障社会福利等；另一方面，地方政府存在政治目标与私人目标下的多重任务，如政府官员产生的私人目标。那么地方政府的主要目标是什么呢？目前的研究来看，地方政府的主要目标是追求经济增长和经济发展。

地方政府追求经济增长的一个重要原因来自地方政府和中央政府的分权。分权包括行政分权和财政分权。其中，行政分权是指中央政府在20世纪80年代逐渐将许多经济管理权限下放到地方政府，这让地方政府逐渐有相对独立自主的行政决策权；财政分权是指自1994年以来的分税制改革，中央政府将更多财政权下放到地方政府，并且实行财政包干机制，地方政府财政收入越高，地方政府留存收入越多，其中预算外收入属于全部留存范围。中央政府赋予地方政府更多的"事权"，成为具有较高独立性的决策机构；但地方政府没有获得与"事权"相匹配的"财权"，因此地方政府更有追求经济增长的积极性（Cao et al.，1999；宫汝凯，2012）。这意味着财政分权和行政分权导致地方政府用激励去推动经济发展。Qian et al.（1997）研究指出，伴随着地方政府竞争推动各级政府对社会资源的竞争，为了在资源争夺中胜出，地方政府需要加大产权保护和制度建设的力度，而这会增加政府支出，进而，地方政府需要促进经济增长来弥补日益增长的财政支出，赢得地方政府竞争的筹码。

然而地方政府促进经济增长的原因不仅包括财政分权和行政分权，还包括地方政府和地方官员的竞争。地方官员竞争体现在官员的晋升锦标赛中。锦标赛作为一种激励机制，其特征体现在参与人的胜负不是由最终成绩而是由相对成绩所决定。地方政府和地方官员晋升锦标赛表现为上级政府或者组织对下级政府或者官员的考核设计的晋升，竞争优胜者将获取奖励，如体现为官员职位的晋升，其中晋升的标准是由上级政府或者组织来确定的。地方政府官员有很强的晋升动机，因为地方政府官员是否晋升有非常大的利益差距。官员是否晋升的利益差距体现在：晋升后的官员有更大的行政权力和政治地位以及更好的经济环境和状态。在中国改革开放后晋升的标准更多地体现为地方的经济增长率，其中研究表明，地方官员政治上的晋升与其所处地区经济绩效呈现显著的正相关关系（周黎安 等，2005）。具体而言，在1984年后，中央政府下放干部的管理权限，从而赋予省级政府更大的人事权力，省级政府也因此更有权限通过人事任命权激励地方官员推动经济增长。因此，从地方政府官员的激励机制来讲，地方政府官员有很强的激励机制去推动经济增长。

因此，经济增长既是地方政府政绩考核的指标，也是地方政府在地方发展中"事权"行使的有利保证。那么，地方政府追求经济增长就是现有制度和经济限制条件下目标函数的最优解。

（二）经济增长的金融支持

正如前文分析，地方政府最优的目标函数是追求经济增长。那么地方政府有哪些可能的策略来促进地方经济增长呢？短期GDP增长的源泉主要包括投资、消费和出口。地方政府有很多政策来刺激经济增长，包括行政审批、土地征收、财政支持和金融支持。这里我们先不论述传统的行政手段，就财政手段和金融手段来分析地方政府的干预行为。由于地方政府无法通过发行地方债务的方式融入资金为地方建设发展提供金融支持，因此其更多是通过干预金融系统来为地方经济发展提供金融支持。为了实现地方政府经济增长的目标函数，地方政府应该如何干预金融系统为经济发展提供支持呢？亦即什么样的金融系统是对经济增长最优的，从而决定了地方政府对金融系统的干预策略。

从目前的理论来看，因为不同的金融系统具有自身的比较优势，在吸收储蓄、风险分散和资金资源的配置等方面各有优劣，所以金融系统要促进增长一定是充分发挥其自身的比较优势。同时，经济体在处于不同经济发展时期具有不同的要素禀赋，这决定了最优产业结构，而不同产业结构中的企业具有特有的融资需求，这表明金融结构内生于产业结构。当一个国家或者地区的实体经济处于不同经济发展阶段时，其对于金融服务的需求存在显著性的差异。如果地方政府对金融系统的干预符合比较优势时，则有利于经济增长和政府自身目标的实现；如果地方政府对金融系统的干预不符合比较优势时，则不利于经济增长和政府自身目标的实现。

1. 不同金融结构的比较优势

传统文献将金融结构分为银行主导金融系统和市场主导金融系统。学术上有的观点认为，银行主导金融系统更有利于经济的增长；也有观点认为，市场主导金融系统更有利于经济增长。

就各自的优势而言：银行主导金融系统在调动储蓄、识别投资项目、合理化公司控制中有优势。相对应地，市场主导金融系统在分配资本、提供风险管理工具、缓解银行权力过大所带来的问题上有优势。支持银行主导金融系统的学者主要强调银行获得信息、改善资本配置与公司治理的能力；银行管理流动风险，促进投资效率、经济增长的能力；调动资本的能力。而支持市场主导金融系统的学者主要强调市场培养研究企业经营动机的能力、改善公司治理的能力和便利风险管理的能力。

就各自的缺点而言，银行主导者认为市场的缺陷是：①从事前来看，面临搭便车的问题。在金融市场中，隐藏信息较为困难，因此，搜集信息相对于分散的股东而言是一种"公共产品"，更容易出现"搭便车"问题（free-rider problem），这会使分散的单个投资者不愿意将其资源用于获取信息、对企业进行深入细致的研究以及甄别和投资于创新型项目，从而会对资本有效配置、技术创新和经济增长产生负面影响。②从事后来看，"用手投票"和"用脚投票"的监督机制失效。"用脚投票"机制的失效，是因为就"用脚投票"所需借助的收购兼并收购成本较高。相对于公司的外部人而言，公司的内部人对于公司价值的认识更具有信息优势。这会使得处于信息劣势的外部人想要排除处于信息优势的内部人对公司的控制需要付出高昂的成本，从而会降低外部人实施收购兼并的积极性。同时，兼并收购行为向市场释放了一个企业价值被低估的信号，其他投资者也会在市场中收购该企业的股票，从而导致该企业股票的市场价格上涨和收购成本的上升。因此，在发达的金融市场中，事先投入大量资源用于信息获取的投资者除了要承担信息生产的费用之外，还要面临更高的收购成本，从而导致"用脚投票"机制失效。"用手投票"机制失效是因为在一个发达的、流动性很强的金融市场中，股东可以低成本地在市场上出售其股份。因此，他们将不愿付出高额的信息成本去判断管理层优劣或者评估替代的管理团队。

市场主导者认为银行主导金融体系的缺陷是：①从事前来看，银行信息垄断降低效率。随着银行—企业关系的发展，单一关系中的银行对借款企业的信息形成了垄断力量，并能以此渔利。这种信息锁定（information lock-in）与其所带来的扼制成本（hold-up cost）可能会降低企业投资有盈利能力项目的积极性。②从事后来看，预算软约束降低效率。由于预算软约束的原因，关系型银行业务会导致资源配置失效。特别是当企业面临危机时，银行的管理者不愿意清算那些与银行有长期的、跨产品联系的企业。虽然这种行为能够平滑暂时冲击对整个经济的巨大影响，但是同时也会阻碍经济结构的有效调整，对整体经济增长造成不利影响。

然而，金融服务观弱化了银行主导金融系统与市场主导金融系统之间的争论。金融服务观认为主要问题不在于银行与市场间的争论，而在于创造环境使金融中介或金融市场提供好的金融服务。其认为金融中介和金融市场都发挥了生产信息和配置资本、监督企业和实施公司控制、分散风险、调动储蓄以及为产品和服务的交易提供便利等基本功能。上述基本功能通过促进资本积累、资本配置效率的提高以及技术进步从而对经济增长起到了促进作用。因此，金融系统要促进增长一定与其所服务的经济相匹配，能够较好地发挥生产信息和配置资本、监督企业和实施公司控制、分散风险、调动储蓄以及为产品和服务的交易提供便利等基本功能。

2. 金融结构与经济结构的匹配

前文论述了最优的金融系统应该是能够较好地发挥生产信息和配置资本、监督企业和实施公司控制、分散风险、调动储蓄以及为产品和服务的交易提供便利等基本功能，从而促进经济增长。而要促进经济增长的金融系统，应该是与一个地区的经济结构相匹配的。这是因为经济体在处于不同的阶段、不同的地区时，具有不同的要素禀赋，从而有不同的经济结构。而不同的经济结构中的企业具有不同的融资需求，从而需要不同的金融中介和金融市场提供服务（林毅夫 等，2009）。

经济结构包括所有制结构、产业结构和企业规模结构等。不同的经济结构特征所需要的金融服务系统不同，从而导致最优金融结构有差异。

首先，经济结构中的所有制结构不同，其所需要的金融服务也不同。由于企业存在着企业家风险，民营资本股东更了解民营企业的软信息；国有股东更了解国有企业的软信息。因此，经济结构中如果民营企业更多，就需要更多的民营控制的金融中介为民营企业服务；如果经济结构中国有企业更多，就需要更多的国有资本控制的金融中介为国有企业服务。这意味着经济结构中的所有制结构会影响金融系统的所有制结构。

其次，经济中的产业结构不同，其所需要的金融服务也不同。通常情况下，产业划分为第一产业、第二产业和第三产业，不同的产业其要素禀赋不一样，其所需要的金融服务和需要对应的金融结构也不一样。第一产业是土地或者劳动密集型、第二产业是资本密集型、第三产业是劳动或者技术密集型。由于不同产业自身的特征不一样，金融系统能够提供的服务也不同，如第二产业作为资本密集型产业，处于该产业中的企业有较高价值的机器、设备、厂房或者土地等可供银行作为抵押担保措施，因此对于第二产业而言，银行主导的金融系统更容易提供更好的金融服务。而对于第三产业而言，处在该产业中的企业其具有较高价值的是知识产权和劳动力，这些生产要素不容易分割、抵押和处置，但是具有较高的期权价值，因此对于第三产业而言，市场主导型的金融系统能够提供更好的金融服务。此外，经济结构中不同的企业规模也会导致其所需要的金融服务存在结构化的差异。例如，大型金融中介具有较低的风险偏好，且可以提供较大的融资规模，从而可以较好地为大型企业提供服务（林毅夫 等；2006）。

最后，金融系统本身的竞争状况不同，其对经济增长产生的作用也不同。Dehejia et al.（2005）提出银行业的竞争加剧会让实体经济更容易获得融资服务，从而能够促进经济增长。贾春新等（2008）也研究发现，一个地区的商业银行竞争得越激烈，越能促进该地区的经济增长。

总之，经济结构不同则需要不同的金融系统为之提供服务。

3. 城商行在金融结构中的功能

作为金融支持，要发挥城商行作为中小金融机构为中小企业融资的功能，为当地经济发展提供金融服务需求，通过市场作用实现经济发展，以上海、江苏、浙江等经济发达地区为典型。我国城商行作为区域性的中小银行，在地方经济发展中最为重要的角色就是支持当地中小型企业的发展，为中小型企业融资。而中小型银行相较于大型银行，在为中小型企业（非国有企业）提供金融服务、满足其金融需求上具有比较优势。

根据林毅夫（2009）"最优金融结构"理论中的观点，来自企业融资者的"企业规模"和"企业的风险特征"两个方面的因素决定了融资的成本。对于"企业规模"，其认为大企业相较于小企业存在企业融资的规模效益；并且凭借大企业财务信息的透明度和完整性，可以降低融资发生的交易成本。对于"企业的风险特性"，林毅夫则认为，企业的风险来自三个方面：技术创新、产品创新和企业家风险。不同类型的企业将会不同程度地面临上述三类风险，风险因素的不同将会影响融资中的信息不对称问题，从而影响企业的融资成本。面对企业的规模，国有大型银行有助于大企业的融资；而中小型银行有助于中小企业的融资。面对企业存在的企业家风险，民营资本股东更了解民营企业的软信息；国有性质的股东更了解国有企业的软信息。

五、地方政府对城商行控制权的选择

（一）金融结构对地方政府控制权的影响

根据上述的分析可知，如果一个地区金融竞争程度不足，金融供给短缺，地方政府最优的干预策略是提供更多的金融服务。地方政府提供金融服务的一个重要手段就是控制城商行。因此，如果一个地区金融机构提供的金融服务垄断程度较高，当地企业较难通过这些金融中介获取融资服务时，地方政府会通过控制城商行来为当地企业提供金融服务；相反，如果一个地区金融机构提供金融服务竞争程度更高，当地企业可以较容易从这些金融机构获得融资服务，地方政府可以减少对城商行的控制，从而将金融资源用在更高效率的地方。

（二）经济结构对地方政府控制权的影响

政府最优的干预策略是基于适应地区经济增长的最优金融服务做出的。具体而言，如果一个地区的经济和金融状态需要最优的金融服务时，政府最优的金融干预策略就是让该地区的金融结构趋向于最优的金融结构，从而促进经济增长。

从前文的分析来看，由于金融结构需要与经济结构相协调，如果一个地区国有经济占比较高时，其最优的金融结构需要更多的国有金融机构为当地的国有企业提供服务；如果一个地区非公有制经济较发达时，该地区最优的金融结构需要更多的非国有金融中介为当地企业提供服务。如果一个地区金融竞争程度不足，金融供给短缺，地方政府最优的干预策略是提供更多的金融服务。

地方政府在这里需要进行权衡：到底是充分发挥城商行的市场定位，让其为中小企业的进入提供服务，以促进地区经济增长；还是通过政府干预，引导地方国有企业和大型项目的发展推动地区经济增长。因此，我们认为地区金融结构和经济结构等地区特点，决定了地方政府对城商行的控制权。

对于上海、江苏、浙江等经济发达地区，当地的民营经济发达，中小企业规模巨大，需要发挥城商行作为中小金融机构为中小企业融资的功能，地方政府则倾向于减少对城商行的控制权。对于广西、青海等经济相对欠发达的地区，当地的国有企业更发达，市场制度不完善，需要地方政府增加对城商行的控制权，引导经济发展。

因此，地方政府竞争促使地方政府追求地区经济发展，地方政府会积极地依据地区经济特点来发挥城商行的金融功能，对是否持有城商行控制权进行选择。

（三）相关研究假设

基于前文分析，不同经济结构中的企业具有不同的融资需求，从而需要不同的金融结构为企业提供金融服务。只有当金融结构和经济结构相匹配时，才能较好地促进地方经济增长。由于地方政府竞争或者官员的晋升锦标赛等原因，地方政府有较强的激励政策来促进地方经济增长，其作为理性人在促进经济增长政策中的金融政策选择，需要促进金融结构与经济结构相匹配。地方政府要促进金融结构与经济结构相匹配，其可以影响的地方金融资源包括国有银行地方分行的贷款行为、所属地区城商行的股权结构、所属地区国有上市公司的数量和融资行为。其中，地方政府对城商行的股权结构的调整是影响地方金融结构、匹配经济结构的重要手段。根据前文的分析可知，地方政府用激励政策调整城商行的股权结构以调整地方经济结构。这就意味着地方城商行的股权结构会受到经济结构的影响。根据前文的分析可知，经济结构包括所有制结构、产业结构和企业规模结构等，本书侧重分析所有制结构、产业结构对地方城商行的股权结构的影响以及地方政府本身对金融竞争状态的干预情况。

六、现有文献评述

从我们归纳的现有研究成果可以发现：关于银行的政府所有权的影响研究成果辈出，宏观影响存在发展观与政治观两个对立的观点；微观影响同样存在积极效应和微观效应两种各异的结论。我们归纳现有文献研究成果发现，现有研究主要集中于探讨地方政府控制权对城商行的影响，对地方政府控制权的影响因素却较少涉及。例如，郑荣年（2013）解释了地方政府对城商行进行控制是因为制度环境不健全，政府控制权作为制度环境的一种替代机制而存在；钱先航等（2011）从地方政府政绩诉求的视角，解释了地方政府控制权存在的原因是地方政府竞争，地方政府为了获得金融资源从而产生对城商行控制权的需求；刘阳等（2012）研究认为城商行是地方政府竞争的工具，地方政府竞争程度和地区资源禀赋的差异影响了地方政府对城商行的控制权，也对其绩效产生不同的影响。然而，现有研究却不能帮助我们理解地方政府控制权下降的现象，以及解释地方政府退出控制权的原因。

第二节　城商行中地方政府控制权的特点

本章节的主要内容分为如下部分：第一部分是对我国城商行的现状进行说明；第二部分是总结我国现有的城商行股权主要集中于地方政府的特点，这与城商行成立的历史背景密切相关；第三部分将进一步分析地方政府对城商行控股比例存在的显著差异。

一、城商行控制权配置的现状

通过追溯城商行发展的历史沿革我们发现，在城商行从城市信用合作社成立到目前城商行的整个演变历史中，地方政府发挥着重要作用，城商行的股权一直控制在地方政府手中。城商行的发展历程见表4-1。

表4-1 城商行的发展历程

发展阶段	时间划分	银行所有权情况
城市信用合作社	1979—1995年	地方政府独资
城市合作银行	1995—1998年	地方政府独资
城商行	1998年至今	地方政府为多数城商行的第一大股东

1979年，城市信用合作社伴随中国经济体制的改革而成立，其所有权特征是地方政府独资。1979—1989年，城市信用合作社快速发展壮大，总体数量规模达到3 330家，总体资产规模接近300亿元。但是，城市信用合作社快速扩张带来了很多问题，如发展过快引发金融秩序混乱、贷款规模增长却质量低、资金规模失衡导致支付危机等。为了整顿城市信用合作社混乱的发展局面，中国人民银行在1989年开始了对城市信用合作社的整顿工作。1990—1991年，中国人民银行控制城市信用合作社新设规模，对经营管理不善的城市信用合作社进行撤销合并。1992年城市信用合作社的整顿工作基本结束，而各地的城市信用合作社进一步急剧扩张。1993年年末，城市信用合作社的数量增加至4 800家，总资产规模达1 878亿元，职工有12.3万人。1993年年末，中国人民银行又开始大幅整顿城商行，并停止审批新的城市信用合作社的设立。

1996年，60多个地级市建立了新的一批城市合作银行，经过重新组建，超过2 000家的城市信用合作社最终形成了88家城市合作银行的新金融机构系统。1998年3月，所有的城市合作银行正式更名，城商行的时代到来。在城商行成立之初，中央政府规定地方政府持股比例不得低于30%，这决定了地方政府在城商行股权结构中的绝对控制地位。2004年，银监会提出对城商行实施改造重组，加强联合，提高整体发展水平。这主要针对城商行的公司治理，目的在于改善城商行公司治理绩效。

2012年5月26日，银监会发布了《中国银监会关于鼓励和引导民营资本进入银行业的实施意见》，目的在于鼓励民营资本和其他资本按同等条件进入银行业，支持民营企业参与商业银行增资扩股，鼓励和引导民营资本参与城商行重组。民营企业参与城商行风险处置的，持股比例可以适当放宽至 20% 以上。该文件影响了城商行股权结构的后续变化。2013 年和 2015 年发布的《中国银监会中资商业银行行政许可事项实施办法》，都在鼓励民营资本进入城商行。地方政府在城商行中的股权将会发生新的变化，出现差异化发展。但是，从城商行变迁历程我们可以看到，城商行的股权结构中，第一大股东大部分仍然是政府。

截至 2014 年年底，我国一共有 133 家城商行，比 2013 年少了 12 家，这是因为在 2014 年期间河南省的 13 家城商行进行了重组，开封、安阳、鹤壁、新乡、濮阳、许昌、漯河、三门峡、南阳、商丘、信阳、周口、驻马店 13 个地区的银行股份有限公司同时发布关于合并重组事宜的公告，将通过新设合并的方式共同组建为一家中原银行。根据我们搜集到 95 家城商行 2014 年的年报基础数据以及剩余 38 家城商行官方网址的公告信息，2014 年城商行的股东情况变化不大，仍然是 70% 以上的城商行的第一大股东均是地方政府。

二、城商行控制权配置的特点

为了深入理解地方政府控制权行为的逻辑，我们将参考 La Porta et al. (1999) 终极控制权的研究方法，尽可能追溯城商行终极控制链并找出最终的控股股东，控制权即终极控股股东通过直接和间接的控股链持有公司股份的总和。需要说明的是，我们在研究中将最终股东类型分为：中央政府、中央国企、地方政府、自然人和外资。其中，"中央政府"是指财政部与国务院和国务院国有资产监督管理委员会。"中央国企"是指非财政部与国务院为实际控制人的中央企业。"地方政府"是指以市为单位，将其下属县市级财政局均认为属于同一地方政府。例如，成都市财政局、温江区财政局等均认为其属于成都市地方政府。"地方国企"通常是由上述地方政府控股的企业。"自然人"即我国公民（不含港澳台地区）。"外资"是外籍自然人或外国政府，并非按注册地来认定。采用股权层层追溯的目的在于，详细地分析地方政府最终控制权的比例。以下分析的数据均来自我们手动搜集的我国城商行 2010—2014 年的相关数据。

（一）城商行控制权主要集中在地方政府

如表 4-2 所示，我们根据搜集到的 95 家城商行在 2014 年的年披露信息，得到了终极股东的控制权比例，发现这 95 家城商行中有 84.21% 的控股股东是地方政府。进一步地，我们对剩余 38 家城商行官方网址的公告信息进行分析，仍然是70%以上的城商行的第一大股东均是地方政府。同时，基于上述分析发现，城商行自成立以来，其控制权集中在地方政府。2014年的城商行控制股东属性见表4-2。

表4-2 2014年的城商行控制股东属性

控制股东性质	中央政府	地方政府	自然人	外资	合计
个数/个	3	80	11	1	95
占比/%	3.16	84.21	11.58	1.05	100

资料来源：笔者根据相关资料收集。

（二）城商行控制权存在区域差异

从表4-3中可以发现，2010—2014年，地方政府对城商行的控制权比例一直存在下降的趋势。2010年全国地方政府平均控制权比例为21.17%，到2014年地方政府控制权比例减少至18.48%。由此可见，地方政府的控制权从区域上存在显著差异，东部地区地方政府的控制权比例明显要低于中、西部地区。2010—2014年地方政府平均控制权比例的区域差异见表4-3。

表4-3 2010—2014年地方政府平均控制权比例的区域差异

年份	城商行数量/家	全国/%	中、西部地区/%	东部地区/%
2010	72	21.17	21.32	21.02
2011	84	19.76	21.79	19.03
2012	100	19.17	20.76	18.66
2013	100	18.92	20.58	18.03
2014	95	18.48	20.19	17.90

资料来源：笔者根据相关资料收集。

三、地方政府控制权的性质

虽然城商行的第一大股东主要是地方政府，但是地方政府控股比例已经出现了明显差异。关于地方政府控股出现了一个重要现象：部分地方政府开始减少股份，退出绝对控制权的位置。

我们按照地方政府在城商行控制权比例的大小划分为三个层次，地方政府控制权性质的划分旨在衡量地方政府对城商行的干预和影响的能力。在城商行成立之初，地方政府对当地城商行的控股比例不低于30%，成为城商行的绝对控股股东，经历了近20年的发展，城商行一直在进行股权改革，因此各个地方政府在控股上出现了差异。主要表现在：第一，绝对控制权，即在20%或10%的阈值范围内［La Porta et al.（1999）采用的衡量公司性质划分方法下的取值］，仅有地方政府的控股比例达到了该统计水平；第二，相对控制权，即在20%或10%的阈值范围内，地方政府与非地方政府的控股比例均达到了该统计水平；第三，退出控制权，即在20%或10%的阈值范围内，地方政府的控股比例未能达到该统计水平，表明城商行的股权分散，地方政府对银行的控制影响能力是最低的。

　　本部分的样本数据均来自2014年搜集的95家城商行的年报数据。关于地方政府控制权的比例，我们按照政府最终控股比例的加总值；关于地方政府控制权的性质，我们是衡量地方政府的控制权比例的相对水平，这代表了政府控制权受到相对制衡权力的大小。

　　（一）地方政府绝对控制权

　　绝对控制权就是指根据 La Porta et al.（1999）研究公司性质划分方法下采用的股东控股份额的统计水平，在20%或10%的阈值范围内，仅有地方政府控股比例达到了该统计水平。如河北省唐山银行，2014年年报披露，在20%水平下，地方政府控制权比例为唐山市财政局、唐山市国资委股权比例之和29.75%，即"12.83%、6.41%、3.44%与7.07%加总值"，因为在20%的水平下没有其他类型的股东，所以其控制权性质属于地方政府绝对控制权的城商行。唐山银行2014年的股权结构见图4-1。

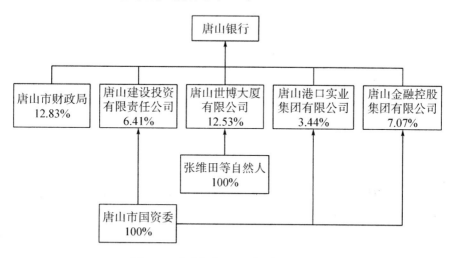

图 4-1　唐山银行 2014 年的股权结构

　　基于我们搜集的95家样本银行，属于绝对地方政府控股的城商行共计54家，占样本量的56%。其中，东部地区有27家，中部地区有10家，西部地区占 17 家，东、中、西部均有涉及。95 家样本中地方政府绝对控制权的情况见表 4-4。

表 4-4　95 家样本中地方政府绝对控制权的情况

区域	省份	银行名称	数量/家
东部	天津	天津银行	1
	河北	邯郸银行、唐山银行、秦皇岛银行	3
	辽宁	鞍山银行、本溪银行	2
	上海	上海银行	1
	江苏	南京银行、江苏银行	2
	浙江	金华银行、宁波银行、绍兴银行、杭州银行、湖州银行、嘉兴银行	6
	福建	厦门国际银行、厦门银行	2
	山东	泰安银行、东营银行、莱商银行、济宁银行、日照银行、威海银行、临商银行、齐商银行	8
	广东	广州银行、东莞银行	2
小计	—	—	27
中部	山西	晋商银行、大同银行	2
	吉林	吉林银行	1
	江西	赣州银行、九江银行、景德镇银行、上饶银行	4
	河南	郑州银行、洛阳银行	2
	湖南	长沙银行	1
小计	—	—	10
西部	广西	桂林银行、柳州银行、北部湾银行	3
	重庆	重庆银行	1
	四川	成都银行、泸州银行、攀枝花银行、凉山州银行、绵阳银行、遂宁银行	6
	贵州	贵阳银行	1
	云南	富滇银行、玉溪银行	2
	陕西	长安银行	1
	甘肃	兰州银行	1
	青海	青海银行	1
	宁夏	宁夏银行	1
小计	—	—	17
合计	—	—	54

（二）地方政府相对控制权

同样地，地方政府相对控制权即在 20% 或 10% 的阈值范围内，地方政府与非地方政府的控股比例均达到该统计水平。如山东省齐鲁银行，2014 年年报披露，在 20% 水平下，地方政府控制权比例为济南市国资委下四家国有企业的控股比例之和 30.63%，即 "17.84%、2.98%、4.94% 与 4.87% 加总值"，因为在 20% 的水平下，澳洲联邦银行的控股比例为 20%，地方政府和外资股东的控股比例均达到 20% 以上的水平，所以其控制权性质属于地方政府绝对控制权的城商行。相对控制权表明，地方政府的控制权受到其他控制股东一定的制衡。齐鲁银行 2014 年的股权结构见图 4-2。

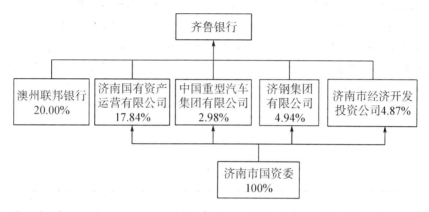

图 4-2　齐鲁银行 2014 年的股权结构

基于我们搜集的 95 家样本银行，属于地方政府相对控制权的城商行共计 9 家，占样本量的 9%，其中东部地区有 5 家，中部地区有 3 家，西部地区仅 1 家，主要分布在东、中部两个地区。样本银行中地方政府相对控制权的银行情况见表 4-5。

表 4-5　样本银行中地方政府相对控制权的银行情况

区域	省份	银行名称	数量/家
东部	辽宁	营口沿海银行	1
	山东	齐鲁银行、潍坊银行、枣庄银行	3
	广东	珠海华润银行	1
中部	黑龙江	龙江银行	1
	安徽	徽商银行	1
	湖北	湖北银行	1

表4-5(续)

区域	省份	银行名称	数量/家
西部	陕西	西安银行	1
合计	—	—	9

四、地方政府控制权的退出

地方政府退出控制权即在20%或10%的阈值范围内，地方政府的控股比例未能达到该统计水平。如辽宁省朝阳银行，2014年年报披露，在20%水平下，地方政府控制权比例为朝阳市国资委的控股比例6.62%，地方政府控股比例未达到20%的阈值水平。界定该情形为地方政府退出控制权，这是因为当地方政府的股权比例较于阈值水平对城商行的控制权小，则对城商行的影响干预能力更弱（La Porta et al.，1999）。而对于泰隆银行、台州银行、稠州银行等银行地方政府持股比例为0，地方政府完全退出对城商行的控股。朝阳银行2014年的股权结构见图4-3。

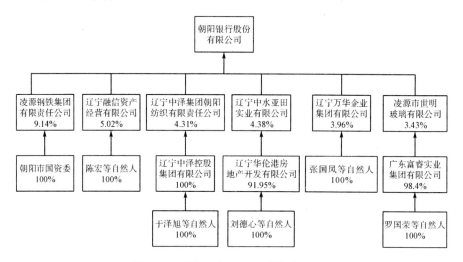

图 4-3 朝阳银行 2014 年的股权结构

基于我们搜集的95家样本银行，属于地方政府相对控制权的城商行共计32家，占样本量的35%，其中东部地区占20家，中部地区占6家，西部地区占6家，主要分布在东部地区。样本银行中地方政府退出控制权的银行情况见表4-6。

表 4-6　样本银行中地方政府退出控制权的银行情况

区域	省份	银行名称	数量/家
东部	北京	北京银行	1
	河北	承德银行、衡水银行、河北银行、邢台银行	4
	辽宁	锦州银行、葫芦岛银行、朝阳银行、 盛京银行、营口银行	5
	江苏	长江商业银行	1
	浙江	泰隆银行、台州银行、稠州银行、民泰银行	4
	福建	泉州银行	1
	山东	青岛银行、烟台银行	2
	广东	华兴银行、南粤银行	2
小计	—	—	20
中部	山西	晋城银行	1
	黑龙江	哈尔滨银行	1
	江西	南昌银行	1
	河南	平顶山银行	1
	湖北	汉口银行	1
	湖南	华融湘江银行	1
小计	—	—	6
西部	内蒙古	包商银行	1
	重庆	三峡银行	1
	四川	德阳银行、乐山银行	2
	宁夏	石嘴山银行	1
	新疆	昆仑银行	1
小计	—	—	6
合计	—	—	32

第三节　银行业结构与地方政府控股城商行模式选择

根据前文的分析可知，如果一个地区金融竞争程度不足，金融供给短缺，地方政府最优的干预策略是提供更多的金融服务。地方政府提供金融服务的一个重要手段就是控制城商行。因此，一个地区金融机构提供的金融服务垄断程度较高，当地企业较难通过这些金融中介获取融资服务时，地方政府会通过控制城商行来为当地企业提供金融服务；相反，如果一个地区金融机构提供的金融服务竞争程度更高，当地企业可以较容易从这些金融机构获得融资服务，地方政府可以减少对城商行的控制，从而将金融资源用在更高效率的地方。基于该分析我们得出假设4-1。

假设4-1：如果一个地区金融机构垄断程度越高，地方政府对城商行的股权占比越高；如果一个地区金融机构竞争程度越高，地方政府对城商行的股权占比越低。

根据前文的分析，经济结构中所有制结构的不同所需要的金融服务不同。由于企业存在的企业家风险，民营资本股东更了解民营企业的软信息；国有股东更了解国有企业的软信息。因此，经济结构中如果民营企业更多，就需要更多的民营控制的金融中介为民营企业服务；如果经济结构中国有企业更多，就需要更多的国有资本控制的金融中介为国有企业服务。因此，对一个地区而言，如果该地区国有经济越多，地方政府越倾向于提供更多的国有性质的金融服务，其中包括提供更多的政府控制的城商行为地方国有经济服务。

一、研究样本与数据来源

（一）研究样本

本书研究数据的银行样本均采用手动搜集的处理方式，以各家银行官网上披露的2010—2014年的年报建立银行样本数据库，总共纳入研究的样本为106家银行。其中，样本银行的区域分布和年份分布详见表4-7和表4-8。

表 4-7　样本银行的区域分布

区域	银行名称	银行数量/家
东部	北京银行、天津银行、沧州银行、承德银行、邯郸银行、唐山银行、衡水银行、河北银行、邢台银行、秦皇岛银行、丹东银行、抚顺银行、锦州银行、大连银行、阜新银行、鞍山银行、葫芦岛银行、营口沿海银行、朝阳银行、盛京银行、营口银行、本溪银行、上海银行、南京银行、江苏银行、长江商业银行、金华银行、宁波银行、泰隆银行、台州银行、绍兴银行、杭州银行、湖州银行、稠州银行、民泰银行、嘉兴银行、泉州银行、厦门国际银行、厦门银行、泰安银行、东营银行、莱商银行、齐鲁银行、济宁银行、日照银行、青岛银行、烟台银行、威海银行、临商银行、齐商银行、潍坊银行、枣庄银行、广州银行、广东华兴银行、广东南粤银行、珠海华润银行、东莞银行	57
中部	晋商银行、阳泉银行、晋城银行、大同银行、吉林银行、哈尔滨银行、龙江银行、赣州银行、九江银行、南昌银行、景德镇银行、上饶银行、郑州银行、平顶山银行、洛阳银行、湖北银行、汉口银行、华融湘江银行、长沙银行、包商银行、乌海银行、江西银行、长治银行	23
西部	柳州银行、北部湾银行、重庆银行、三峡银行、成都银行、德阳银行、泸州银行、乐山银行、攀枝花银行、凉山州银行、绵阳银行、遂宁银行、贵阳银行、富滇银行、玉溪银行、曲靖银行、西安银行、长安银行、兰州银行、青海银行、宁夏银行、石嘴山银行、昆仑银行、库尔勒银行、新疆汇和银行、乌鲁木齐银行	26

表 4-8　样本银行的年份分布

年份	2010	2011	2012	2013	2014
银行数量/家	72	84	100	100	95
5 年总计纳入 106 家城商行的信息					

（二）数据来源

本书的研究对象为城商行，考虑到统计口径的影响，因此全书的数据选择 2010—2014 年的中国市级面板数据作为研究对象。因为市级面板数据统计关于法律制度环境变量、银行业结构变量信息不全，因此只能搜集到省级数据进行替代，例如，四川省的法律制度环境变量与成都市的法律制度环境变量和乐山市的法律制度环境变量一致；又如四川省的银行业结构变量与成都市的银行业结构变量和银行业结构环境的代理变量一致。

对于全书涉及的城商行的股东持股比例、净资产回报率等微观层面的数据，均来自各家银行2010—2014年的年报披露，其中考虑到信息的完整性，样本银行中剔除了河南省2014年合并重组的13家城商行（开封银行、驻马店银行、安阳银行、新乡银行、许昌银行、濮阳银行、漯河银行、鹤壁银行、三门峡银行、南阳银行、信阳银行、商丘银行、周口银行）以及新成立的中原银行的所有信息，并且由于城商行大多并未上市，5年间的年报并未完全公布，因此样本银行的数据信息没有包含133家的城商行所有的信息。以上数据均通过笔者基于城商行每年年报进行搜集，并且建立了关于城商行股权结构与财务数据的基本信息数据库。

而对于各省（自治区、直辖市）工、农、中、建四大银行的从业人员数量以及资产总量的情况主要来自各省（自治区、直辖市）的统计年鉴和《中国金融年鉴》。需要特别说明的是，2010年江苏四大银行的相关数据来自中国人民银行江苏分行的统计数据，2010—2011年江西四大银行的相关数据来自中国人民银行江西分行的统计数据。

对于衡量"法律制度环境"的数据，我们采用樊纲和王小鲁等（2013）在衡量地区市场化指数中，对一级分类指标"市场中介发展和法律制度环境"的衡量数值。

对于第二产业占经济比重、第三产业占经济比重、人均GDP、财政支出和财政收入等宏观经济数据，以及存款和贷款余额反映金融行业数据，均来自WIND数据库，并按照各个市级地区进行了整理。

二、银行业结构对地方政府控制权影响的实证研究

（一）计量模型设定与变量说明

为检验上面提出的理论假设4-1，基于理论分析，本书构造了如下计量模型：

$$\text{govshare}_{it} = \alpha_0 + \alpha_1 \text{bank}_{it} + \alpha_2 X_{it} + \varepsilon_{it} \qquad (4-1)$$

$$\text{control}_{it} = \beta_0 + \beta_1 \text{bank}_{it} + \beta_2 X_{it} + \varepsilon_{it} \qquad (4-2)$$

其中，govshare_{it}为城商行i在t时地方政府持有的城商行股权比例；bank_{it}为城商行i所属区域t时的银行业结构变量；X_{it}为控制变量向量组；control_{it}为城商行i在t时地方政府占城商行股权的性质。

我们进一步将对模型（4-1）和模型（4-2）中包含的变量进行详细

说明。

1. 被解释变量

地方政府控制权比例（govshare），即终极控股股东通过直接和间接的控股链持有公司股份的总和，该项数据指标是我们参照 La Porta et al.（1999）终极产权的研究方法，按照控制链一级一级地追溯城商行股东并找出最终的控股股东。我们根据城商行年报披露的前十大股东情况，追溯城商行终极控制链并找出最终的控股股东。"地方政府"是以市级为单位，将其下属县市级财政局均认为属于同一地方政府。例如：成都市财政局、温江区财政局等均认为其属于成都市地方政府。该指标的数值越大，表明地方政府控股城商行的比例越大。

地方政府控制权性质（control）的数据指标处理方式同上，因为在城商行成立之初，地方政府对当地城商行的控股比例不低于 30%，经历了近 20 年的发展，城商行一直在进行股权改革，因此各个地方政府在控股比例上出现了差异。这主要表现在：第一，绝对控制权，即在 20% 或 10% 的阈值范围内 [La Porta et al.（1999）采用的衡量公司性质划分方法下的取值]，仅有地方政府的控股比例达到了该统计水平；第二，相对控制权，即在 20% 或 10% 的阈值范围内，地方政府与非地方政府的控股比例均达到该统计水平；第三，退出控制权，即在 20% 或 10% 的阈值范围内，地方政府的控股比例未能达到该统计水平。因此，我们采取虚拟变量的方式来衡量这一指标：绝对控制权，即 control = 2；相对控制权，即 control = 1；退出控制权，即 control = 0。

2. 解释变量

对于银行业结构变量（bank），我们参照了林毅夫等（2006）的相关处理方法，选取的是反映我国银行业的市场竞争程度的指标，运用地区"工、农、中、建"从业人数所占地区金融机构从业人员总人数比重（bankemploy）、"工、农、中、建"机构数所占比重以及"工、农、中、建"资产数所占比重来衡量（bankasset）。该两项指标的数值越大，表明该地区四大银行的权重越大，银行业市场竞争水平越低。

在此需要特别说明，由于我国各个市级地区相关四大银行的数据披露较少，我们将用省级数据作为替代变量，如四川省的所有市级地区的银行业市场化程度的指标，均用四川省平均银行业市场化程度指标的数值。

对于区域结构变量（east），书中区域划分按照东、中、西部地区的方法，因此我们采取虚拟变量的方式来衡量这一指标：东部地区，即 east = 1，非东部地区 east = 0。东部地区包括了 10 个省份：北京市、天津市、河北省、辽宁省、上海市、江苏省、浙江省、福建省、山东省、广东省。

对于银行业结构和区域结构交互项，我们衡量了东部地区的银行业结构对该地区政府城商行政府控制权的交互效应。

3. 控制变量

关于控制变量，我们根据本书选题以及相关数据的可获得性，首先选取了反映地方经济宏观层面的指标，即政府财政情况；其次选取了反映地区金融行业层面的指标，即金融行业平均效率水平；最后则选取了反映城商行微观层面的指标，即银行的净资产收益率。

对于净资产收益率（roe），我们采用目前文献研究中的普遍处理方法，采用城商行的净利润与所有者权益的比值来进行衡量。该指标的数值越大，表明该家城商行的经营情况越好。

对于地区的金融效率（eff），主要参照尹希果和孙惠（2011）研究中的做法，我们采用该地区的贷款总量与存款总量的比值来进行衡量。该指标的数值越大，表明一个地区金融行业的金融效率越高。

对于地区的法律制度环境（law），我们主要参照朱红军和陈继云等（2006）、余明桂和潘红波（2010）、张光利和曹廷求（2015）研究中的相关做法，采用樊纲和王小鲁等（2011）衡量市场化程度中分级指标"市场中介发展和法律制度环境"的具体数据。该指数越大，表明一个地区的法律制度越完善。该指标在模型中的运用均采用滞后一年的数据，这是考虑到制度因素的影响效应存在一定的滞后性，此处也是用省级数据作为替代变量。

对于地区的经济情况（gdp），我们采用普遍的做法，用人均 GDP 进行衡量，在计量模型中，我们对人均 GDP 进行了对数化处理。变量详情见表 4-9。

表 4-9　变量详情

变量	定义	计算方法
地方政府控制权比例	govshare	终极控股股东通过直接和间接的控股链持有公司股份的总和，根据城商行年报披露的前十大股东情况，追溯城商行终极控制链并找出最终的控股股东，"地方政府"是以市级为单位，将其下属县市级财政局均认为属于同一地方政府
地方政府控制权性质	control	我们采取虚拟变量的方式来衡量这一指标：绝对控制权，即 control = 2；相对控制权，即 control = 1；退出控制权，即 control = 0

表4-9(续)

变量	定义	计算方法
银行业结构	bankemploy	地区"工、农、中、建"从业人数占地区金融机构从业人员总数的比重
	bankasset	地区"工、农、中、建"的资产数占地区金融机构总资产的比重
区域结构	east	东部地区,east=1;非东部地区,east=0
银行结构与区域结构的交互效应	bank×east	银行业结构与区域结构的交互项
净资产收益率	roe	城商行净利润/所有者权益
金融效率	eff	地区全部金融机构贷款余额/地区全部金融机构存款余额
地区经济情况	gdp	地区人均 GDP 的对数值

(二)描述性统计和相关性分析

1. 描述性统计分析

我们将对上述模型涉及的主要变量进行描述性统计分析,简单地了解样本数据的基本情况。变量的描述性统计见表4-10。

表 4-10　变量的描述性统计

变量		样本数/个	平均值	标准差	最小值	最大值
被解释变量	govshare	451	0.195 8	0.175 6	0.000 0	0.911 3
解释变量	bankemploy	356	0.469 4	0.039 5	0.334 8	0.678 6
	bankasset	356	0.422 4	0.045 9	0.286 0	0.578 6
控制变量	roe	324	0.170 8	0.054 7	0.001 6	0.343 2
	eff	321	1.074 9	0.822 9	0.152 0	3.696 5
	law	352	11.222 8	7.465 7	3.506 5	40.678 2
	gdp	373	10.749 3	0.565 4	8.977 9	12.007 5

上述描述性统计表明,地方政府控股城商行比例(govshare)的最大值为 0.911 3,即广州银行(2011)[①];最小值为 0.000 0,包括河北银行(2010—2011)、阜新银行(2011—2013)、朝阳银行(2011)、江苏银行(2010—

---

① 括号内表示年份,如地方政府持股为 0 的银行有 2010 年和 2011 年的河北银行等。

2014）、长江银行（2012—2014）、泰隆银行（2010—2014）、台州银行（2010—2014）、稠州银行（2010—2014）、华兴银行（2010—2014）、阳泉银行（2020—2011）、晋城银行（2010—2014）、龙江银行（2010—2014）、平顶山银行（2011—2014）、湖北银行（2012—2014）、包商银行（2010—2014）、乌海银行（2010—2014）、北部湾银行、长安银行（2014）和汇和银行（2013）共19家银行。此外，我们从标准差可以得知，城商行样本之间存在较大差异。值得注意的是，地方政府控股城商行的比例的平均值仅为0.195 8，这明显低于其成立之初地方政府30%股权的水平，说明地方政府开始减少对城商行的控股权。

银行业结构的指标（bankemploy）的最大值为0.678 6，即青海银行所在的西宁市（2010）；最小值为0.334 8，即上海银行所在的上海市（2013）。从标准差的水平来看，各个地区银行业结构存在差异较小。样本银行业结构的平均值为0.469 4，表明在银行业结构中四大银行的比例从2010年以前在50%的水平上开始降低，也说明银行业结构开始加剧竞争。从银行业结构（bankasset）的描述性统计指标上也能得到同样的结论。

净资产收益率（roe）的最大值为0.343 2，即景德镇银行2012年的净资产收益率；最小值为0.001 6，即华兴银行2011年的净资产收益率。从标准差的水平来看，各个城商行的净资产收益率存在的差异不大。样本数据的平均值为0.170 8，表明城商行的盈利水平较高，每年能够给股东带来的回报率约为17%。

金融效率（eff）的最大值为3.696 5，即江苏银行和南京银行所在的南京市（2013）；最小值为0.152 0，即昆仑银行所在的新疆克拉玛依市（2011）。从标准差的水平可以看到各个地区的金融效率差异较为明显，平均水平超过了1，表明平均的金融效率还是较高。

法律制度环境（law）的最大值为40.678 2，即江苏银行和南京银行所在的南京市（2013）和长江银行所在的泰州市（2013）；最小值为3.506 5，即青海银行所在的西宁市。从7.46的标准差的水平可以发现，我国地区之间的法律制度环境存在严重的差异。按照总分10分的水平衡量（樊纲 等，2013），样本数据的均值仅为3.506 5，证明全国整体的法律制度环境仍然不健全。

地区经济情况（gdp）的最大值为12.007 5，即东营银行所在的东营市；最小值为8.977 9，即赣州银行所在的赣州市（2010）。根据样本数据的标准差和平均值，表明我国各个地区的经济发展水平存在较大差异。

2. 相关性分析

进一步地，我们对样本数据进行了简单的相关性分析。主要变量的相关系数矩阵见表4-11。

表4-11　主要变量的相关系数矩阵

变量	govshare	bankemploy	roe	eff	gdp	law
govshare	1	—	—	—	—	—
bankemploy	0.125 4 *** (0.001 8)	1	—	—	—	—
roe	0.062 8 ** (0.026 0)	−0.166 0 ** (0.032 8)	1	—	—	—
eff	−0.061 8 ** (0.026 9)	−0.287 6 ** (0.044 3)	0.009 9 (0.860 6)	1	—	—
gdp	−0.018 6 * (0.072 3)	−0.053 5 (0.355 4)	−0.016 3 (0.785 6)	0.026 0 (0.103 3)	1	—
law	−0.011 0 * (0.083 7)	−0.013 4 ** (0.021 6)	−0.074 0 (0.187 6)	0.023 7 * (0.095 3)	0.223 8 ** (0.003 5)	1

注：上述括号中显示的数值表示 Pearson 检验对应的 P 值，P 值上方为 Pearson 系数，判断系数显著的置信性水平，即 * 表示 $p<0.1$，** 表示 $p<0.05$，*** 表示 $p<0.01$。

如表4-11所示，我们对各个变量间的相关性通过 Pearson 检验进行简单的统计分析。结果表明，地方政府对城商行的控股比例与银行业结构在0.01%的置信水平下显著为正，与净资产收益率在0.05%的置信水平下显著为正，与地区金融效率在5%的置信水平下显著负相关，与地区经济情况在10%的置信水平下负相关，与地区法律制度水平在10%的置信水平下显著负相关，这符合我们的预期判断。主要解释变量银行业结构和金融效率、地区经济情况在5%的水平下显著相关，并且控制变量间也存在相关性。

因此，为了检验模型（4-1）中解释变量之间是否存在多重共线性，本书进行了方差膨胀因子的检验（VIF）。检验结果表明，解释变量的均值 VIF 等于1.13，显著低于2，所以模型不存在多重共线性的问题。解释变量的 VIF 值见表4-12。

表4-12　解释变量的 VIF 值

变量名	VIF 值	1/VIF
bankemploy	1.18	0.83
roe	1.03	0.97

表4-12(续)

变量名	VIF 值	1/VIF
eff	1.18	0.84
gdp	1.09	0.91
law	1.17	0.86
mean VIF	1.13	—

（三）银行业结构对地方政府控制权比例的实证结果

本书的样本数据的时间区间为 2010—2014 年，总共涵盖了我国 106 家城商行的信息，但是因为数据的缺失，因此我们最终获得非平衡的面板数据，而且是明显的"大 N 小 T"的短面板数据。

那么，我们在进行面板数据模型的拟合之前，做了如下工作：第一，通过文献研究选择了合适的计量模型，对变量进行了严格的筛选与处理；第二，对可能存在的多重共线性问题也进行了谨慎的检验；第三，对于固定效应模型和混合效应模型的选择，根据陈强（2014）研究中的做法，在做固定效应模型时不采用稳健性标准误下，运用模型后续的 F 检验可以得出是否具有混合效应，模型检验结果（$P = 0.00$）显著地拒绝了混合效应模型；第四，对于固定效应模型和随机效应模型采用了 Hausman 检验，检验结果（$P = 0.00$）显著拒绝了随机效应模型；第五，对于固定效应模型中可能存在的时间效应，引入了时间虚拟变量进行检验，显著地拒绝了模型中的时间固定效应。因此，我们在报告中采用个体固定效应模型。

我们将对银行业结构采用两种衡量指标，以作为计量结果的稳健性报告。在模型估计过程中，考虑到存在异方差和截面相关等问题，我们采用稳健标准误的方法进行修正（Driscoll et al., 1998；张晓峒，2007）。银行业结构与地方政府控股比例的估计结果表 4-13。

表 4-13　银行业结构与地方政府控股比例的估计结果

变量	(1-1) bankemploy	(1-2) bankemploy	(1-3) bankasset	(1-4) bankasset
bankemploy	0.445 0 *** (3.06)	0.691 1 *** (2.71)	—	—
bankemploy×east	—	−0.238 0 ** (−2.35)	—	—

表4-13（续）

变量	（1-1） bankemploy	（1-2） bankemploy	（1-3） bankasset	（1-4） bankasset
bankasset	—	—	−0.211 3* （−1.94）	−0.619 0* （−1.89）
bankasset×east	—	—	—	−0.214 8* （−1.72）
roe	0.196 3* （1.92）	0.216 0* （1.94）	0.174 6* （1.80）	0.190 5** （2.08）
eff	−0.002 9* （−1.62）	−0.003 5* （−1.79）	−0.000 7 （−0.28）	−0.001 2** （−2.16）
market4	−0.002 3* （−1.75）	−0.001 1** （−2.12）	−0.000 9 （−0.86）	−0.000 1* （−1.82）
gdp	−0.055 3* （−1.73）	−0.040 3* （−1.85）	−0.126 0** （−2.06）	−0.109 4* （−1.77）
_cons	0.527* （1.68）	0.365 4* （1.72）	1.601** （2.23）	1.418 6* （1.94）
N	278	278	278	278
F	2.39	4.51	2.45	4.77
R^2	0.116	0.129	0.105	0.117

注：上述括号中显示的是检验的 t 值，关于系数的显著性水平，即 * 表示 $p<0.1$，** 表示 $p<0.05$，*** 表示 $p<0.01$；模型估计采用了稳健标准误进行修正。

　　根据以上计量结果，模型（1-1）和模型（1-2）是基于地区国有四大银行从业人数占地区金融机构从业人员总数比重（bankemploy）衡量银行业结构下的计量结果；模型（1-3）和模型（1-4）是基于地区国有四大银行的资产数占地区金融机构总资产比重（bankasset）衡量银行业结构下的计量结果，两种指标下的模型均得到一致的结论，表明此处回归结果是具备稳健性的，没有受到极端值的影响。因此，我们基于上述结果进行了主要结论的总结。

　　研究结果表明，地区的银行业结构影响了地方政府对城商行的控制权。一个地区的银行业结构越集中，市场化程度越低，地方政府越倾向于控制城商行，这也验证了在理论分析中假设 4-1 的理论。我们接下来根据模型（1-1）和模型（1-2）的结果进行分析。

　　上述回归结果表明，在控制了地区宏观经济发展水平、金融行业影响以及城商行的经营绩效的影响后，银行业结构（bankemploy）与地方政府对城商行的控制权在 1% 的置信水平正向相关。这表示四大银行的市场份额越大，银行业市场化程度越低，地方政府控股城商行的比例越高。这是因为四大银行占据银行体系 40% 的市场份额，其明显成了一个地区银行业市场竞争的风向标，当其市场份额越大，地方政府则会扩大控股比例。而银行业结构与区域结构的交互项（bankemploy×east）的影响显著为负，表明东部地区地方政府控股比例受到银行业结构影响的边际效应更小。这是因为，当一个地区国有四大银行市场份额越大，政府越倾向于增加城商行的控股。然而东部地区金融发展水平更高，对银行业融资的依赖明显小于其他非东部地区，所以会减弱银行业结构对政府控股城商行的影响，即地方政府增加对城商行控股的比例会低于其他地区；反之，国有四大银行市场份额越小，东部地区地方政府控制权减小的幅度也会低于其他非东部地区。

回归结果还表明，城商行净资产收益率（roe）对地方政府控股的影响显著为正。这意味着，当城商行的收益率越高，地方政府作为股东的投资回报率也越高，地方政府的理性选择则是会更多地持有城商行的股份。

金融效率（eff）对地方政府控股比例的影响也是显著为负的，代表一个地区的金融效率越高，地方政府持有城商行的比例越小。法律制度环境（law）的影响是负向的，当一个地区的制度越不完善，地方政府就更倾向于控制城商行。地区经济发展水平（gdp）的影响显著为负，即一个地区的经济发展水平越高，地方政府更愿意减少对城商行的控制权。我国东部地区经济更发达，城商行中的政府股份明显低于其他地区。

总之，研究结果表明，地区的银行业结构影响了地方政府对城商行的控制权。一个地区的银行业结构越集中，市场化程度越低，地方政府越倾向于控制城商行。

（四）银行业结构对地方政府控制权性质的实证结果

上述计量结果表明，银行业结构中银行竞争程度越高对地方政府控制权比例越低。我们进一步探讨了银行竞争程度对地方政府控制权性质产生的影响，即能否解释地方政府绝对控制权和相对控制权的差别。因此，根据计量模型（2），我们得到了银行业结构的多元 logit 模型回归结果（见表 4-14）。

表 4-14　银行业结构的多元 logit 模型回归结果

变量	(2-1) 20%	(2-2) 10%	(2-3) 20%	(2-4) 10%
control = 0（地方政府退出控制权）				
bankemploy	-2.311 0 ** (-2.19)	-3.805 0 ** (-2.21)	—	—
bankasset	—	—	-4.612 2 ** (2.07)	-6.878 2 ** (-2.36)
east	1.171 0 * (1.88)	1.400 5 ** (1.96)	1.017 2 ** (2.47)	1.556 6 *** (2.91)
roe	-0.900 1 ** (-1.97)	-1.517 0 *** (-2.61)	-1.008 6 ** (-2.24)	-1.670 0 ** (-2.54)
eff	0.151 5 (0.89)	0.252 1 (0.77)	0.981 6 (1.59)	0.167 1 (1.51)
law	2.655 9 ** (2.28)	3.052 5 *** (2.68)	2.567 4 ** (2.38)	3.940 7 ** (1.98)
gdp	1.060 0 ** (2.08)	1.388 6 *** (3.93)	0.166 9 *** (3.80)	0.244 3 *** (2.80)
_cons	0.971 1 ** (2.16)	2.100 6 ** (1.99)	1.425 1 ** (2.32)	0.990 5 *** (3.16)
control = 1（地方政府相对控制权）				
bankemploy	-1.675 2 (1.31)	-2.574 0 (1.46)	—	—
bankasset	—	—	-2.046 5 (1.08)	-2.046 5 (0.08)
east	0.971 8 (0.69)	0.778 5 (1.46)	1.001 7 (1.57)	1.123 6 (1.32)
roe	-0.562 2 * (-1.82)	-0.963 4 * (-1.95)	-0.302 8 ** (2.19)	-0.812 3 ** (2.25)
eff	0.046 3 (0.19)	0.149 7 (1.61)	0.279 0 (1.50)	0.508 1 (0.92)
market4	2.036 7 ** (2.35)	2.986 5 *** (3.90)	3.053 1 ** (2.49)	2.663 4 *** (2.90)
gdp	1.280 0 * (1.74)	1.003 3 * (1.95)	1.458 6 ** (2.40)	1.956 4 *** (2.59)

表4-14(续)

变量	(2-1) 20%	(2-2) 10%	(2-3) 20%	(2-4) 10%
_cons	−2.406 9 *** (−2.92)	−4.406 9 * (−1.90)	−1.920 1 ** (−1.99)	−3.271 0 *** (−2.98)
base outcome：control＝2（地方政府绝对控制权）				
N	278	278	278	278

注：上述括号中显示的是检验的 t 值，关于系数的显著性水平，即 * 表示 p<0.1，** 表示 p<0.05，*** 表示 p<0.01。

基于表4-14的计量结果，模型（2-1）和模型（2-2）是地区国有四大银行从业人数占地区金融机构从业人员总数比重（bankemploy）衡量银行业结构下的计量结果，分别是根据20%和10%阈值标准下对绝对控制权、相对控制权和退出控制权进行划分的。同样地，模型（2-3）和模型（2-4）是地区国有四大银行的资产数占地区金融机构总资产比重（bankasset）衡量银行业结构下的计量结果，模型均得到一致的结论，表明此处回归结果是具备稳健性的。我们基于模型（2-1）和模型（2-2）进行分析，该多元 logit 模型是以地方政府绝对控制权（control＝2）为参照方案，即在地方政府绝对控制权下选择其他方控股案的可能性。当解释变量系数为正，则表示会选择其他控股方案，且随着系数越大则选择的可能性大；当解释变量的系数为负，则表示不会选择其他控股方案。

因此，上述结果显示，在控制其他变量的影响下，银行业结构（bankemploy）的影响显著为负，表明银行业结构数值越大，银行竞争程度越小，地方政府不可能选择其他控股方案；反之，当银行业竞争程度越小，地方政府越倾向于退出控制权。此外，东部地区比其他地区的地方政府更有可能选择退出控制权。

对于控制变量的影响，城商行的经营绩效（roe）是显著为负的，表明地方政府会选择绝对控制权，是不可能选择其他控股方案的。而一个地区的法律制度环境和人均 GDP 是正向的影响，表明如上两项因素的影响会使得地方政府更倾向于选择其他控股方案而不是绝对控制权。

研究结果表明，地区的银行竞争程度和区位因素是影响地方政府退出控制权的主要因素。城商行的经营绩效、法律制度环境和人均 GDP 均会影响地方政府放弃对城商行进行绝对控制权。

第四节　财政禀赋与地方政府控股城商行模式选择

在以往对于银行股权的研究中，学者们多把银行股权或资本结构的变动作为一个单纯的公司金融问题来看待，其研究问题的本质为选择最优股东类型或资本结构以使银行满足利润最大化。换句话说，银行现有股东通过引进不同性质的外部股东来最大化银行利润。这些研究基于同一个前提：银行现有股东的目标是追求银行利润最大化的。

然而对于城商行来说，其地方政府股东往往并不把银行绩效放在第一位，事实上政府控制的银行通常有更加深重的代理问题（Weintraub et al.，2005；Megginson，2005）。一方面，不在乎绩效的股东使其缺少对管理者的监督动力；另一方面，私人政治目标也使大股东侵犯小股东权益的现象更加严重，因此用通常的公司金融视角来解释地方政府控股模式差异显然是不合适的。

要内生解释这种控股模式差异，我们就必须理解地方政府的行为逻辑。在我国特殊政治经济制度下，政治上的集权使得中央政府有足够的能力来对地方政府进行奖惩，地方政府不得不紧随中央政府发展经济的政策导向，因此地方政府行为逻辑首要地由经济增长目标所驱动。自1994年分税制改革以来，中央政府加强了预算内财政收入的集权，从而改变了地方政府的行为逻辑，从"扶持之手"变为"攫取之手"，目前地方政府的最优策略就是利用财政外的资源或手段来促进地方经济增长（陈抗 等，2002）。由于官员较短的任期，其他经济增长手段的促进作用显然不如投资来得直接，经济增长的竞争就转换成了投资的竞争，而投资的竞争又主要表现为对资金的竞争。这也就激发了地方政府对区域金融机构尤其是城商行的控制意愿（周立，2003；巴曙松 等，2005），控制有限的区域金融资源流向短期内促进经济增长的领域（钱先航 等，2011；李维安 等，2012），这就是为何地方政府对控制区域金融机构趋之若鹜。

因此，地方政府对于控制与退出的选择反映了其对控制地方金融资源的态度，本质上是金融资本分配问题。当地方政府获得金融资源后，就需要寻找将金融资源转化为经济增长的方式。受政府控制且大多为资本密集型的国企，理所当然是资本流向的第一选择。我们通常认为，国企由于代理问题严重等原因生产效率较民营企业低下①，但政府控制国有企业却可以带来控制权收益②。而国企的控制权收益又与其盈利状况正相关，早期国企改革中大量国企的关闭和私有化说明控制权收益并不是绝对的。

由于国企本身的低效和过度投资所带来的资本回报递减，地方政府在选择金融资本分配时不能一味地倾向国企，要在低效但有控制权收益的国企与高效的民企之间进行权衡。由此可见，地方政府对城商行的态度取决于国企与民企的效率差异和国企控制权收益的权衡，这两者均与国企资本回报密切相关，随着过度投资增加而下降。当流向国企的资本大大超过其资本需求从而产生严重过度投资时，经济发展减缓，政府希望通过发展民企为经济提供动力，此时地方政府就倾向于减少金融资源控制，即退出城商行，使金融资源流向民企。因此，地方政府控制与退出的选择主要取决于其控制金融资源规模与国企最优资本需求的对比。当前者大大超过后者时，退出对金融资源的控制才是地方政府的最优策略。基于上述分析，国企的经济比例或者说资本需求规模就在很大程度上决定了地方政府对城商行的控股态度，各地国有经济比例的不同导致了地方政府控股模式的差异。

一、基本模型

根据以上论述，我们建立如下包含国企、私企、政府、银行的基本理论模型。我们将整个社会分为三个部门：企业、银行和政府。企业分为国企和私企，国企生产效率低于私企，但有控制权收益；银行通过利差产生利润，按股权比例分配利润。

---

① 早期有大量学者从多种角度解释了国企相对私企效率更低的内在机理，如国企经济目标与社会目标冲突（林毅夫 等，2001）、微观绩效和宏观绩效之间的"效率悖论"（刘元春，2001）、多重目标下的委托代理问题（张维迎，1996；吴延兵，2012）等。除此之外，众多研究也对国企和私企的效率差异进行了计算，得到了虽然国企改制后效率上升但与私企效率之间存在显著差异的结论（陆挺 等，2005；聂辉华 等，2011；孔东民 等，2014）。国企比私企效率更低已逐渐成为众多文献研究相关问题的通常假定（Castanheira et al., 2000；Song et al., 2011；罗德明 等，2012；石明明 等，2015），故本书中也做了此假定。

② 对于社会主义国家而言，控制国有企业至少可以带来两方面的收益：一是从政治角度来讲，可以坚持公有制占主体的社会主义方向；二是从经济角度来讲，可以保持政府对国民经济的控制力，为有效实施政府发展战略和宏观调控意图提供物质基础。此外，如果将政府视为全民代理人的话，控制国有企业还可为官僚带来巨大的私人控制权收益。如果控制国有企业没有相应收益，均衡结果必然是国有企业最终将完全消失，而民营企业将占据全部经济，很显然这与我国的经济现实不符。因此，我们考虑国有企业的控制权收益可以为模型解释提供内在的均衡力量。

（一）企业

企业分为国企和私企，生产函数分别为 Ak_s^{α} 和 χAk_p^{α}，其中 $\chi > 1 + b$，b 为国企控制权收益系数；国企能够带来控制权收益 bAk_s^{α}；国企以 r_s 的利率获得资本，私企以 r_p 的利率获得资本。

国企最优化决策为

$$\max Ak_s^{\alpha} + bAk_s^{\alpha} - r_s k_s$$
$$\text{F. O. C：} (1 + b)\alpha Ak_s = r_s k_s \tag{4-3}$$

国企利润为

$$\pi_s = [1 - (1 + b)\alpha] Ak_s^{\alpha} \tag{4-4}$$

假定 $b > \dfrac{1}{\alpha} - 1$，使控制权收益所导致的过度投资效应大于生产函数本身的规模递增效应，此时国企利润为负[①]。

私企的最优化决策为

$$\max \chi Ak_p^{\alpha} - r_p k_p$$
$$\text{F. O. C：} \chi \alpha Ak_p^{\alpha} = r_p k_p \tag{4-5}$$

私企利润为

$$\pi_s = (1 - \alpha)\chi Ak_p^{\alpha} \tag{4-6}$$

（二）银行

假定银行吸收存款成本为 r；政府对国企的优先倾向使国企以存款利率获得贷款，即 $r_s = r$；私企的贷款利率 r_p 高于国企，即 $r_p > r_s$[②]；可以得到银行的利润为 $(r_p - r) k_p + (r_s - r) k_s$；银行可提供总资本为 $K = k_s + k_p$。

联合式（4-3）和式（4-5）得到

---

① 之所以假定 $b > \dfrac{1}{\alpha} - 1$，是因为生产函数本身存在规模递增效应，该条件使得国企过度投资产生的负效应要大于规模报酬递增导致的正效应，若无此条件，在某个区间内（$b < \dfrac{1}{\alpha} - 1$）对政府来说资本全部分配给国企是最优策略，这就失去了模型本身的意义，该假定仅为了将模型中更有意义的情况区分出来。事实上若将模型变为更简单的 AK 模型，就无须上述假定：国企的生产函数为 Ak_s，则最优化决策为 $\max Ak_s + bAk_s - r_s ks$，利润函数为 $\pi_s = [1 - (1 + b)]Ak_s < 0$，也就是说当不存在规模递增效应时，控制权收益所导致的过度投资一定会使国企利润为负。综上所述，上述假定仅为了抵消生产函数本身存在的规模递增效应，将无意义的区间剔除，国企的负利润来自控制权收益而非额外的假定。

② 通常国企的金融优惠政策包括金融管制政策（如利率管制）和风险分担制度（如政府隐性担保）等，使国企贷款享受较低的基准利率甚至下浮10%，而私企贷款则按市场利率在基准利率上上浮30%甚至更高。

$$\frac{r_p}{r_s} = \frac{\chi}{1+b}z^{1-\alpha} \tag{4-7}$$

其中 $z = \dfrac{k_s}{k_p}$。

（三）政府

政府要保证银行利润与国企利润之间的预算平衡；假设银行的国有股权为 λ，则政府从银行获得的利润为 $\lambda(r_p - r_s)k_p$。

政府的预算平衡要求为

$$\lambda(r_p - r_s)k_p + [1 - (1+b)\alpha]Ak_s^\alpha = 0 \tag{4-8}$$

（四）均衡

令 $z = \dfrac{k_s}{k_p}$，得到 $k_p = \dfrac{1}{z} \times \dfrac{1}{r_s} \times B \times A \times k_s^\alpha$，其中 $B = \alpha(1+b)$。

联合式（4-7）和式（4-8）消去 r_p、r_s，得到：

$$z \times (B-1) + \lambda \times B = \lambda \times \alpha \times z^{1-\alpha} \times \chi \tag{4-9}$$

通过隐函数求导可得 $\dfrac{\partial \lambda}{\partial z} > 0$。

式（4-9）表明，国有经济比例越大，政府在银行的股权越多。从模型来看，解释为当国有经济比例上升时，更大的国企亏损要求政府获得更多的银行股权，获得更大利润分配比例达成预算平衡。实际上解释为，当国有经济比例上升时，国有企业提出更多资本需求，为了满足这种资本需求，政府倾向于控制更大比例的银行资源。为了将一些问题模型化，我们选择让银行来弥补国企的亏损，这在现实中看似不可理解，但实际上，银行为国企提供低利率的行为就是一种变相的弥补亏损行为。

命题4-1：国有经济比例越高，地方政府越倾向于控制城商行；国有经济比例越低，地方政府越倾向于退出城商行。

根据前文的分析，地方政府控制与退出选择反映了其控制地方金融资源的态度，本质上是金融资本分配问题。在我国的经济政治制度下，地方政府行为逻辑首要由经济增长所驱动，而投资对经济增长有更直接的效果。受政府控制且大多为资本密集型的国企理所当然是资本流向的第一选择，但过度投资所带来的资本回报递减和国企本身的低效使得地方政府在选择金融资本分配时，不能一味地倾向国企，要在低效但有控制权收益的国企与高效的民企之间进行权衡。由此可见，地方政府对城商行的态度取决于国企与民企的效率差异和国企控制权收益的权衡，这两者均与国企的资本回报密切相关，随着过度投资增加而下降。因此，地方政府控制与退出的选择主要取决于其控制金融资源规模与国企最优资本需求的对比，当前者大大超过后者时，退出对金融资源的控制才是地方政府的最优策略。基于上述分析，国企的经济比例或者说资本需求规模就在很大程度上决定了地方政府对城商行的控股态度，各地国有经济比例不同导致了地方政府控股模式差异。

因此，命题4-1的实际意义在于，当国有经济比例较高时，作为政府资本流向的第一选择，国企就能在保持边际资本产出的同时容纳更多的资本，此时地方政府就有积极性去控制更多金融资源，既满足控制权收益又达成经济增长目标；而当国有经济比例较低时，过多的资本流入国企一方面使国企经营绩效下降，控制权收益下降，另一方面国企的低效又会拉低经济增长速度，此时地方政府选择退出以使更多金融资源流向私企，通过民营经济发展促进经济增长。

二、模型拓展：加入财政与税收

张军和金煜（2005）认为，财政集权强化了地方政府对城商行的干预意愿，财政收入更多地进入中央政府，而财政支出多为地方政府承担。这就导致了地方的财政禀赋不足，为了维持地方经济的持续增长，地方政府有动机去追求更多的金融资源来替代财政禀赋。

一个地区的财政禀赋会影响其公共物品和基础设施，从而影响金融资源总量和金融效率①。当一个地区财政不足时，一方面控制金融资源进入国企会恶化财政状况，形成恶性循环，对经济增长产生负面作用；另一方面也缺乏促进当地金融发展的能力，无法通过金融资源发展经济，这就意味着金融资源并不总能替代财政禀赋。因此，地方政府面对不同的财政禀赋，同样需要将资本在低效国企与高效民企之间权衡。当财政出现问题时，地方政府选择将更多资本分配给民营企业以改善财政状况，促进金融发展，使经济持续增长②；当财政充足时，地方政府倾向于将资本提供给国企，满足控制权收益。因此，我们在模型中加入财政和税收因素，探讨财政禀赋的变化对城商行股权结构产生的影响。

考虑地方政府财政收入为 G，由国企私企的税收获得，缴纳比例税为 t；国企与私企的最优化问题与前面相同，得到同样的式（4-3）至式（4-10）；

---

① 如法律、社会治安、企业环境等均会对当地金融发展产生影响。

② 此外，将资本配给权转让给民间股东，也会带来财政收入上升。为简化模型，我们不对该部分进行单独讨论。

银行的利润函数也与前面模型一致。

对于政府而言，预算平衡变为

$$G + \lambda(r_p - r_s)\, k_p + [1 - (1 + b)\alpha]\, A k_s^{\alpha} = 0 \qquad (4-10)$$

若将 G 当成外生给定，则 G 与银行利润在弥补国企亏损方面形成替代效应，这也就得到了现有研究较多认为的，财政状况差时，地方政府倾向于控制城商行的结论。在此情况下，为了弥补财政不足，地方政府就有动机去追求更多的金融资源来替代财政禀赋。

但实际上，G 由国企民企的生产决定，G 的变化往往代表着国企与私企的资本变动，也就是说 G 是资本比例 z 的函数，当 G 上升时，k_p 和 k_s 都可能发生变化，因而我们单纯地认为 G 与银行之间存在替代效应是不合理的。

由于国企亏损①，税收完全由私企提供，则有

$$G = t \times (1 - \alpha) \times A \times \chi \times k_p^{\alpha} \qquad (4-11)$$

如果 G 上升，其他外生因素不变，意味着私企资本上升，资本比例 z 下降。我们将式（4-11）代入式（4-10），同样消去 r_p、r_s，得到

$$t \times (1 - \alpha) + \lambda \times \alpha \times \chi - \lambda \times z^{\alpha-1} \times B + (1 + B) \times z^{\alpha} = 0 \qquad (4-12)$$

我们同样通过隐函数求导得到 $\dfrac{\partial \lambda}{\partial z} < 0$。

上式表明，如果财政由于资本比例变动而上升时，会有 G 上升，导致 z 下降，从而使 λ 上升，即财政状况改善，会使地方政府倾向于控制城商行。

而如果财政的上升是由 t、A 等外生因素变化导致，那么财政的上升主要体现为替代效应，会使地方政府倾向于退出城商行；且此时也会有 $\dfrac{\partial \lambda}{\partial z} > 0$，即当非内生因素变动导致 G 变动时，国有经济比例上升仍会使地方政府倾向于控制城商行。

命题 4-2：在不考虑财政受国企与私企资本分配影响的情况下，财政与金融资源呈现替代关系；在考虑财政受国企与私企资本分配影响的情况下，财政越充足，地方政府越倾向于控制城商行，财政禀赋越差，地方政府越倾向于退出城商行，将金融资源向民企倾斜。

三、实证分析

（一）样本选取及变量定义

本书所用样本主要分为三个部分：股权结构、地区宏观变量和银行微观变

---

① 可以证明，即使税收由国企和私企一起提供，也不会影响结论。

量。其中股权结构数据如前文所说，来自各城商行年报的手工整理计算；地区宏观变量和银行微观变量主要来自 Wind 数据库。

根据本书所要研究的问题，我们按照地方政府控股（control）、股权结构（ownership）、地区禀赋（endowment）、地区宏观控制变量（city）、银行微观控制变量（bank）来进行变量选取。不分年度样本描述性统计见表 4-15。

表 4-15　不分年度样本描述性统计

变量		mean	STD	min	max	定义
control	cntrl20	1.177 6	0.092 7	0	2	20% 标准控股模式虚拟变量：2 为绝对控股，1 为相对控股，0 为退出
	cntrl10	1.233 6	0.753 0	0	2	10% 标准控股模式虚拟变量：2 为绝对控股，1 为相对控股，0 为退出
endowment	state	0.256 6	0.115 9	0.114 5	0.943 2	国有经济比例
	fiscal	0.642 1	0.629 4	−0.350 0	3.900 0	财政支出与财政收入的差值占财政收入的比值
	forase	0.468 9	0.034 5	0.375 7	0.600 0	省四大银行资产数占省金融机构总资产比重
	foremp	0.328 8	0.049 7	0.233 4	0.459 3	省四大银行从业人数占省金融机构从业人员总数比重
city	ARGDP	6.473 8	4.420 6	1.217 0	29.063 1	城市人均 GDP 值
	loandeprat	1.073 2	0.816 9	0.152 0	4.690 2	市年末金融机构存贷比
	govmono	0.140 1	0.064 7	0.060 1	0.825 1	政府支出占 GDP 比例
bank	ROA	0.011 6	0.004 4	0.003 9	0.043 4	银行资产收益率
	NONPL	0.847 9	1.032 7	0.000 0	13.970 0	不良贷款率
	LIQV	0.528 2	0.142 0	0.245 7	1.317 8	短期流动性比率

数据来源：笔者根据 2010—2014 年各城商行年报及 Wind 数据库整理。

1. 地方政府控股（control）

我们借鉴 La Porta et al.（1999）的做法，使用两个标准和三种模式来反映城商行的控股。两个标准指 20% 和 10%，分别表示股东股份在 20% 和 10% 以上则称为控股股东。三种模式指绝对控股、相对控股和退出：绝对控股为仅有地方政府持有 20%（10%）以上股份；相对控股为地方政府持有 20%（10%）

以上股份，但有其他非地方政府股东同样持有20%（10%）以上股份；退出为仅有非地方政府股东持有20%（10%）以上股份。按照以上分类，我们选取了两个虚拟变量：cntrl20 和 cntrl10，均取值为2（绝对控股）、1（相对控股）、0（退出）；cntrl20 以20%为标准，cntrl10 以10%为标准（具体例子见附录3）。

2. 地区禀赋（endowment）

如前文分析，地方政府选择控制城商行以获得金融资源，这部分金融资源在地方政府的控制下流向当地国有企业，那么当地国有企业的比例就会影响地方政府控制城商行的积极性。因此，我们选择城商行所在市的国有经济比例（state）来作为地区禀赋的另一个变量，衡量地区经济结构。

进一步地，不同地区禀赋的地方政府会选择不同的策略，地方政府控制城商行一定程度上是因为分税制改革所导致的财政集权（张军 等，2005）。也就是说，财政是影响地方政府对城商行控制行为的关键因素，因此我们选择城商行所在市的财政支出与财政收入差值占财政收入的比值（fiscal）来作为地区禀赋的一个变量，衡量地区财政禀赋。

最后，金融竞争程度在很大程度上影响了地方政府控制金融资源的规模和国企资本可得性，我们参照林毅夫等（2006）的研究，运用地区"工、农、中、建"从业人数所占地区金融机构从业人员总人数比重（foremp）、"工、农、中、建"资产数占地区金融机构总资产比重（ForAse）来衡量。该两项指标的数值越大，表明该地区四大银行的权重越大，银行业市场竞争水平越低[①]。

3. 地区宏观控制变量（city）

除了关注的地区禀赋之外，我们还参考了 Cai et al.（2005）、张曙霄和戴永安（2012）、陆铭和向宽虎（2012）等文献的研究，选取了一系列地区宏观控制变量来控制地区之间的差异。我们选取城市人均 GDP（ARGDP）来控制地区经济发展；选取城市年末金融机构存贷比（loandeprat）来控制地区金融结构；选取政府支出占 GDP 比例（govmono）来控制地方政府在当地的经济垄断力。

4. 银行微观控制变量（bank）

此外，我们参考了钱先航等（2011）和王擎等（2012）的研究，选取了

---

① 由于市一级该数据披露较少，我们采用省一级数据。

一系列银行微观控制变量，来控制各银行之间的差异。我们选取总资产收益率（ROA）[①] 来控制银行盈利能力；选取不良贷款率（NONPL）来控制银行的资产质量；选取短期流动性比率（LIQV）来控制银行风险状况。

（二）国有经济比例、财政禀赋与控股模式差异

数据显示，全国各地的城商行呈现出较大的控股模式差异，如广州银行地方政府股份为91.13%，大同银行地方政府股份为88.55%，石嘴山银行地方政府股份为1.75%，而晋城银行、江苏长江银行、江苏稠州银行等地方政府甚至完全不持有股份。不区分年度地方政府持股统计见表4-16。

表4-16　不区分年度地方政府持股统计　　　　　　　单位:%

持股比例	10 以下	10~20	20~50	50 以上
银行比例	37.55	19.53	37.98	4.72

根据理论部分分析，国有经济比例和财政状况均会对控股模式产生影响，因此我们采用面板 Ordered Logit 进行回归，建立基本计量模型如下：

$$control_{it} = \beta_0 + \beta_1 \, endowment_{it} + \beta_2 \, city_{it} + \beta_3 \, bank_{it} + \beta_{it} + \varepsilon_{it}$$

其中，control 为城商行控股模式变量，包含 cntrl20 和 cntrl10，对应 20% 和 10% 两种统计标准；endowment 为地区禀赋变量，主要包括国有经济比例（state）和财政状况（fiscal）；city 为地区控制变量；bank 为银行控制变量。

根据命题4-1和命题4-2可知，地方政府控制金融资源多少与当地国有经济比例相关，为了满足国企资本需求，国有经济比例较高时地方政府倾向于控制城商行以获得金融资源；而财政则与控股态度存在正反两种关系，在忽略国有经济比例时，财政与金融如张军（2008）所说为替代关系。由于地方政府可以通过财政手段弥补国企过度投资的负面效果，财政充足时其对国企资本过剩的容忍度提升会使地方政府倾向于控制。因此，不同禀赋的地方政府会采取差异化的控股模式。基于此，我们对命题4-1和命题4-2进行实证检验。国有经济比例、财政禀赋与控股模式见表4-17。

---

① 鉴于金融机构杠杆经营的特殊性，我们采用 ROA 而非 ROE。

表 4-17　国有经济比例、财政禀赋与控股模式

变量	cntrl20			cntrl10		
	（1）	（2）	（3）	（4）	（5）	（6）
state	2.887** （1.287）		8.634*** （2.434）	3.838*** （1.300）		10.012*** （2.462）
fiscal		0.241 （0.248）	2.144*** （0.678）		0.233 （0.241）	2.259*** （0.679）
state_fiscal			−8.020*** （2.671）			−8.552*** （2.693）
ARGDP	0.037 （0.031）	0.036 （0.031）	0.035 （0.032）	−0.002 （0.027）	−0.002 （0.027）	−0.004 （0.027）
loandeprat	0.234 （0.164）	0.147 （0.159）	0.211 （0.169）	0.178 （0.152）	0.061 （0.147）	0.147 （0.156）
govmono	−0.419 （2.261）	1.578 （2.251）	−1.195 （2.371）	−1.815 （2.115）	0.572 （2.010）	−2.635 （2.164）
ROA	55.91* （31.60）	40.93 （30.27）	61.90* （32.44）	49.87* （30.33）	30.13 （29.07）	56.89* （31.15）
NONPL	0.050 （0.090）	0.019 8 （0.089 4）	0.021 （0.090）	0.035 （0.089）	−0.004 （0.088）	0.006 （0.090）
LIQV	−1.165 （0.943）	−1.446 （0.935）	−0.927 （0.952）	−1.603* （0.930）	−1.986* （0.927）	−1.316 （0.943）
wald	12.84	7.50	24.16	14.56	7.50	24.16
Obs.	272	272	272	272	272	272

注：***、**、*分别表示在1%、5%、10%的水平上显著；为节省篇幅，未报告常数项，本书其他回归结果书写方式与此一致。

表4-17的回归结果中，根据模型（1）、模型（4）可知，国有经济比例（state）系数均显著为正，即国有经济比例越高，地方政府越倾向于控制城商行；根据模型（2）、模型（5）可知，财政状况（fiscal）系数均不显著，说明财政并不是影响控股模式的关键因素或存在正反两方面效应。

为了进一步研究财政状况是否会对控股模式产生影响，我们加入了国有经济比例与财政状况的交叉项 state_fiscal，构成模型（3）、模型（6），其中国有经济比例（state）仍然显著为正，检验了结果的稳健性，验证了命题4-1：国有经济比例越高，地方政府越倾向于控制城商行；财政状况（fiscal）的系数

显著为正，即财政状况越差，地方政府越倾向于控制城商行①。这是因为模型（3）、模型（6）中相对于模型（2）、模型（5）加入了国有经济比例（state）和国有经济与财政交互项（state_fiscal），即此处财政状况（fiscal）系数不是命题4-2中考虑的国有经济比例在内时财政对控股模式的影响，而是剔除了该效应之后，财政对控股模式的影响。正验证命题4-2所说，在不考虑财政受国企私企资本分配影响的情况下，财政与金融资源呈现替代关系；而国有经济与财政交互项（state_fiscal）为负说明，在国有经济比例较高的情况下，替代效应会被抵消，此时财政状况越好，地方政府越倾向于控制城商行。这也就验证了命题4-2中的结论，即在考虑财政受国企与私企资本分配影响的情况下，财政越充足，地方政府越倾向于控制城商行。

综合来看，影响地方政府对城商行控股模式的关键性因素是当地国有经济比例，即当地国有企业的资本总需求量。基于经济增长与控制权收益的双重考虑，在国有经济比例较高时，地方政府更倾向于控制城商行。

从经济增长的角度来看，大量对于地方政府干预的研究认为，政府控制城商行主要是因为经济增长竞争的需要，考虑到投资在促进经济增长中的直接作用，地方政府通常采取将大量金融资本投入资本密集型国企的方式来在短期内促进经济增长（周立，2003；巴曙松 等，2005；李维安 等，2012），但过度投资所带来的资本回报递减和国企本身的低效使得地方政府在选择金融资本分配时不能一味地倾向国企，当国有经济比例较高时，更大的资本需求使地方政府可以将更多资本分配给国企，因此就倾向于控制城商行。

从控制权收益的角度来看，一方面由于国企承担着一定的社会目标，其低效部分来源于社会目标与经济目标的冲突，国有企业作为国家战略与社会性职能的承担者，在传统赶超战略和社会政策的影响下，投资于不具备比较优势的资本密集型产业或产业区段（战略性政策负担），并承担过多的冗员和工人福利（社会性政策负担），从而缺乏经济上的市场生存能力（林毅夫 等，2001；刘元春，2001）。因此，为了维持经济稳定发展，地方政府需要维持国有企业的存在。另一方面控制国企可以给政府部门带来控制权收益（林毅夫，2007；Qian et al.，1998），一是从政治角度来讲，可以坚持公有制占主体的社会主义方向；二是从经济角度来讲，可以保持政府对国民经济的控制力，为有效实施政府发展战略和宏观调控意图提供物质基础。此外，如果将政府视为全民代理人的话，控制国有企业还可为官僚带来巨大的私人控制权收益。因此，地方政

---

① Fiscal 为财政支出与财政收入的差值占财政收入的比值，Fiscal 值越大说明财政状况越差。

府需要国企维持正常的发展，而国企的低效又使其必须依赖国有属性来获得优待。当国有经济比例较高时，地方政府就需要控制更多的金融资源以满足国企资本需求。

在此基础上，财政因素对控股模式的影响也存在正负两方面效应。正效应是指财政禀赋越好，地方政府越能够通过财政手段弥补国企资本过多所带来的负面效果，更多金融资本流向国企[1]，从而使地方政府倾向于控制；负效应是指在不考虑国有经济比例时，财政与金融资源形成替代关系，财政禀赋越差，地方政府有更大的金融资源需求[2]。

从另一个角度来看，地方政府对城商行的控制行为归根结底是地方政府对当地资本分配的体现。地方政府的首要目标是地区经济增长。民营资本进入城商行，一方面会使城商行与非国有企业之间信息不对称下降，交易成本降低，减少金融摩擦，促进当地经济增长，另一方面会使城商行资本上升，资本供给总量上升，这是对经济增长有利的一面。然而，民营资本进入城商行会导致地方政府对城商行的控制力下降，难以覆盖国企资本需求，如理论部分分析，地方政府的行为是选择最优的持股比例来实现最优资本分配，以促进经济增长。

第五节　本章小结

政府对银行的干预一直广受学术界讨论，但讨论的焦点主要集中在干预是否合理，以及是否有利于银行的发展。本书主要工作为以 2010—2014 年的城商行数据为研究样本，从股权角度使用终极控股股东追溯的方式观察到地方政府对城商行控股模式存在显著差异的现象，而传统的理论很难解释此种现象，因此我们通过理论模型阐释控股模式差异的内生机制，最后通过实证分析确定其决定因素。本章通过理论分析和实证研究得出如下结论：

地方政府控股模式差异主要取决于国企资本需求的大小，地方政府对于控制与退出的选择反映了其对控制地方金融资源的态度，本质上是金融资本分配问题。在我国的经济政治制度下，地方政府行为逻辑首要是由经济增长所驱

---

[1]　不少研究指出，财政补贴是导致过度投资和产能过剩的主要原因（耿强 等，2011；王立国 等，2011；江飞涛 等，2012），即更多的财政补贴会使国企过度投资现象更加严重。

[2]　这也是众多文献讨论较多的观点，分税制改革导致的财政压力与"晋升锦标赛"下的晋升激励使地方政府迫切寻找其他资源来弥补财政方面的不足（张军，2005；周黎安，2007；曹春方 等，2014），因此财政与金融呈现出替代关系。

动。国企为金融资本分配的第一目标，但过度投资所带来的资本回报递减和国企本身的低效使得地方政府在选择金融资本分配时，不能一味地倾向国企，要在低效但有控制权收益的国企与高效的民企之间进行权衡。当国企严重过度投资时，地方政府就倾向于减少金融资源控制，使金融资源流向民企。因此，影响国企资本需求的因素如国有经济比例、财政状况等在很大程度上影响着地方政府对城商行的控股态度。

地方政府控股差异首先由国有经济比例决定，该因素实质上决定了国企资本需求的总规模，国有经济比例与国企资本需求呈正比；其次，财政状况影响地方政府能够承受国企资本需求规模的上限，财政状况越好上限越高；最后，金融竞争程度影响国企资本需求缺口，即真正需要地方政府提供的资金部分，金融竞争程度越高需求缺口越大。

实证研究结果表明：国有经济比例越低，地方政府越倾向于退出；财政禀赋与金融控制之间的关系受国有经济比例影响，国有经济比例较高时，财政禀赋越差，地方政府越倾向于退出，而较低时则恰好相反，呈替代关系。

第五章 政府控股、地方政府竞争与城商行绩效

第一节 政府控股城商行问题的提出

地方政府竞争这一现象在世界范围内广泛存在，它指的是市场经济各区域经济体中的政府围绕具有流动性的要素如资本、劳动和其他投入等展开竞争，并最终获得更多经济资源以及政治收益的行为。为此，地方政府需要做一系列努力，如建立更加完善的市场制度和环境、营造更加宽松的商业氛围、提供优惠的税率并减少行政收费、提供更好的公共产品和服务等。正如企业竞争可以使改善市场的帕累托效率，地方政府竞争也可以使非市场的地方公共产品供给实现帕累托最优（Tiebout，1956）。不过，地方政府竞争的帕累托最优是有前提的，如果出现初始禀赋差异明显、地方政府的激励制度过于注重短期收益、政府的企业家能力不足等情况，地方政府会放弃竞争而倾向于采取地方保护主义甚至是掠夺主义（周业安，2003）。正是因为地方政府不同的行为和策略，导致其对控股企业和金融机构的作用也应是综合各种竞争条件和基础之后的反应。本书用地方政府持股的城商行作为考察对象，分析地方政府在不同竞争程度和格局下对城商行业绩的影响是否会有不同。

1995年9月7日，《国务院关于组建城市合作银行的通知》决定，在大中城市通过企业、居民、个体工商户和地方财政投资入股的方式组建城市信用合作社，1998年12月城市信用合作社正式更名为城商行。城商行自成立之初就已经确立了地方政府的大股东地位，1995年发布的《城市商业银行暂行管理办法》第二十三条规定，城商行的最大股东为地方财政，持股比例在30%左右，而单个法人股东持股不得超过10%，单个自然人持股不得超过总股本的2%。以湖南岳阳市商业银行为例，1997年12月其成立时，岳阳市财政局占总

股本 50.06%，另外辖内大中型国企参股 49.94%，没有自然人和民营资本，国有股一股独大的特征非常明显（欧明刚，2010）。2002 年以后，为增强城商行抗风险能力和提高运营效率，各地拉开重组、引入战略投资者、资金注入等大幕。随后几年里，股权过度集中的现象有所改善，但仍然没有改变大部分城商行的政府控股现状，同时地方政府也掌控着城商行的人事任免权（黄建军，2010）。

政府希望控股城商行是有其制度变迁背景的。1994 年我国的分税制改革使得财政收入更多集中于中央政府，而财政支出则更多由地方政府承担。最近十几年，地方政府财政收入占比降至 45% 左右，而财政支出比重则上升至70% 以上。在财权上移中央政府的同时，事权仍然留置，即地方政府仍然主要承担地方发展和服务的责任，财权和事权上的不匹配使得转轨时期的地方政府体系不足以提供基础设施和公共品服务的建设资金，因此地方政府在弱财政的情况下迫切地需要有强金融的支持。再加上 1995 年正式实施的《中华人民共和国预算法》明确规定，地方政府不得发债，同时国有银行的市场化改革也弱化了地方政府对国有银行地方分行的控制，这些都进一步限制了地方政府的融资渠道。此时城商行的成立无疑是雪中送炭，即使是财政困难的地方政府也都纷纷筹资入股并想法拥有控制权，通过对城商行的干预为地方政府选定的企业和项目提供信贷支持，因此城商行可以说是中央政府对地方政府在金融调控权利上的一种让渡。当然，财政分权制度还有另外一个作用，就是将地方政府拥有部分财政收益并在某种程度上支配这些收益作为一项制度固定下来，客观上使得地方政府从原来作为中央政府的执行机构转变为具有较强独立性的决策机构，因此地方政府发展经济的积极性被调动起来，同时其财政激励和资源竞争的动机也随之产生（Cao et al.，1999）。除此以外，中央政府垂直管理下的政治晋升激励提升了地方政府发展地方经济的积极性，并进一步加深了对资源的竞争（周黎安，2007）。在这样的体制下，我国地方政府更像一个个子公司参与到有限的资源竞争中并行使其企业家职能，也为其控股当地金融机构提供了动力。

问题是，地方政府有能力并且有动力控制资源的配置是否就一定表现为地方政府对城商行的掠夺和掏空呢？如果说地方政府竞争的支付矩阵中既可能出现"破罐子破摔"的均衡，也会有激励的正反馈作用，那么地方政府竞争对城商行的影响是否也存在两面性呢？基于上述思考，本书希望从地方政府竞争这一角度分析政府控股对当地城商行绩效的影响，探讨在不同的竞争格局和发展条件下，地方政府控股对商业银行是否会有不同的策略和作用。结果表明，总体来看，地方政府控股变量对城商行绩效是负面影响，会降低银行收益同时增加贷款风险；但是如果把地方政府控股和地方政府竞争的效果进行综合考虑，则发现地方政府竞争程度越高如市场培育力度较大、地方科技投入较多时，政府持股对城商行绩效的影响越可能是正面的，体现为"扶持之手"；而当地方政府缺乏竞争优势并面临较大发展压力如人均 GDP 较低、失业率较高时，对其控股的城商行则体现为"掠夺之手"。

第二节　竞争下的政府持股与银行业绩关系的理论分析

一、政府持股与银行绩效

政府拥有银行股权是一个普遍现象，在这种情况下，银行的行为不可避免地受到政府的干预和影响，因此我们在研究银行问题时考虑政府对金融资源的控制是非常必要的。对于政府持股的作用，学术界通常将其区分为对经济和金融起促进作用的"扶持之手"和政府为实现政治目的"掠夺之手"（LaPorta et al.，2002）。"扶持之手"的观点认为，政府有足够的信息和动机确保实现社会合意的投资，政府所有权有助于克服市场失败、解决外部性问题，将资本配置到对经济发展长期有利的战略性项目上，并可以对其他股东实施监督和限制私人利益侵占（洪正，2007）。而"掠夺之手"的观点则认为，政府所有权会政治化资源配置过程并降低配置效率，为政治偏好的低效项目融资从而阻碍金融和经济的发展。根据这种观点，政治家通过拥有银行来实现控制企业投资[①]，目的是对支持者提供就业、补贴和其他利益，支持者则通过投票、政治捐款等来回馈政府（Kornai，1979；Shleifer et al.，1994）。

政府"二手论"对银行价值具有显著的影响，"扶持之手"可以增加银行价值，而"掠夺之手"将降低银行价值，损害其他投资者利益（Caprio et al.，2003）。对政府作用的担心更多是来自"掠夺之手"，国外的实证研究也支持了这一点，即更高的政府所有权通常与金融系统的更低效率与更不发达相联系（Barth et al.，2001）。LaPorta et al.（2002）对银行国有股权与经济发展水平和金融发展之间的相关关系进行了研究，得出的结论也是银行的国有股权与银行

---

① 政府为企业提供融资的方式很多，它可以直接提供补贴，也可以鼓励私人银行或直接拥有金融机构向政治上需要的项目贷款。相对于其他方式，拥有银行的好处是允许政府广泛地控制对需要融资项目的选择。

效率、经济增长速度、生产效率增长率负相关，过高的银行国有股权不利于银行和经济的稳定。Megginson（2005）在综述了银行所有权性质与绩效关系的实证文献后，得出了国有银行比私人银行更缺乏效率的结论。

国内方面也有不少学者研究了政府股权对商业银行的影响，结果却很不一致。有结果表明，政府持股会倾向于发放更多贷款救助效益低下的地方国企，从而降低商业银行的绩效（何贤杰 等，2008）；也有支持政府控股对商业银行的影响为正的研究（高正平 等，2010），因为地方政府也会给城商行的经营提供便利，如为城商行寻找优质客户和项目，将行政性存款以及相关单位的开户结算行指定为当地城商行，帮助商业银行化解不良贷款，为其提供隐性保险等；也有人认为银行业绩与政府持股比例的关系呈倒"U"形，政府持股的增加会有助于银行提高绩效，但是当该比例超过最优均衡以后，政府控股会损害银行业绩（赵昌文，2009）；还有一部分人则认为，政府是否控股与银行绩效无关（李维安 等，2004；曹廷求 等，2006；王朝弟，2007）。

上述研究多半都停留在单纯考察政府持股比例、股东性质等对银行绩效的影响，然而正如前文的分析，地方政府竞争的策略和行为使得政府持股对商业银行的影响会显现不同的结果。因此，将地方政府竞争纳入考虑，也许可以帮助我们理解这些结果之间的巨大差异。

二、地方政府竞争与政府持股的作用

政府竞争源于 Breton（1998）提出的"竞争性政府"（competitive governments）的概念，即在联邦制国家中，政府间关系从总体上看是竞争性的，政府之间、政府内部部门之间以及政府与政府之外行为主体之间迫于选民和市场主体的压力，必须供给合意的公共产品和服务，以满足当地居民和组织的要求（周业安，2004）。地方政府竞争可以划分为不同层级政府之间的纵向竞争和同级之间的横向竞争，其中更受关注的是横向竞争，包括横向的税收竞争、支出竞争和标尺竞争等（王守坤 等，2008）。

学术界对政府竞争通常持肯定的观点，认为提供基础设施和良好的商业环境等行为有助于"市场维护型经济联邦制"（market-preserving federalism）的确立（Weingast，1995；McKinnon；1997），并推动市场化改革和经济发展（司政 等，2010）。Qian et al.（1998）也认为，中国的财政分权和竞争增加了对国有企业的救助成本，从而硬化了地方政府的预算约束。而且，在居民有权可以"用手投票"选择地方官员和可以根据各地区不同的税收和公共服务水平在不同地区自由流动的"用脚投票"的前提下，地方政府竞争将提高社会总的福利水平（Oates，1993），同时惩罚贪污和资源浪费，减少腐败和寻租。与西方有较大不同的是，我国地方政府竞争的源起是自上而下的绩效考核，而非只是各政治联邦之间的竞争，在这种垂直政治和财政分权的双重激励下，地方政府有更强烈的经济发展动力（林毅夫 等，2000；张晏 等，2005）。此外，周黎安（2007）就认为，目前国内政府的行政权力集中，能够激励下属部门形成强有力的约束，这比权力完全分散在各个政府部门、各自为政更容易避免"政治公有地悲剧"的发生。Frye et al.（1997）也认为，权力集中并以地方经济增长为基础的竞争机制是"扶持之手"的最终来源。也有学者对地方政府竞争持有相反的观点，如认为争夺资源流入的招商引资制度和税收优惠等税收竞争会导致"竞争到底"（race to the bottom）的低水平均衡（Zodrow et al.，1986；Wilson，1999）。Cai et al.（2005）更指出，尽管地方政府竞争会约束政府行为，但是如果地区发展极不平衡、地方政府面临的初始禀赋很差、与其他地区相比缺乏竞争力时，地方政府也可能会简单地选择放弃竞争，这方面苏联解体后俄罗斯各联邦发展的"马太效应"是很好的证明。周业安（2003）也认为，地方政府竞争除了会产生进取与进取的均衡，也可能会形成进取与放弃的均衡。特别是我国各个区域之间历来在经济增长、人均收入和财政收入等方面差距较大，经济发展实行的是一种非平衡的、以效率优先为原则的发展战略（范剑勇 等，2002）。经济发展的不平衡导致不同地区的政府竞争能力也严重不平衡，在这种情况下，资源的流动不是简单地按照经济发展程度成比例地分配，而是可能出现赢家通吃的状况。在强大的压力下，一些地方政府的竞争均衡可能就是放弃竞争，转而寻求区域内的政治与经济利益。

三、地方政府竞争下的政府持股对城商行业绩的影响机制分析

通过前面的分析可以得知：第一，政府股权对银行的作用存在两面性；第二，地方政府竞争总体来看会刺激地方政府的企业家意识，鼓励其通过提供更好的公共产品和服务来吸引资源。那么，具体到地方政府竞争对城商行的作用呢？我们认为，城商行在政府竞争的过程中，既充当了解决地方金融约束的工具，又是地方政府提升辖区内金融环境和服务质量的目标之一。政府把城商行作为竞争工具时容易带来负面影响，而作为竞争目标时则会对城商行的业绩有促进作用。

由于我国地方政府竞争的主要方式是投资驱动下的经济增长，具体则是通过提供公共设施、招商引资、发展要素和产品市场等来表现，并最终提升当地GDP、降低失业率。在此过程中，由于地方政府面临较大的财政约束，城商行较少部分地承担了竞争型政府的资金提供者角色，特别是在公共品支出主要集中的基础设施建设领域，由于这类城建项目周期长、收益低的特点，容易对城商行造成负面影响。此外，地方政府招商引资时也可能为了吸引更多的区域外资源和项目而使其控股的城商行提供优惠利率。因此，城商行在作为政府竞争的工具时存在收益被损害的可能①。

与此同时，地方政府竞争一个更重要的内涵是区域内市场环境和金融行业整体服务水平的提升，因为进驻的企业和机构会综合考察当地金融生态等软环境，并不是简单地比较哪里的贷款利率更低就投向哪里，因此仅依靠优惠贷款利率是无法吸引更多投资的。事实上，城商行因为其名称所包含的特殊城市品牌效应，被认为代表了当地金融发展水平，而地方政府也逐渐认识到城商行品牌和牌照价值的重要性，纷纷积极推进其跨区经营和上市，希望借助这一城市金融品牌来吸引更多资源。当然前提是这个品牌要足够好，也就是城商行的盈利能力和资产质量足够好，于是地方政府通过引进战略投资者并补充资本金、减小融资约束和市场摩擦、提高项目审核和贷款发放的效率、完善公司治理结构等措施极力维护所拥有的城商行的特许权价值。此时，城商行就不只是地方竞争的工具，也是其目标之一。

即便城商行一开始更多地扮演了政府竞争工具的角色，但竞争最终的结果对城商行也未必就一定有害。例如，向政府平台提供大量廉价城市建设贷款、利用低利率招揽项目等行为有可能对城商行起到负面作用，但是随着地方竞争所带来的资源流入和经济增长，竞争的良性效应开始显现，此时随着私人和公共部门收入的提高，政府面临的财政和金融约束也越来越小，地方政府利用城商行为其解决资金约束的负面影响便逐渐降低。更进一步来讲，政府还可以向城商行提供更多优质资源和项目、通过重组和注资化解掉不良贷款，反而可以提高城商行的风险承受能力，最终对城商行产生正面影响。事实上，城商行的发展历程正是以上描述的生动注解：由于历史原因，城商行从城市信用合作社改制成立的初期背负了大量呆坏账，然而通过十几年的发展和改革，现在城商行的盈利率已经有了大幅提升，不良率也显著降低。这也是与我国国有银行的改革逻辑相一致的，即在发展中解决问题，而我国经济发展的主要推动力正是财政分权和政治集中制度下的地方政府竞争。因此，即使作为竞争工具时，地方政府对城商行也有一定的负面效应，但考虑竞争目标之后地方政府对城商行

---

① 现实中政府在招商引资时较少用打折利率来吸引资源，通常的措施是土地优惠政策和税收减免政策。

的影响有可能是正面的。

综上所述，本书认为，地方政府为了吸引要素会优先将辖区内的金融资源和市场环境进行优化，因此积极竞争型政府控股对城商行绩效存在正向影响。此外，由于各地发展极不平衡，在面临较大约束时，地方政府将有可能放弃通过市场行为和商业竞争来获取资源和收益，而是对现有控股城商行采用信贷寻租和资金侵占等方式进行掠夺，因此较少参与竞争或面临较大约束的地方政府控股对城商行的绩效可能会产生负面影响。

检验地方政府竞争对城商行绩效影响的文献并不多见，王文剑等（2007）与本书的视角比较类似，其将地方政府竞争因素纳入了考虑，但他的研究对象不是城商行而是 FDI 的增长效应。另外，钱先航等（2011）研究了地方政府官员晋升压力对于城商行贷款行为的影响，本书与其相似之处是都用到了城商行的数据，并且都谈到了政府在其中的作用，但本书与他的视角有着根本的区别：钱先航等（2011）是以政府官员特别是各地市级市委书记的行为和晋升激励作为解释变量，观察地方最高行政官员的任期和年龄等对城商行贷款期限和分布的影响，而本书是将地方政府整体作为一个研究对象，考察地方政府之间的竞争对城商业绩的影响。由于地方政府之间的竞争长期存在，并且体现的是地方政府的整体利益诉求而不只是一把手的晋升需要，也不会随官员升迁和流动而改变，此外政府股东对城商行作用的根源是银行治理结构中大股东控制权的特征和行为，综上所述，我们认为，如果要从政府竞争这一视角谈论政府控股对城商行的影响，将地方政府整体作为解释变量比用官员作为解释变量更加合适。接下来，本书将以地方政府整体为研究对象，对加入竞争后地方政府控股与城商行业绩之间的关系问题进行探讨。

第三节 政府控股、地方政府竞争对城商行绩效影响的研究设计

一、样本选取

我们从各种渠道搜集了近 100 家城商行 2004—2009 年共计 450 份年报。其中凉山州商业银行和重庆三峡银行所在的凉山彝族自治州和万州没有相应的城市统计数据，我们将其从样本中删除。

本书的研究对象是城商行，但有些城商行已经重组为省级商业银行，其重组模式基本可以分为两大类：第一，省内所有城商行和城市信用合作社合并组建省级金融机构，如徽商银行和吉林银行；第二，将省会城商行变为省级金融

机构，升级后的银行在省内布点，如富滇银行（前昆明市商业银行）、晋商银行（前太原市商业银行）和宁夏银行（前银川市商业银行）等。无论哪种重组模式，其控股股东都由市级地方政府转移到省政府，因此这些银行样本我们进行了特别处理：对于第一大股东为某省财政厅、省国资委、省投资公司、省属国企的省级地方性商业银行样本，我们选取的当地经济和政府数据经济统计数据对应为省一级。另外还有一些样本虽然也是城商行，但已经开始跨区域经营，并且有的已经上市（如南京银行和宁波银行），但我们还是将这些银行包含到样本中，因为地方政府对城商行的股权和控制权并没有随后者上市就终止。从这个意义上讲，上市银行与未上市银行并没有根本区别①。最终我们选取了 97 家城商行、涵盖 2004—2009 年的共计 440 个样本及其对应的地方统计样本数据，其中城市统计数据来自中经网统计数据库，样本共计涵盖了我国大陆 27 个省（自治区、直辖市）。样本分布见表 5-1。

表 5-1　样本分布

样本 A/个							
区域	2004	2005	2006	2007	2008	2009	小计
沿海	32	41	43	45	42	39	242
内地	23	36	40	44	31	24	198
总计	55	77	83	89	73	63	440

样本 B					
省份	银行家数/家	样本个数/个	省份	银行家数/家	样本个数/个
北京	1	6	河南	7	36
天津	1	6	湖北	4	17
河北	6	22	湖南	3	12
山西	4	15	广东	3	12
内蒙古	3	12	广西	3	15
辽宁	8	38	重庆	1	6
黑龙江	3	13	四川	8	28

---

　① 本书在样本选择上不同于钱先航等（2011）的处理方法，这里我们将跨区域以及上市城商行样本都包括进来，因此我们的样本选择更加丰富，约束条件也更弱。如果我们能够在该大样本范围下得到显著结论，则说明如果去除这些不寻常样本只会使得结果更加稳健。

表 5-1（续）

样本 B					
省份	银行家数/家	样本个数/个	省份	银行家数/家	样本个数/个
上海	1	6	贵州	2	6
江苏	4	12	云南	1	6
浙江	8	45	陕西	1	6
安徽	1	6	甘肃	2	6
福建	3	18	宁夏	1	6
江西	4	19	新疆	1	2
山东	13	64	—	—	—

表 5-1 的样本 A 中，内地城商行样本共计 198 个，占样本量的 45%，说明内地城市设立城商行的积极性并不比沿海城市更差①。6 年中 2007 年的样本最丰富，并且最近的两年有逐渐缩小的趋势，这可能是由于最近几年很多城商行有改制和上市计划，人事和经营变动较大导致未及时披露。如果按照城商行的省域分布来看（样本 B），可以发现山东的城商行最多，达到了 13 家；之后是辽宁、浙江和四川，分别有 8 家；而河南、河北的银行家数也居于前列。其中，吉林、青海、海南和西藏四省（自治区）由于数据披露或者新成立等原因未能获取。

二、变量的定义

根据研究主题，我们需要以城商行绩效为被解释变量，并将考虑了地方政府竞争和禀赋条件后的地方政府持股作为解释变量进行回归。

（一）银行绩效的度量

我们分别通过城商行的盈利能力和风险控制来度量城商行的绩效。盈利能力指标的选取上，考虑到金融机构杠杆经营的特殊性，我们采用的是总资产收益率 ROA 而不是 ROE；风险控制的度量我们采用了不良贷款率。当然，在稳健性检验部分我们也改用了其他指标来衡量盈利和风险管理水平，结果仍然成立。

---

① 沿海和内地的划分沿用《中国统计年鉴》的通行定义，沿海包括天津、河北、辽宁、上海、浙江、福建、广西、江苏、广东、海南和山东共 11 个省（自治区、直辖市），其余省（自治区、直辖市）为内地。

（二）地方政府竞争程度与禀赋约束

我们将城商行是否由地方政府控股作为影响城商行业绩的解释变量之一，其中地方政府控制包括了地方财政、政府投资公司、地方国资委和地方国企等所持股份的加总，而非政府控制则主要包括外资、民营企业、上市公司和银行工会等。

参照前述政府竞争对城商行业绩影响的机制分析，我们选取了包括公共品供给能力、开放性、创新能力、制度因素和综合发展在内的五种因素来度量政府的竞争努力程度。第一，公共品供给能力。一个地区的公共品供给越多，对要素的吸引力也就越大，而公共品供给能力来自财政投入，我们用当年人均财政支出来代表公共品供给程度。第二，开放性。一个地区的开放程度越高，就越能够吸引生产要素，也就越有利于财富累积。开放性用当年人均实际利用外资余额来度量。第三，创新能力。分税制后地方政府为了提高竞争力，仅依靠中央政府的转移支付已经不现实。在这种约束下，各地只有凭借制度和技术创新来提高对资源的吸引力获得更高的增长，我们用地方财政预算内科学事业费用支出占当地财政支出的比例来衡量地区创新能力。第四，制度因素。制度因素体现为要素配置的效率、法律保护的程度等，可以预见，地方政府竞争力越强，市场制度就越完善，政企关系也就越规范，最终能通过降低交易成本和提高资源配置效率促进资源流入和经济增长。本书用樊纲等（2011）的"市场化指数"来衡量制度因素，该指数包括五个分指数：政府和市场的关系、非国有经济的发展、产品市场的发育程度、要素市场的发育程度、市场中介组织发育与法制环境。第五，综合竞争程度。如前所述，正是在财政分权的经济激励和权力集中下的政治激励下，地方政府展开了围绕 GDP 和失业率等终极考核目标的竞争，因此 GDP 和失业率数据既是地方经济发展的指标，也是地方政府竞争程度的体现。本书用人均 GDP 和城镇失业率来衡量地方政府的综合竞争程度，GDP 越高、失业率越低，表明当地政府参与竞争的力度越大。其中失业率数据本书采用城镇登记失业人员数据，计算方法为城镇登记失业人员数/（登记失业人员数+单位从业人员数+个体和私营从业人员数）。为了排除地方政府竞争与银行业绩之间的内生性，上述竞争变量都进行了一阶滞后。

此外，由于地方政府参与竞争还面临一定的约束条件，这里我们用当地要素禀赋和财政赤字来衡量其竞争约束。具体地，禀赋条件采用的是包含区位因素、自然资源、原有的资本和人力等因素的综合指数：区位因素借鉴 Demurger 等（2002）的方法用该城市为沿海城市或是内地城市来表示其面临的不同地域约束，沿海赋值为 1，内地赋值为 0；自然资源条件用当地"第一产业 GDP

占当地 GDP 的比例"来衡量，因为通常工业现状衡量了对自然资源的依赖程度。按照发展经济学的观点，一般情况下该比例和财富水平成反比，因而第一产业占 GDP 的比重在当年均值之下赋值为 1，反之为 0；资本要素用当地的"人均固定资产投资"衡量，并且人均固定资产投资在均值之上的赋值为 1，否则为 0；人力因素我们借鉴王文剑等（2007）的做法，用"每万人中大学生的人数比例"来度量，在均值之上赋值为 1，其余为 0。将这 4 个指标赋值相加便得到综合的地区资源约束指标，其取值是从 0 到 4 之间的整数，并且数值越小表示初始要素越差，面临更严重的资源约束条件。此外，由于在我国财政收支不对等的情况下地方政府要承担大量的地方公共支出，而仅靠中央政府转移支付是不够的，因此地方政府在参与竞争时还要顾及自身的财政约束和压力，我们用财政赤字来代表政府面临的财政约束，即（地方预算内财政收入-地方预算内财政支出）/地方预算内财政收入。同上，我们也将约束变量滞后了一期。除了市场化指数，上述所有城市经济统计数据都来自中经网统计数据库。

（三）控制变量

回归时我们对城商行的相关变量如资产规模、当地银行业竞争程度和初始条件等进行了控制。规模用总资产代表，城商行面临的市场竞争用该城商行贷款余额占当地金融机构总贷款余额的比例来衡量。此外，由于城商行的发展有很强的路径依赖性，其经营的初始条件往往决定了后来的绩效甚至是当地政府的态度：如果城商行的初始业绩良好，基于竞争的地方政府会希望扶持该银行；反之，如果城商行一开始就经营不善，那么地方政府放弃竞争转向掠夺的可能性就更大，由此我们还将每家城商行可得样本中最早一年的总资产收益率和不良贷款率作为控制变量引入，度量城商行的业绩受初始条件影响的程度。这样做的另一个好处是：可以在很大程度上减轻模型的内生性问题，因为政府控股和地方政府竞争等行为也可能是受银行业绩影响的相机抉择，控制初始值可使估计结果更为可靠。前述所有的变量定义及构造归纳见表 5-2。

表 5-2 变量定义及构造归纳

变量类别	变量名	变量说明
被解释变量	盈利能力 ROA	城商行总资产收益率，度量其盈利水平
	风险程度 NPL	城商行不良贷款率，用不良贷款余额/总贷款余额，度量其风险水平

表5-2（续）

变量类别		变量名	变量说明
解释变量	地方政府控股	gov	城商行是否为地方政府控股，如果是赋值为1，不是赋值为0
	地方政府竞争程度	fispend	当地人均财政支出（元），衡量地方政府竞争的公共品供给
		forecap	当地人均实际利用外资余额（美元），衡量地方政府竞争的开放性
		scispend	科学事业费用支出占当地预算内财政支出的比例，衡量地方政府竞争的创新能力
		mkt	市场完善和法律保护程度等，衡量地方政府竞争的制度因素，包括政府和市场的关系、非国有经济的发展、产品市场的发育、要素市场的发育、市场中介组织发育与法制环境等方面
		GDP	当地人均GDP（元）。衡量地方政府的综合竞争程度和能力
		unemp	失业率数据，衡量地方政府综合竞争程度。计算方法：城镇登记失业人数/（城镇登记失业人数+单位从业人数+私营个体从业人数）
	地方政府竞争约束	endow	要素禀赋指数。用当地是否为沿海城市（是取1，否取0）、第一产业占GDP的比重（小于均值取1，大于均值取0）、人均固定资产投资（大于均值取1，小于均值取0）、每万人中的大学生的比例（大于均值取1，小于均值取0）四个指标之和来构造
		fisbal	财政赤字。计算方法：（地方财政收入-地方财政支出）/地方财政收入
控制变量	规模	size	资产规模（亿元）
	市场份额	mktshr	城商行的市场份额用城商行贷款余额占当地所有商业银行贷款余额的比例表示，衡量城商行面临的竞争程度
	初始业绩	initial	城商行的初始业绩状况，包括初始的ROA和初始的NPL

三、变量描述统计

为了在进行回归分析前对数据有一个总体印象，我们先对所有变量做了简单的描述统计，见表5-3的样本A部分。从中可以看出，各家城商行收益和风险之间还是存在较大差距，如总资产收益率最大的达到11.24%（广西北部湾银行，2007 年），最差的亏损 0.1%（柳州市商业银行，2006 年）；而不良贷款率最高的银行达 43.86%（郑州市商业银行，2004 年），最好的银行则低至 0.21%（九江银行，2009 年）。各家城商行所在城市之间的政府竞争和发展程度也有显著差异，如在制度的完善方面，得分最高的是 12.40（上海，2009 年），得分最低的是 4.46（西安，2004 年）；人均财政支出最高样本为 32 934 元（深圳，2005 年），最低样本只有 611 元（孝感，2004 年）；科教支出占财政支出比例最高的是 7.37%（上海，2009 年），最低的则只有 0.02%（大庆，2005 年）。变量描述及分组统计见表 5-3。

表 5-3　变量描述及分组统计

样本 A[①]				
变量名	最大值	最小值	均值	标准差
总资产收益率 ROA/%	11.24	−0.1	0.76	0.77
不良贷款率 NPL/%	43.86	0.21	4.14	4.48
是否政府控股	1	0	0.88	0.33
人均财政支出/元	32 933.55	611.45	4 668.69	3 623.67
人均实际利用外资余额/美元	2 187.52	0.15	231.22	295.15
科学事业支出占财政支出比例/%	7.37	0.02	1.31	1.23
制度因素	12.40	4.46	7.98	1.76
人均 GDP/元	161 406	6 373	39 641.5	23 646.87
失业率/%	11.88	0.60	3.60	1.70
资源禀赋指数	4	0	1.99	1.21
财政赤字/%	61.35	−712.99	−55.27	73.09
初始 ROA/%	2.36	0	0.44	0.38
初始 NPL/%	43.86	0.51	7.45	6.87
市场份额/%	16.33	0.57	3.31	2.44
银行规模/亿元	5 334.69	10.84	314.29	576.85

样本 B						
分组信息	ROA			NPL		
	High	Low	t 值	High	Low	t 值
是否政府控股	0.72	1.05	−3.68***	4.39	2.40	4.96***

———————

　① 样本 A 中，初始 ROA 和初始 NPL 的样本数为 97 个，其余变量的样本数为 440 个。

表 5-3（续）

分组信息	样本 B					
	ROA			NPL		
	High	Low	t 值	High	Low	t 值
人均财政支出	0.87	0.56	5.01***	2.66	6.20	-6.19***
科技支出占比	1.05	0.49	6.03***	2.26	5.89	-7.58***
人均实际利用外资	0.77	0.60	3.02***	3.92	4.87	-1.77*
制度完善程度	0.90	0.73	1.63*	2.77	6.12	-6.18***
人均 GDP	0.90	0.60	4.52***	2.54	5.49	-6.43***
失业率	0.60	0.90	-2.86***	4.42	3.78	1.25

在进行回归分析之前，我们首先将样本按照是否政府控股分成两组（High 和 Low），并比较两组对应的城商行业绩；其次将各竞争变量按从大到小的顺序排序，并等分为三组，将前 1/3 组命名为"High"、后 1/3 组命名为"Low"，并将两组所对应的城商行收益率和不良率的均值进行了统计检验，见表 5-3 的样本 B 部分。按是否政府控股的检验表明，政府控股的城商行比不控股的整体业绩要差。而按人均财政支出、制度完善程度等各项竞争指标分组的检验都表明，地方竞争力靠前的城商行表现几乎都显著优于竞争力靠后的组，这初步印证了本书前面的分析。为了更加深入地探寻地方政府竞争与城商行绩效之间的关系，我们在下一节进行了实证检验。

四、回归模型设计

根据前文的分析，我们需要用地方政府竞争和地方资源禀赋两类变量作为解释变量对地方城商行的业绩与风险进行回归，因此确定了如下模型：

$$\text{perf}_{i, t} = \alpha_0 + \alpha_1 \text{gov}_{i, t} + \alpha_2 \text{compet}_{i, t-1} + \alpha_3 \text{condit}_{i, t-1} + \alpha_4 X_{i, t} + \varepsilon_{i, t}$$

其中 PERF 分别表示业绩变量 ROA 和 NPL，compet 表示地方政府竞争变量，包括人均财政支出 fispend、人均实际利用外资余额 forecap、科教支出比例 scispend、市场制度指数 MKT、人均 GDP、失业率 umemp；condit 包括了地方上期的禀赋 endow 和财政盈余 fisbal 等约束变量；X 表示银行规模 size、市场份额 mktshr、初始业绩和年度等控制变量，各变量的详细描述参见表 5-2。在估计时，我们将数值型变量如 fispend、forecap、GDP 和 size 都取了自然对数，同时为了控制内生性，我们将政府竞争解释变量和控制变量都取了滞后一期，并且由于宏观经济时间序列的时间趋势非常明显，所以我们在控制项里也加入了年度虚拟变量。估计方法上由于本书的数据是非平衡面板数据，另外解释变量中包含虚拟变量，且存在较少随时间变化的现象，因此不适合采用固定效应模型；而模型又存在组间异方差，直接用随机效应模型也不合适，因此我们最终采用 FGLS 方法进行修正组间异方差的非平衡面板回归。

第四节　地方政府竞争与城商行绩效的回归分析

由于我们考虑了城商行的初始业绩条件，因此要从 440 个样本总量中减去 97 家银行的初始值，最后用于实证分析的样本是 343 个[①]。政府控股和地方政府竞争对银行绩效影响的回归结果见表 5-4。其中，方程 1 和方程 5 包含了竞争解释变量，方程 2 和方程 6 是资源等约束变量的回归，方程 4 和方程 8 是所有解释变量的回归。为了与之对比，方程 3 和方程 7 也包括了所有解释变量，但是没有控制年份这个时间趋势变量的回归。所有回归都包含了政府持股变量和其他控制变量，其中 Chi2 值表示变量组的联合显著性。

表 5-4　政府控股和地方政府竞争对银行绩效影响的回归结果

变量	ROA				NPL			
	方程 1	方程 2	方程 3	方程 4	方程 5	方程 6	方程 7	方程 8
gov	−0.036 5 (−0.85)	−0.072 4* (−1.71)	−0.056 4 (−1.38)	−0.043 5 (−0.99)	0.480 9*** (3.63)	0.424 9*** (3.41)	0.408 6** (2.85)	0.430 7*** (2.82)
fispend	−0.084 9* (1.88)	—	0.047 3 (1.05)	−0.075 5* (−1.65)	0.733 8*** (4.68)	—	−0.450 9*** (−3.39)	0.578 3*** (3.42)
scispend	0.035 8* (1.76)	—	0.036 4** (2.26)	0.037 6* (1.78)	0.021 9 (0.38)	—	−0.173 9*** (−2.63)	−0.032 2 (−1.44)
forecap	0.044 9*** (2.88)	—	0.013 3 (0.83)	0.044 4*** (2.83)	−0.078 3* (−1.73)	—	−0.116 5 (−1.32)	−0.086 0* (−1.77)
mkt	0.054 2*** (5.29)	—	0.067 8*** (5.86)	0.057 3*** (5.39)	−0.241 8*** (−5.59)	—	−0.293 6*** (−6.26)	−0.065 7** (−2.43)
GDP	0.068 8 (1.43)	—	−0.003 2 (−0.06)	0.040 8 (0.75)	−0.940 9*** (−7.39)	—	−0.933 5*** (−5.98)	−0.708 5*** (−3.95)
unemp	−0.039 8*** (−3.97)	—	−0.056 0*** (−5.56)	−0.039 3*** (−3.91)	0.025 3 (1.28)	—	0.051 5 (1.17)	0.033 9 (1.31)
endow	—	−0.025 8 (−1.28)	−0.054 2* (−1.84)	−0.075 4 (−1.05)	—	0.027 3 (0.45)	0.497 9** (1.96)	0.130 6 (0.83)

---

① 在稳健性检验部分我们去掉初始条件并用 440 个全样本进行了回归，得到的结果仍然支持本书的结论。

表5-4(续)

变量	ROA				NPL			
	方程1	方程2	方程3	方程4	方程5	方程6	方程7	方程8
fisbal	—	0.047 8 *** (3.77)	-0.028 5 (-0.90)	0.032 5 (1.37)	—	-0.510 2 *** (-6.19)	-0.161 7 ** (-2.18)	-0.487 4 *** (-6.05)
mktshr	0.003 4 (1.36)	0.000 7 (0.55)	0.002 5 (0.77)	0.002 9 (1.18)	-0.030 3 (-1.42)	-0.010 2 (-0.57)	-0.009 6 (-0.48)	-0.027 5 (-1.32)
size	0.037 5 * (1.70)	0.088 8 *** (5.92)	0.066 4 ** (2.51)	0.039 6 * (1.65)	0.025 4 (0.34)	0.093 4 * (1.86)	0.115 6 (1.14)	0.063 1 (0.81)
initial	0.571 7 *** (8.21)	0.420 7 *** (6.20)	0.567 3 *** (9.14)	0.557 1 *** (7.97)	0.135 3 *** (8.79)	0.150 4 *** (10.86)	0.125 3 *** (6.22)	0.123 3 *** (7.98)
year	Y	Y	N	Y	Y	Y	N	Y
Chi2	528.51	608.88	354.62	496.46	1 091.10	1 287.19	440.34	1 963.22

注：其中 ***、** 和 * 分别表示在1%、5%和10%的显著性水平上显著。篇幅所限，这里没有报告年度虚拟变量和常数项的结果。

综上所述可以看出，无论以何种竞争变量进行回归，地方政府是否控股对当地城商行都存在负面效应，并且在增加不良率方面政府的负面作用比降低收益率更为显著。因此，就地方政府控股对城商行所起到的作用来看，可以认为其总体表现为"掠夺之手"。这有两个可能的解释：一是大部分地方政府放弃竞争而选择掠夺；二是地方政府积极参与了竞争，只不过多数样本仍处于将城商行作为地方竞争工具的阶段。综合后文的结果我们认为，第二个解释更加符合实际。

地方政府竞争变量对城商行绩效的影响方面，科技支出 scispend 对城商行业绩收益有正面作用，表明地方政府在创新和科技上的投入能够提升其竞争力。地方实际利用外资 forecap 也能够显著地提升城商行的收益，对降低风险也有一定作用，说明地方政府的开放态度和对外资的积极争取能够改善当地的金融环境并提升银行业绩。同时 MKT 对城商行资产收益率 ROA 的影响也显著为正、对不良贷款率 NPL 的影响则显著为负，说明地方政府对要素市场的培育、加强法律保护等措施能够改善当地的制度环境，从而对其辖区的金融机构产生正面影响。

在地方综合竞争力方面，人均 GDP 的提高和失业率 unemp 的降低分别能够在降低城商行不良率和提高收益上产生正面影响，这证明地方政府围绕GDP 等考核指标的竞争客观上能够提升地方经济并化解其控股城商行的风险，如地方政府近年来多次向当地城商行进行财政注资、资产重组和资产置换，帮助城商行降低不良率①。在这一点上，地方政府控股的城商行与国有商业银行的演变逻辑是一致的，都曾因为历史原因在改革初期积累下来较高的不良贷款，而后通过不断推进金融改革和经济增长，再逐渐将之前非常严重的不良贷款问题在发展中化解掉，这也正是竞争型政府的优势所在。最后，人均财政支出 fispend 与城商行业绩的关系存在一定的分歧：如果不考虑时间趋势，那么财政支出对城商行有正面作用，而如果加入年度虚拟变量，则该影响变成了负向的。考虑到加入时间变量后方程整体拟合度更高（Chi2 值更大），同时宏观经济变量几乎都存在时间趋势，因此我们认为控制年度变量后的回归应该是更合理的结果。如果是这样的话，那么政府的公共支出越大，反而会损害城商行的业绩，这是由于在我国目前的财政分权制度下地方政府承担了主要的公共支出责任，因而普遍面临财政吃紧的问题，再加上地方不能发债的约束，使得很多地方政府不得不通过其控股的城商行向地方国资委控股的平台公司等提供大量廉价的城市建设贷款（祝继高 等，2012）。因此，在财政支出这个变量上，地方政府越是积极竞争，越会直接降低城商行收益，此时城商行更像是政府竞争的工具而不是目标。但是，综合上述政府竞争的变量来看，除了财政支出以外，其余所有经济竞争指标都会对城商行产生正面作用。我们可以认为，财政支出竞争是所有竞争的前提条件，尽管它在短期对城商行存在负面影响，但是其良性结果会体现在更加完善的市场环境和较高的经济水平上，而这最终会给予政府更多的空间和自由来扶持其控股的城商行；反之，如果地方政府缺乏竞争力，也即财政支出较低、人均收入较低、失业率较高等，此时虽然不会因为财政支出过大而直接降低城商行业绩，但是却会因为经济不够发达、资源难以流入、缺乏完善的制度和法律保障等损害城商行的业绩。

在竞争约束变量方面，资源禀赋约束 endow 在控制了时间趋势以后不显著，说明一个地区的人力、资本、自然资源、地理位置等要素条件并不对银行业绩产生显著影响，这似乎与人们的经验不符。然而纵观我国多年来的经济高速发展，会发现这个增长奇迹其实从经济理论的角度来看也存在"非常规"的性质，即经济增长理论所强调的若干增长条件如自然资源禀赋、物质和人力资本积累等，我国与其他国家相比并无优势甚至是处于低水平阶段，但正是因为财政分权制度和政治利益激励导致了地方政府围绕 GDP 增长进行的竞争，从而激发了多年的高速增长（周黎安，2007）。真正起作用的约束条件是财政

---

① 根据《中国商业银行竞争力评价报告》（2009）显示，截至 2008 年年末，全国有 60 多家城商行通过政府土地置换、贷款置换、优质资产和信托置换等各种方式进行了不良资产置换与剥离，累积处理 800 多亿不良资产，共有 35 家城商行获得了财政直接或间接注资累积 170 亿元。

赤字变量，财政赤字越大（fisbal 的值越小），越会降低城商行收益并严重增加城商行的不良贷款率，说明收入较低、财政状况糟糕的地方政府更容易对当地金融机构表现为掠夺。

控制变量方面，银行业竞争程度 mktshr 几乎不会影响城商行绩效，这是因为样本期间利率市场化还没有实质性进展，同时在我国长期以来资金稀缺、息差较高的现状下，商业银行也缺乏创新的动力，其经营和管理模式趋同，因此行业竞争程度对其业绩没有太大影响。而城商行规模的扩大则可以较为显著地提升其利润率，但不会明显改变其不良率，这可以解释城商行如今的扩张冲动。最后，城商行的业绩极其显著地依赖于其初始条件，说明城商行的经营有较强的惯性和自我实现的正反馈效应。

第五节　考虑地方政府竞争与政府控股交叉项的回归分析

为了度量政府控股与地方政府竞争水平的共同作用，我们接下来构造地方政府持股与地方政府竞争解释变量的交叉项，并对其叠加效应进行检验。具体来说，我们分别选取了科技支出比例、人均实际利用外资余额、市场制度、人均 GDP、失业率与政府控股变量相乘，其余解释和控制变量仍保持不变。回归结果即地方政府竞争与控股交叉项对城商行业绩的影响见表 5-5。

表 5-5　地方政府竞争与控股交叉项对城商行业绩的影响

变量	ROA				NPL			
	方程 1	方程 2	方程 3	方程 4	方程 5	方程 6	方程 7	方程 8
gov	−0.265 9 (−1.27)	−0.129 9 (−1.04)	−0.266 3 (−1.46)	−0.146 2 (−1.24)	1.481 7 *** (3.75)	1.497 8 ** (1.97)	1.259 0 ** (1.99)	0.783 2 ** (2.20)
gov× scispend	0.041 5 * (1.71)	—	—	—	−0.540 8 ** (−2.89)	—	—	—
gov× forecap	—	0.073 7 *** (2.65)	—	—	—	−0.100 3 (−1.47)	—	—
gov×mkt	—	—	0.027 1 ** (2.17)	—	—	—	−0.165 4 *** (−2.70)	—
gov×gdp	—	—	—	—	—	—	—	−0.694 5 ** (−2.15)
gov× unemp	—	—	—	−0.071 1 * (−1.83)	—	—	—	—
fispend	−0.057 7 (−1.52)	−0.036 2 (−0.88)	−0.044 4 (−1.20)	−0.084 2 ** (−2.56)	0.248 0 (1.24)	0.308 7 (1.52)	0.261 2 (1.29)	0.166 2 (0.93)
scispend	0.036 1 ** (2.16)	0.062 2 *** (3.22)	0.039 0 ** (2.39)	0.042 9 ** (2.30)	−0.380 4 * (−1.73)	−0.101 8 (−1.19)	−0.094 7 (−1.11)	−0.086 4 (−1.00)

表5-5(续)

变量	ROA				NPL			
	方程 1	方程 2	方程 3	方程 4	方程 5	方程 6	方程 7	方程 8
forecap	0.065 3 *** (2.68)	0.017 9 (1.26)	0.036 9 *** (2.93)	0.058 2 (1.52)	0.182 8 *** (2.64)	-0.295 8 ** (-2.32)	-0.044 9 * (-1.67)	-0.189 8 *** (-3.06)
mkt	0.023 5 ** (2.29)	0.222 5 ** (2.21)	0.084 2 ** (2.30)	0.023 9 ** (2.56)	-0.222 1 *** (-5.07)	-0.232 6 *** (-6.79)	-0.232 8 *** (-6.49)	-0.562 6 *** (-7.87)
GDP	0.113 31 *** (2.69)	0.115 1 *** (2.94)	0.049 5 (1.09)	0.068 7 (1.48)	-0.655 3 *** (-5.07)	-0.685 6 *** (-5.49)	-0.897 7 *** (-3.50)	-1.347 3 *** (-4.39)
unemp	-0.021 5 *** (-3.01)	-0.030 3 ** (-2.01)	-0.021 6 *** (-2.97)	-0.057 3 * (-2.20)	0.062 4 ** (2.22)	0.029 1 (0.70)	0.061 9 (1.14)	0.036 3 (0.87)
endow	-0.024 9 (-1.45)	-0.025 1 (-1.47)	-0.031 5 * (-1.82)	-0.023 5 (-1.56)	0.048 8 (1.23)	0.039 5 (1.00)	0.231 1 ** (2.49)	0.204 2 *** (2.68)
fisbal	0.070 6 ** (1.99)	0.074 7 ** (2.08)	0.062 1 * (1.77)	0.063 7 * (1.73)	-0.070 4 *** (-3.25)	-0.043 0 *** (-3.91)	-0.069 8 *** (-4.11)	-0.057 3 *** (-3.84)
控制变量	Y	Y	Y	Y	Y	Y	Y	Y
Chi2	553.73	449.75	519.74	739.57	1 978.63	1 061.27	1 764.84	1 481.52

注：其中 ***、** 和 * 分别表示在 1%、5% 和 10% 的显著性水平上显著。为节约篇幅，这里没有报告控制变量和常数项结果。

　　这里主要看交叉项的回归结果。对 ROA 和 NPL 回归的交叉项系数表明，如果当地对科技事业的支出比例较高、引进外资的力度较大、市场制度较为完善、人均 GDP 较高、失业率较低时，政府控股都有助于城商行收益率的提高和不良贷款率的降低，说明地方政府为了鼓励科技创新、吸引外资流入等所做的努力能够为城商行带来更多优质项目，而政府对市场制度的完善则能够很好地改善城商行生存的金融生态环境。政府竞争最终带来的人均收入提高、失业率降低也可以综合反映到城商行的绩效上，这也再次印证了表 5-4 的结论。

　　总的来看，虽然政府控股的城商行比非政府控股时的总体表现较差，但是地方政府的竞争程度会对控股城商行产生不同的结果。地方政府竞争下的政府控股对城商行是有益的，在带给城商行更多资源的同时较少地进行行政干预和配置扭曲，表现出"扶持之手"；同时，如果地方财政面临较小的约束时，地方政府控股城商行也会表现为正向作用，因为地方政府在拥有丰富要素和经济竞争优势的情况下其目标是更宏大的经济指标和政治利益，因此反而缺乏利用城商行谋求私利的冲动；反之，如果地方政府由于发展水平和赤字约束等缺乏竞争力，无法提供更多的资源流入和资金支持时，城商行更容易变成地方政府的第二财政，这些都会损害城商行的收益并增加其运营风险，表现为对当地城商行的"掠夺之手"。我们的结果支持了前文的判断，即地方政府控股对银行的作用其实是存在两面性的。地方政府之间对资源和要素的竞争迫使其提供更完善的市场环境，尽管其最终目的可能是基于政治激励而不是民选支持，但是客观上也起到了对当地经济发展和金融机构的支持作用；只有在后发情况下没有办法获取竞争优势时，地方政府才会更多地依赖于对本地金融资源的控制和掠夺。

以下是我们做的稳健性检验：

（1）用市场指数的 5 个分指数分别代替市场指数做稳健性检验，结果基本一致。特别是其中的私营经济占当地经济比重、地方政府与市场关系两项指数的显著性比市场化指数更强，因为两者更好地反映了政府竞争的结果。

（2）不采用本书构造的禀赋指数和相对排序虚拟变量，直接采用资源禀赋的原变量进行回归。结果显示，无论是每万人中大学生人数比例、人均固定资产投资额还是第一产业 GDP 占当地 GDP 比重等各项指标与商业银行绩效之间均没有显著联系，这也说明了地方的资源禀赋并不是当地经济和金融发展的决定要素，地方政府竞争和发展动力才是根本原因，而初始条件不会对地方政府竞争行为起到重要影响，我国的地方政府无论初始条件如何都存在强大的竞争动力，因此商业银行的业绩与地方资源禀赋并没有直接的联系。

（3）用净资产收益率 ROE 代替 ROA 作为盈利能力指标，用前十大客户贷款比例代替不良贷款率作为风险指标，重新进行了文中的回归，结果与本书一致。

（4）由于上市银行受地方政府行为的影响可能会少于非上市银行，而跨区域的城商行与市级商业银行的地方政府竞争可能缺乏可比性，因此我们将上市银行和跨区域经营的省级城商行从样本中去掉，发现本书的主要结果仍然成立。

（5）为了能够得到政府控股对城商行业绩更准确地影响，我们还将政府控股替换为政府持股比例作为解释变量进行了回归。尽管由于数据可得性原因，政府持股比例变量样本总共只有 233 个（因此我们也放弃了银行初始条件解释变量），回归结果仍显著，并且与本书的结果相符。

第六节　本章小结

政府股东对城商行的影响一直受到广泛关注，然而目前的研究几乎都是直接将政府持股数量或是否政府控股作为解释变量对城商行的业绩进行分析，没有考虑政府股东自身不同的诉求导致的不同行为逻辑。考虑到我国目前财政分权制度下的地方政府竞争，我们将这一竞争变量纳入地方政府控股对当地城商行绩效的影响中，探讨在不同竞争格局和禀赋约束下，地方政府对商业银行的策略和作用是否会有不同。本书收集了97家城商行2004—2009年共计440个样本数据，以地方政府人均财政支出、实际利用外资余额、市场化指数、科学事业支出占比、人均GDP和失业率等作为地方政府竞争变量，并在考虑地方发展约束的情况下分析了地方政府竞争对城商行收益和风险的影响。结果表明，总体来看，地方政府控股对城商行绩效有负面影响，会降低银行收益同时增加贷款风险，说明样本中城商行作为地方政府竞争工具的负面效应从整体来看大于其作为地方政府提升区域金融服务水平这一目标的正面效应；而当地的市场化程度和要素市场的培育、地方政府的科技投入等地方政府竞争变量有助于城商行提高业绩。因此，尽管政府竞争性的财政支出会有损城商行绩效，但是考虑竞争优势所带来的资源流入和经济增长的综合效应后，竞争程度越高时地方政府控股对城商行绩效越容易产生正面影响，或者说能够降低单纯控股的负面影响；而当地方政府经济发展较为落后并处于竞争劣势时，城商行更容易成为其掠夺的工具。

本章的结论意味着我国城商行的业绩不仅与地方政府持股有关，还与地方政府竞争有着紧密的联系。地方政府的积极竞争举措会提升辖区的吸引力从而获取外部资源流入，为城商行带来更多项目和资金的同时也有助于完善银行治理和提升银行质量，对城商行绩效起到正面作用，并弱化政府控股带来的负面影响而形成好的均衡。从这个角度上讲，我们应该鼓励地方政府之间的竞争。当然，仅靠地方政府竞争也不能解决所有问题，因为在我国各地发展极不平衡的条件下，经济竞争会造成赢者通吃的局面，这又会继续降低后发地区的竞争力，反而加剧部分地方政府在巨大竞争压力下对区域内金融机构的掠夺。从这个角度来讲，地方政府应该适度降低唯GDP考核和竞争所占的比重，并对当前财权和事权不对等的财政制度进行改革。此外，虽然竞争力突出的地方政府对其控股的城商行有一定正面作用，但是从整体来看，政府控股仍然有损城商行的业绩，因此地方政府还是应该逐渐减少并退出对当地金融资源的配置和掌控，由初始发展阶段的政府主导逐步向金融深化的市场化方向迈进。

第六章 民营资本入股我国城商行的动机分析

第一节 民营资本入股我国城商行的现状

一、民营资本入股城商行的背景

（一）宏观经济增长乏力

近几年，我国宏观经济表现不尽如人意：受累于全球经济疲软，我国外需持续下行、内需逐步回落、房地产处于周期性调整并循环下调，经济出现大幅度结构性调整，经济发展的红利逐步消退，自 2010 年起，我国 GDP 增速持续下行。我国 GDP 增长指数见图 6-1。

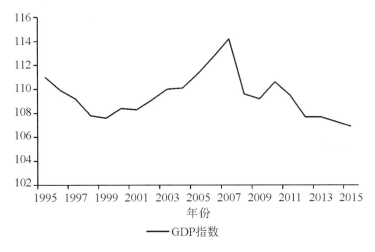

图 6-1 我国 GDP 增长指数

宏观环境持续低迷及日趋激烈的市场化竞争压缩了银行业的整体盈利空间，增加了不良贷款风险，降低了银行业整体发展速度。这对于银行业内资本规模偏小、实力相对偏弱的城商行来说，宏观经济下行给其带来的挑战尤为艰巨。

(二) 利率市场化带来挑战

随着利率市场化改革的持续深入，各类商业银行均遭受了不同程度的冲击。城商行存在资本约束、资金议价能力不足等先天弊端，盈利模式上也过分依赖传统利差，这使城商行在利率市场化的压力中更显得惴惴不安。各银行利息收入占比见表 6-1。

表 6-1 各银行利息收入占比 单位:%

年份	城市商业银行	股份制商业银行	国有商业银行
2010	92.32	90.96	84.42
2011	92.03	86.22	84.59
2012	91.07	90.22	86.12
2013	89.75	88.57	84.18
2014	90.91	86.22	84.59

我国银行业受历史体制影响，利息收入占比往往保持着较高的水平，如表 6-1 所示，我国城商行 2010 年利息收入占比为 92.32%，同期股份制商业银行及国有商业银行的利息收入占比分别为 90.96% 和 84.42%。近五年来，城商行与股份制银行的利息收入占比均出现了不同程度的下降，截至 2014 年年底我国城商行利息收入占比已降至 90.91%，但与同期股份制商业银行及国有商业银行相比，仍然保持着较高水平。这主要是源于城商行传统业务竞争力弱，中间业务及创新业务发展也相当落后。在利率市场化深入的过程中，净利差进一步收窄，许多大型银行已经开始从依赖利差的传统盈利模式中寻求革新，开始调整并挖掘中间收入等盈利空间及新型业务模式，而外资银行在二、三线城市的布局进一步加剧了城商行的竞争环境，城商行利润随着银行间竞争将进一步遭受挤压。因此，城商行亟须积极转变发展模式。

(三) 民营经济发展迎来新机遇

当前，我国经济进入"新常态"，国家紧密出台的一系列供给侧结构性改革政策为我国民营经济发展带来了重大机遇。此背景下，不仅钢铁、煤炭、房地产等产能过剩的民营企业将重新走出困境，政府出台的淘汰落后产能的专项计划也为曾身处困境的民营资本提供了重生的机会，而优势民营企业不仅在国企混合制改革中积极参与，也敏锐地在朝阳产业中掌握了更多发展资源。民间固定投资与全国固定资产投资增长率见图6-2；民间固定投资占全国固定资产投资比重变化见图6-3。

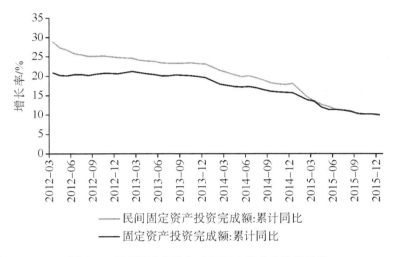

图6-2　民间固定投资与全国固定资产投资增长率

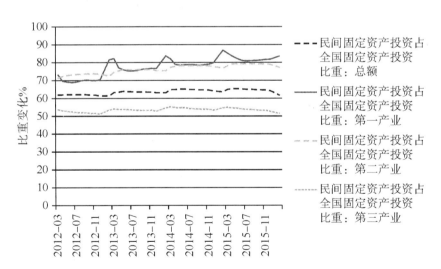

图6-3　民间固定投资占全国固定资产投资比重变化

如图6-2和图6-3所示，民间固定资产投资在2015年达到了354 007亿元，较上年增长了10.1%，自2012年有统计数据以来，民间固定资产投资增速一直持续高于全国固定资产投资，截至2015年年底才基本持平。从整体趋势上看，受近年来低迷宏观经济的影响，民营资本投资渠道受限，民间固定投资增长势头日趋放缓。

从投资结构来看，民间固定资产投资占比一直以来都稳定在 60%~70%，其中第一产业占比约为 80%，并在近年间不断增长，第二产业投资占比为 70%~80% 且仍在不断增加，第三产业投资占比保持在 50%~60% 的稳定水平。由以上分析我们可以看出，民营资本对我国经济增长做出了重要贡献，是我国经济发展的重要力量源泉。

二、微观背景——国有控股城商行风险凸显

城商行的历史包袱较重，经营模式上依赖存贷利差，且缺乏业务创新。因此，在经济改革转型的过程中，城商行所面临的挑战显得尤为艰巨。

（一）整体规模偏小，资本金不充足

我国城商行资本规模普遍偏小、资本充足率不高，由表 6-2 我们可知，城商行 2010 年平均总资产仅有 723 亿元左右，而同期股份制商业银行平均总资产为 1.26 万亿元，国有商业银行平均总资产更是达到了 9.8 万亿元，分别约为城商行平均总资产的 17.48 倍和 135.55 倍；经过了几年的增长，城商行资本规模得到了快速提升，在 2014 年达到了 1 445.58 亿元，但与同期相比，股份制商业银行及国有商业银行的总资产平均规模仍是城商行的 18.50 倍和 103.55 倍，各类银行间规模差距悬殊。各类银行平均总资产见表 6-2。

表 6-2　各类银行平均总资产　　　　　　单位：亿元

年份	城商行	股份制商业银行	国有商业银行
2010	723.22	12 642.82	98 035.61
2011	949.13	26 747.43	149 695.83
2012	1 041.89	20 002.88	125 426.76
2013	1 268.24	22 932.49	137 356.60
2014	1 445.58	26 747.43	149 695.83

另外，由于我国的城商行历史遗留问题较多，资产质量普遍偏低，且银行业务单一，资本粗放式经营，限制了资金的有效利用；同时，地方经济发展及财政水平的限制使城商行资本无法得到有效补充，城商行累积风险较多。在经济发展红利逐步消失的环境下，城商行步入减速期在所难免。及时补足资本金、增强风险抵御能力，是城商行改革转型的重要因素。

（二）股权结构不合理，地方政府"一股独大"

我国城商行处于政府主导的股权结构中，且股权集中度较高，所有权与控制权高度分离，政府股东的政治干预范围广、介入程度深，城商行内委托代理问题广泛存在。如表6-3所示，在数据可得的127家城商行中，2013年在20%的控股水平上，政府绝对控股的城商行达到72家，占比56.70%。其中，城商行的控股政府多以地方政府为主，72家政府绝对控股的城商行中，地方政府绝对控股67家，占比约52.76%；中央政府绝对控股5家，占比约3.94%；相较之下，自然人控股城商行仅有1家，占比约0.79%。在20%的控股水平上，有一半以上的城商行均属于政府绝对控股，政府控股城商行的范围较广。在前十大股东的股权占比统计中，政府持股约为21%，而单个民营资本股东平均持股约为5%，单个外资股东平均持股约为2.2%，可见政府对城商行控制程度较深。20%控股水平上城商行控股类型分类见表6-3。

表6-3　20%控股水平上城商行控股类型分类

分类①	数量/家	占比/%
中央政府控股	5	3.94
地方政府控股	67	52.76
自然人控股	1	0.79
外资控股	2	1.57
广泛持有公司控股	0	0
广泛持有银行	41	32.28
混杂持股	11	8.66
合计	127	100

由以上数据我们可以发现，我国城商行仍然是以地方政府控股为主，银行股权结构单一且股权集中度较高，股东间制衡能力弱，在银行经营过程中受到地方政府干预也较频繁，弱化了银行的资金监管力度，阻碍了城商行的市场化经营，而优化股权结构则是帮助城商行走出困境的重要途径。

---

① 中央政府：财政部与国务院。

地方政府：以省为单位，将其下属县市级财政局均认为属于同一地方政府。

自然人：我国大陆公民（不含港、澳、台地区）。

外资：外籍自然人或外国政府，按实际控制人而非按注册地性质认定。

广泛持有公司：没有股东持股5%以上的公司属广泛持有公司。

（三）资本收益下降，进入发展下行拐点

中国宏观经济"新常态"持续发展，宏观风险进入集中释放期，经济增速进入换档期，整体发展进入攻坚阶段，在这种宏观背景下，城商行的发展进入拐点，曾经高盈利、高速增长的态势面临转变。

1. 资产规模增速逐步放缓

近几年来，我国城商行的资产存量持续扩张，2003年年底我国城商行的资产规模仅为 14 621.70 亿元，到 2014 年年底，城商行资产规模已经达到 180 842.00亿元，市场占有份额不断加大。2009 年以来，在政府监管政策的鼓励下，城商行纷纷开展增资扩股、引进战略投资者、跨区经营、跨越式发展，这一系列策略的成功实施使城商行 2009—2010 年的总资产增长率呈现爆发性增长，成为中国银行业金融机构中资产规模扩张速度最快的队伍。自 2010 年以来，随着宏观环境走弱及监管力度加大，城商行的资产扩张速度逐步回落并持续下降。

2. 负债规模增长疲软

随着资产规模快速扩张，城商行的负债规模也大幅增加。2003 年年底，城商行的总负债规模为 14 122.50 亿元，而 2014 年年底增长到了168 372.00亿元，增长了 10.92 倍。2009 年受监管政策支持影响，负债增长率得到了爆发式提升，在 2010 年以后，由于宏观经济逐步恶化、进入市场竞争加剧、行业监管政策趋严，城商行的总负债增长率逐步下行调整，整体增速放缓。2003—2014 年城商行的总资产增长率见图 6-4；2003—2014 年城商行的总负债增长率见图 6-5。

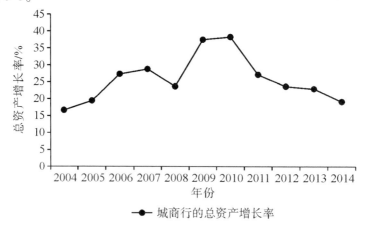

图 6-4   2003—2014 年城商行的总资产增长率

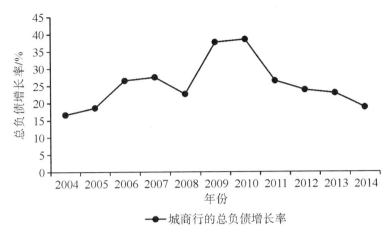

图 6-5 2003—2014 年城商行的总负债增长率

3. 资产质量

2005—2010 年，受益于大力实施的资产置换、剥离不良资产、政府注资等多种措施，城商行的不良贷款率和不良资产余额实现了大幅"双降"，不良贷款率自 2005 年的 7.73% 下降至 2010 年的 0.8%，降幅高达 89.65%，城商行高企的资产风险得到有效化解。然而，自 2010 年开始，银行监管政策逐步收紧，宏观经济低迷，银行风险持续暴露，城商行的不良贷款余额及不良贷款率均出现了连续上升。为了积极应对风险暴露问题，各个城商行加大了拨备覆盖力度及核销力度，整体不良贷款率在 1% 左右的水平上连续小幅增长。2005—2014 年城商行的不良贷款率见图 6-6。

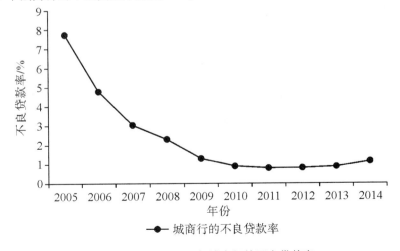

图 6-6 2005—2014 年城商行的不良贷款率

4. 盈利能力

自 2003 年以来，银监会逐步放松对城商行的一系列政策限制，积极引导我国城商行引入战略投资者、施行资产并购重组、鼓励开展跨区域经营和股份制改造，这一系列战略性改革有效地改善了城商行的治理机制，显著提升了城商行的盈利能力。2003 年年底，城商行实现了税后利润达 54.30 亿元，2014 年年底增长至 1 859.50 亿元，增长了约 33 倍，资产利润率水平也逐年升高。但是，自 2010 年以来，受累于我国整体经济增长的疲软、利率市场化推广和资产质量压力凸显的影响，城商行利差进一步缩水，资产利润率水平连续小幅回落。2003—2014 年城商行的资产利润率见图 6-7。

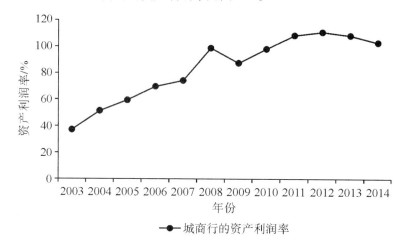

图 6-7　2003—2014 年城商行的资产利润率

当经济快速发展的红利逐渐消退，我国城商行隐藏在风光背后的瓶颈制约也日益凸显，城商行迎来了发展的下行拐点，改革与转型则迫在眉睫。

三、政策背景——政策大力支持城商行民营资本化

随着近年来民营经济的迅猛发展，民营资本规模得到了迅速扩张，国家相继出台民营资本的投资引导及规范政策，而鼓励民营资本进入一直是我国银行业深化改革的重要内容。

自改革开放初期，我国民营资本投资入股银行等金融机构就已经开始有序推进。2010 年，国务院"新 36 条"① 中明确鼓励民营资本进入金融服务行业；

---

① "新 36 条"是指"非公经济 36 条"颁布 5 年之后，国务院于 2010 年 5 月 13 日再次发布的《国务院关于鼓励和引导民间投资健康发展的若干意见》。由于该意见共计 36 条，为了与"非公经济 36 条"相区别，故被称为"新 36 条"。

2012年5月，《中国银监会关于鼓励和引导民营资本进入银行业的实施意见》的颁布则进一步向外界传达了放松民营资本投资限制、鼓励民营资本入股银行业的积极信号；2013年7月"金融国十条"① 发布，文中大力支持民营资本参与金融主体的重组与改造，并首次尝试放开民营金融主体的设立限制；2013年11月，中国共产党第十八届三中全会上明确了在强化监管力度的前提下，放开民营资本设立银行的法律限制；2015年6月，《中国银监会关于促进民营银行发展的指导意见》的发布与实施则标志着民营资本进入银行业已步入常态化发展阶段；2015年10月，银监会时任主席尚福林在出席会议中指出由民营企业自主发起设立、民营资本与主发起银行共同开办村镇银行、民营资本参与现有银行业金融机构重组改制以及民营资本向银行业金融机构投资入股等四种进入模式，鼓励大家根据自己的风险偏好选择投资。

随着我国银行改革的不断深入，民营资本进入银行业的支持性政策在不断补充、细化和完善，表明了国家对于民营资本入股银行业、改善银行业单一化股权结构及公司治理机制的决心，我国城商行作为银行业深化股权改革的先行者，在引入民营资本的战略上更是得到了政策的大力支持。

第二节　我国城商行民营资本化特点

一、民营资本控股银行较少，政府力量仍占主导

中国城商行整体上处于国有控股体制，这在我国整个银行业国有控股也是普遍存在的。2014年我国商业银行政府控股数占比见图6-8。

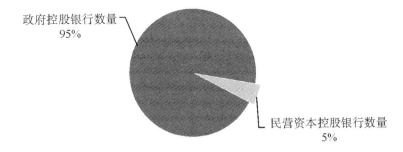

图6-8　2014年我国商业银行政府控股数占比

---

① "金融国十条"即《国务院办公厅关于金融支持经济结构调整和转型升级的指导意见》。

如图 6-8 所示，我国的 370 余家商业银行中，有 95%都是由中央政府、地方政府、中央国企、国企以及地方政府融资平台参与控股。就银行业整体而言，民营资本控股银行总量在我国主流商业银行体系中仅占 5%。

我国 133 家城商行中，就民营资本控股银行的数量而言，在 10%的控股水平上实现民营资本绝对控股的仅有 10 家，在我国 12 家股份制商业银行中，民营企业实现控股的仅有民生银行与平安银行两家，民营资本控股银行数量非常少，银行股权民营资本化还处于起步阶段。

二、民营资本股权相对分散，进入深度不断提升

就民营资本整体占比而言，民营资本进入银行业已经取得了不错的进展。截至 2015 年 5 月底，我国股份制商业银行中共引入民营资本达 51%，相较 2002 年占比的 11%，提升了近 5 倍；我国民营资本参与组建了 758 家农村商业银行，民营资本占比达到了 85%；民营资本参与新设村镇银行达 1 263 家，其中 93%的村镇银行均选择引进民营资本，民营资本在村镇银行的整体占比已高达 73.4%，参与组建信托公司 33 家，民营资本占比达到 45%。值得一提的是，截至 2015 年年底，我国已试点设立了 5 家民营银行，进一步拓展了民营资本进入银行业的渠道。城商行前十大股东股权结构变动情况见表 6-4。

表 6-4　城商行前十大股东股权结构变动情况　　　　单位：%

年份	地方政府（本市）	地方政府（本省）	自然人股份（平均）	自然人股份（总计）	外资股份（平均）	外资股份（总计）
2010	22.61	29.43	14.33	25.71	5.22	6.82
2011	16.12	21.86	8.54	33.39	2.46	3.09
2012	16.13	21.16	4.95	30.17	2.53	3.08
2013	15.58	21.90	4.83	29.43	2.21	2.72
2014	16.38	21.75	4.85	29.74	2.26	2.65

我国城商行，在存量银行民营资本化改革的过程中，民营资本大多以股份分散、规模较小的方式进入金融机构，近三年来，我国城商行的前十大股东中，民营资本股东在城商行的平均持股比例仅达 4.8%，远低于前十大股东中本市地方政府约 16%的持股占比，更低于本省地方政府的约 21%的持股比例。这使民营资本进入城商行后，很难掌握决策话语权，在发挥公司优化治理作用时会受到一定限制。

虽然民营资本在前十大股东中持股比例相对弱势，但民营资本总量在银行

整体股权中仍占有相当地位。截至 2015 年 5 月底，民营资本参股的城商行已达到了 134 家，其中民营资本在整个城商行资本中占比已高达 56%，相比 2002 年占比的 11% 有了近 5 倍的提升，比重增长幅度较大。

三、入股民营资本行业分布相对集中

入股民营资本的行业分布集中且特点突出。入股民营资本主要分布在房地产业，行业分布占比达到 23.83%；分布在工业（其中，工业主要以制造业、能源及矿产业为主）的民营资本占比为 17.4%；分布在交通物流行业的民营资本占比达到 11.96%；而与此相比，农、林、牧、渔行业背景下的入股民营资本占比仅达到 3.26%，各行业的分布差异明显。民营资本的行业背景分布较为集中，前四大行业的入股民营资本占比就达到全部入股民营资本的 64.13%，达到了一半以上的比重。入股民营资本的行业背景统计见图 6-9。

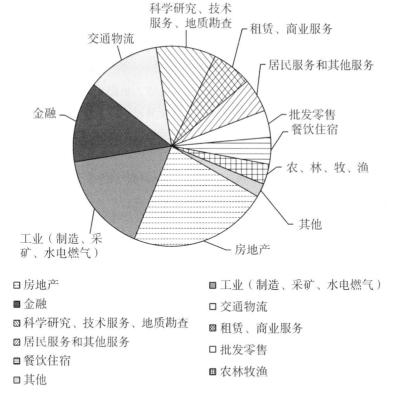

图 6-9　入股民营资本的行业背景统计

民营资本所在行业主要集中于房地产业与制造业等第二产业，这可能是因

为近年来的经济产业结构调整，使房地产与能源矿产制造业的发展面临一定瓶颈，民营企业为了减缓自身的资金约束、增加资本的利润来源，纷纷选择入股城商行拓展产业布局，提升企业经营效益。

根据以上统计结果我们了解到，我国城商行民营资本化的程度仍处于起步阶段，民营资本持股相对分散，在城商行中还未获得充足的话语权。因此，我们尚未充分发挥民营资本的贴近市场的信息优势与公司治理优势，未来民营资本化改革存在很大的进步空间。

第三节　民营资本入股城商行的影响

一、民营资本入股城商行的积极影响

（一）疏通资本投资渠道

受累于宏观经济疲软及行业经济不景气，实体经济利润薄弱，各行业利润率整体下行，许多投资领域对于民营资本进入设定了严格的限制，同时，股债市场行情不稳定，民营资本没有充足的投资渠道，出路难寻。放开民营资本在金融业的进入限制，便于合理疏通银行股权交易通道，能有效利用民营资本整合金融资源；同时，城商行借助于垄断牌照及稳定利差优势，往往具有比一般行业更高的净资产收益率，城商行股权交易向民营资本开闸，也为投资无门的民营资本提供了优质的资产标的，实现了资金的优化配置，降低了民营资金炒作的可能，疏散了民间金融的市场风险，保证了金融市场的持续稳定。

（二）缓解民营企业融资约束

国有银行的信贷资金往往更倾向于流向国有企业等大客户，而民营企业在信贷市场中通常会受到较严重的信贷歧视。受到信息不对称的影响，银行向民营企业贷款的时候通常手续复杂、沟通成本高昂、贷款利率偏高，甚至有些时候，银行为了避免发生贷款风险而出现信贷配给等现象，民营企业在正规信贷市场中往往不能获得足够的资金以支持公司的发展。民营企业入股银行业后，可以通过企业信息共享有效地缓解民营企业在发生信贷行为时的信息不对称现象，降低了交易成本，扩展并稳定了银行客户关系，民营企业融资约束将得到有效解决。

（三）深化城商行市场化改革

我国城商行在组建和发展过程中一直处于地方政府"一股独大"的状态，

地方政府对城商行的控制及干预较深，严重阻碍了城商行业务的市场化决策，限制了其创新能力的快速增长；民营资本适度入股城商行，能够稀释政府股权、增强股东间的制衡效应、制约大股东的不理性决策、减弱城商行的政治干预，同时能够有效缓解城商行资本约束、优化城商行公司治理、提升城商行金融服务水平。

二、民营资本入股城商行的消极影响

（一）不适当引入会增加区域金融风险

民营资本过度、不适当地引入将会增加股东及高管人员背景的复杂程度，诱发银行关联贷款的增加，影响企业决策效率，增大经营性风险的控制难度；同时，民营企业在入股城商行实现业务多元化的过程中，容易导致资本交叉流动、主营业务不突出且风险交织传染，这会使本就受地域经营限制的城商行汇聚更集中的区域性金融风险。

（二）退出机制不健全威胁金融系统安全

当前政策主要鼓励民营资本进入银行业，但却没有为民营资本退出设计完善的机制，当民营资本入股的城商行本就存在内部治理机构缺陷、信用水平不佳及经营大幅波动的情况时，民营资本的进入会使原本就不健全的城商行危机愈演愈烈，可能会通过掏空银行资金而进一步加剧银行流动性风险。民营资本只管进却不知如何出，容易为城商行累计大量道德风险，若在银行问题越发严重的时候没有及时勒令民营资本退出，那么风险积累会愈演愈烈，甚至会威胁金融系统的平稳发展。

随着宏观环境及行业景气度的变化，民营资本加速进入城商行，通过引进民营资本将是城商行优化公司治理的必然选择和主要方向。然而，民营资本进入城商行的动机究竟为何？这就引出了我们下一节的讨论内容。

第四节　民营资本进入城商行的动机的理论分析

近年来，中国银行业股权民营资本化正如火如荼地推进，城商行逐步向境内外各类社会资本合作共治、联合共赢的股权合理均衡状态过渡，为早期城商行"一股独大"、股权过于分散带来的治理难题增添了解决路径，成为我国银行业持续深化产权改革的关键力量。此时，我们探究我国民营资本进入城商行的动机正合时宜。

一、政府退出的背景分析

公司金融理论指出，企业中委托代理问题是普遍存在的。La Porta et al. (1999) 在研究中发现，控股股东的利益往往与小股东利益不一致，控股股东更容易利用控制权，以其他小股东利益为代价，获取资本收益以外的私有收益。在控制规范力度欠缺的情形下，控制股东可能会通过派驻高薪管理者、占用公司资产、通过关联交易进行利润转移等方式侵占小股东利益，引发代理冲突。

（一）经济增长要求

我国城商行处于政府主导的股权结构中，政府控股我国城商行主要是为了控制金融资源、施行政治干预，以达到促进经济增长、充分就业等政治目标，完成经济增长等绩效考核，因此政府控股的城商行往往在资产及收益分配时具有浓重的行政色彩。政府干预城商行在形式上主要体现为城商行资金占用与关联交易，政府控股城商行会将银行资源引导到拥有政府背景的低效率的国有企业或者地方政府融资平台参与的建设项目中，而富有成长活力的中小企业在资金融资上则受到大量抑制，难以得到充分发展。这违背了我国城商行为地方中小企业提供融资服务的市场定位，这种扭曲的资源配置也限制了地区经济的健康发展，阻碍了政府经济目标的实现。

发挥我国城商行为中小企业提供金融服务的比较优势，帮助地方中小企业缓解融资约束，推动市场活力快速成长，促进地方经济发展，都是我国政府退出城商行并引入民营资本的重要原因，民营资本引入后，可以有效地缓解城商行与民营经济主体间的信息不对称问题，增加城商行贷款质量，有效提升中小企业贷款可得性，缓解中小企业融资约束，促进民营经济快速发展，为地方经济增长注入活力。

（二）城商行发展要求

由于地方政府的"一股独大"导致城商行在经营过程中缺乏市场化观念，政府倾向于侵占银行资金，并将资金引入效率较低的国有企业及基建项目，使得城商行资金很难获得较高的投资收益回报，这与银行的利润最大化目标相违背。另外，由于政府股东真实所有权的缺位，而中小股东在城商行内又不具有充分的监督能力，使得银行内部控制等风险意识淡化，银行关联贷款频发，风险逐步积累，激励机制缺失，法人治理结构不够健全，导致城商行公司治理效率偏低。

引入民营资本有利于稀释政府股权，完善城商行股权结构的制衡效应，引导城商行业务的理性决策；同时，有利于补充城商行资本金，缓解城商行自身的资本约束，还能为城商行引入市场化监督治理机制，控制城商行经营风险，提升城商行经营效率，促进城商行的健康稳定发展。

在城商行金融服务错位及委托代理问题频发的背景下，政府开始选择逐步退出城商行，为民营资本进入提供了空间，这就引发了我们的进一步思考：民营资本又是基于什么样的利益诉求做出入股城商行的决策呢？

二、民营资本进入的利益诉求

资本逐利性是民营资本的基本原则，也正是这个原则推动了民营资本参与城商行的民营资本化改革，民营资本寻求利润最大化的目标与市场经济运行目标相符，而主体目标的一致性更有利于推动市场经济改革与发展。根据对历史文献梳理及对我国城商行民营资本化的发展历程剖析，我们发现，民营资本投资及控股城商行的动机主要可分为两个方面：一是融资需求动机，即民营资本通过入股至控股城商行，利用城商行发放关联贷款来建立自己的融资平台，将城商行作为民营资本的"提款机"；二是超额利润动机，即民营资本入股城商行，主要基于其高额的垄断利润收益。

（一）融资需求动机

1. 理论分析

公司资源基础理论指出，企业间的资源不是同质的，同时具有稀缺性和流通性，而异质资本间会相互渗透融合，进入不同市场获取竞争优势。具体而言，产业资本与金融资本的结合亦是如此，产融结合是产业资本为追求多元化经营及虚拟化资本而发展的一种趋势，民营资本借助产融结合构建融资平台，资本实力和资金优势将得到快速增强，产业资本的自身资金积累局限将得到突破，企业未来发展将面临的资本积累和扩大再生产将累积夯实的资金保障，企业规模的扩张和融资渠道的扩宽将得到实现。

2. 背景分析

我国的民营企业在传统银行信贷市场中往往面临较严重的信贷歧视，融资难度较大，具体体现在授信额度限制严格、融资渠道窄且资金成本大大高于国有企业，在国有银行处于垄断地位的背景下，信贷资源向国有企业倾斜明显，民营企业在信贷市场往往处于边缘化地位，融资难度大。民营企业在融资时，不仅流程复杂、手续烦琐、抵押担保条件严苛、贷款额度也遭到严格限制，令不少民营企业望而却步，而国有企业往往比民营企业更容易获得高额贷款，对不良贷款责任的责任承担也要少得多。相关数据显示，我国近43%的民营企业不能通过传统融资渠道满足正常融资需求。

在银行体系之外,通过发行上市、定向增发、短期融资券等直接渠道融资的民营企业占比较少,近三年的占比不足10%。民营企业在传统银行贷款及债券发行等渠道需支付的融资成本往往是国有企业的2.86倍,融资限制已经成为民营企业发展道路中的重大阻碍。因此,民营资本亟须拓展融资渠道,以补充企业发展资金、支持自身业务发展。

除去信贷市场受限的背景外,国家政策对于城商行股权结构民营资本化也给予了大力支持。自中国共产党第十八届三中全会以来,国家明确鼓励民营资本参与银行的金融股权改革;2015年,对于设立民营银行的正式开闸则确立了民营资本入股银行的常态化发展。在政策引导过程中,银监会明确指出我国银行业的股权结构民营资本化改革应该从我国城商行为主体逐步展开,这进一步为民营资本进入城商行铺平了法律路径。

3. 逻辑分析

根据上述分析我们可知,民营企业与银行建立良好的股权关系可以有效降低银行与企业之间由信息不对称所导致的道德风险和逆向选择,在一定程度上缓解信贷歧视、减缓自身的融资约束。简单来说,民营企业入股城商行主要想通过发放关联贷款来建立自己的融资平台,以缓解企业发展中面临的资金限制。

此处值得注意的是,关联贷款作为融资需求动机的主要表现形式,对于城商行的经营与管理是有正反两方面效应的。一方面,关联贷款可以有效缓解民营企业与城商行之间的信息不对称,降低银行与企业间的交易成本,提升城商行的贷款质量,促进城商行业务的扩张与发展;另一方面,关联贷款若不以公允价值进行交易,则会形成城商行利润输送渠道,容易对城商行形成资金掏空效应,严重损害利益相关人的合法权益,影响城商行的健康运营。

(二)分享超额利润

1. 理论基础

宏观经济学的社会平均利润率形成机理中提到,当行业之间利润不均衡时,位于低利润率行业的资本会被高利润率行业所吸引而发生转移,最终会实现社会平均利润率。我国银行业受益于其特殊的行业地位及垄断牌照优势,往往能获得高于其他行业的平均利润率,民营资本会为了获得超额投资回报来参股金融机构。

2. 背景分析

民营经济利润缩水。自金融危机以来,我国宏观经济持续疲软,民营企业遭遇了巨大打击，各行业的利润率显著下行，民营工业企业单位规模较 2008 年减少了 32.7%，工业总产值增幅回落 1/3，利润增幅回落，4 万亿元投资计划以及十大产业振兴计划并没有为民营经济带来持续刺激，生产形势仍然严峻，融资困境制约着民营经济的快速发展。具体就我国城商行入股民营资本的行业背景来看，入股城商行的民营企业主要分布在房地产、制造业、金融业等行业，这些行业的净资产收益率均远低于城商行的平均净资产收益率。我们按投入资金总额对入股城商行的民营资本的净资产收益率进行加权处理，最终得到入股民营资本所在行业的加权平均净资产收益率。由表 6-5 可知，入股城商行的民营资本所在行业整体利润水平自 2012 年以来持续下行，民营资本投资收益不容乐观。

表 6-5　入股民营资本的净资产收益率统计　　　　　单位:%

各行业	年份				
	2010	2011	2012	2013	2014
房地产	7.80	7.30	6.70	6.50	6.00
工业（制造、采矿、水电燃气）	6.70	6.50	6.20	6.00	5.70
金融	9.13	11.00	13.43	12.80	10.89
交通物流	4.40	3.00	1.90	1.50	1.60
科学研究、技术服务、地质勘查	7.00	8.00	6.20	6.20	6.60
农、林、牧、渔	2.20	2.50	2.00	2.20	2.60
加权平均值	7.45	7.83	8.03	7.69	6.98
城商行平均值	17.07	17.97	18.08	16.85	15.17

我国金融行业具有显著的垄断属性，牌照壁垒及利差管制为银行业带来了巨大的利润空间。从全行业的净资产收益率来看，金融机构利润远远高于非金融企业利润，即使在近年经济疲软的大环境下，金融行业利润也一直保持着可观的盈利水平。具体就我国城商行而言，2010—2015 年，我国城商行的年加权平均净资产收益率约为 17.03%，这一利润率在整个金融行业中位于中上游水平，与民营企业年加权平均收益率相比更是高出 9.43%，具有非常高的投资吸引力。同时，中国银行业面临着巨大变革，民营资本也希望在银行的整合发展中抢占改革红利，看好银行未来的利润空间及前景。

3. 逻辑分析

资本逐利是资本运动的主要原则。在宏观环境不景气的背景下，民营经济所在行业净资产利润率都出现了较大幅度的缩水，民营资本投资渠道受限，而我国城商行拥有垄断牌照等政策优势，即使在疲软的经济环境中仍然保持可观的净资产利润率，这对于投资无门的民营资本而言具有较大的吸引力。因此，民营资本入股城商行，存在谋求银行利润的动机。

与融资需求动机一样，超额利润动机对城商行的经营管理也可能存在正反两方面效应：一方面，若民营资本基于长期盈利考虑，可能通过引入市场化经营机制，提升城商行内部监督力度，增加城商行运营效率，从而提升整体盈利能力，促进超额利润的持续稳定增加；另一方面，若民营资本基于短期盈利考虑，则会在业务决策中产生投机行为，使城商行资金流向产生较大的冒险倾向，承担更多高风险、高盈利的资金业务，从而降低城商行的贷款质量，给城商行的经营管理累积更多的风险。

综上所述，民营资本进入城商行的理论逻辑分析见图6-10。

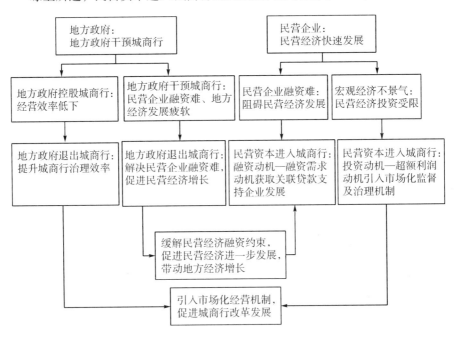

图6-10 民营资本进入城商行的理论逻辑分析

金融分权背景下中国城市商业银行公司治理优化研究——基于股权结构的视角

第五节 民营资本入股我国城商行动机的实证研究

一、民营资本入股动机研究设计

（一）样本选取及数据来源

本书研究数据主要采用手工收集，宏观经济数据主要根据《中国统计年鉴》《中国金融年鉴》以及央行和银监会网站相关统计资料进行整理计算，城商行数据主要来源于城商行年报及 wind 数据库。数据缺失时，我们通过各行《股份认购协议》、各地金融统计年鉴、BvD 系列库——Bankscope 全球银行与金融机构分析库等其他数据来源进行补足。

本书选取了 2010—2014 年全国城商行的经营数据及宏观经济金融发展数据作为样本数据。其中，由于部分城商行信息披露不够完善，相关统计样本有所缺失而被剔除出样本，本文样本实际收集了 2010—2014 年 72 家城商行的年报数据，共 360 组数据。本书以城商行民营资本持股比例为被解释变量，检验民营资本入股城商行的动机何在。

（二）变量选择

1. 被解释变量——民营资本持股比例

为了考察民营资本持股城商行的动机，我们以民营资本持股比例（private）作为被解释变量，主要以城商行前十大股东中民营资本持股比例作为衡量指标。

（1）民营资本持股比例统计方法

本文参照 La Porta et al.（1999）的终极控制权统计口径，将作为股东的股权关系向上追溯，对交叉持股与间接持股的关系进行了梳理，将同一最终股东的股份合并，剖析拥有银行终极控制权的真实股东，再综合终极控制权性质判定股东性质，最后将相关股权数据统计整理，得到民营资本持股占比数据。股权统计的具体方式见图 6-11。

由图 6-11 可知，B 企业和 C 企业均隶属于 G 自然人，则该自然人真实持有 A 银行股份为 17%，若将 G 自然人换成其他类型股东，统计方式相同。在统计中需要注意的是，我们定义持有银行最多股份的股东为第一股东，但第一股东并非一定是真实控股股东。此外，尽管 E 企业持有 14% 股份，在表面上为第一股东，但实际上的第一股东为通过同时控制 B 企业和 C 企业从而持有 17% 股份的自然人 G。H 未定义自然人或其他，可以是政府或自然人，此处不做详细讨论。

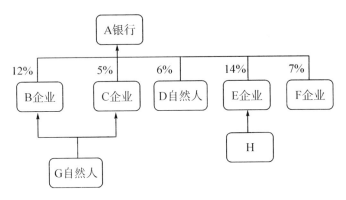

图 6-11　股权统计的具体方式

（2）控股性质判别

本书统计中所指出的"控股"含义并非传统意义上的绝对控股或相对控股，而是将唯一持有给定的统计水平上股份的股东称为"控股股东"。作为股东是否属于控股股东的临界值，本书划分出三个统计水平：20%、10%、5%，并选取 10% 进行标准统计。

（3）控股类型分类

本书将城商行的控股类型细分为以下几类：

①中央政府控股银行，即唯一持有给定的统计水平上股份的股东为中央政府的银行；

②中央国企控股银行，即唯一持有给定的统计水平上股份的股东为中央国企的银行；

③地方政府控股银行，即唯一持有给定的统计水平上股份的股东为地方政府的银行；

④自然人控股银行，即唯一持有给定的统计水平上股份的股东为单一自然人或家族的银行；

⑤外资控股银行，即唯一持有给定的统计水平上股份的股东为外资的银行；

⑥广泛持有公司控股银行，即唯一持有给定的统计水平上股份的股东为广泛持有公司的银行；

⑦广泛持有银行，即在给定统计水平上未有控股股东的银行；

⑧混杂持股银行，即在给定统计水平上拥有两个或两个以上控股股东的银行。

（4）控股分析案例说明

在20%统计水平上，G持有A银行21%股份，且为唯一持有20%以上股份的股东，所以若G为中央政府，则A银行即20%统计水平上的中央政府控股银行；若G为其他类型股东，则银行控股类型分类相似。

在10%统计水平上，G持有A银行21%股份，H持有A银行14%股份，A银行在10%统计水平上拥有两个控股股东，所以A银行在10%统计水平上属混杂持股银行。

在5%统计水平上，G持有A银行21%股份，H持有A银行14%股份，D自然人持有A银行6%股份，A银行在10%统计水平上拥有两个以上控股股东，所以A银行在5%统计水平上属混杂持股银行。

这里需特别说明的是，若G和H均为地方政府，但为不同省份的地方政府，在本次统计中，10%统计水平上同样将A银行划入混杂持股银行。控股类型案例说明见图6-12。

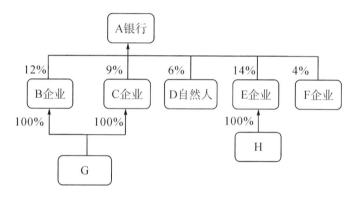

图6-12　控股类型案例说明

2. 解释变量及控制变量说明

关联贷款占比（rloan）。为了考察关联贷款对民营资本进入的吸引力，我们使用上一年关联贷款占总贷款的比例作为代表融资需求动机的解释变量。

超额利润（profit）。本书以上一年城商行的净资产收益率减入股民营资本所在行业的加权净资产收益率差值作为城商行的超额利润回报的衡量指标。

其他控制变量。根据相关文献，本章还控制了城商行控股股东性质（property）、银行规模（size）、民营经济占比（min），以更好地解释民营资本控股水平的影响因素。相关变量定义见表6-6。

表 6-6　相关变量定义

变量性质	变量名称	变量符号	变量定义
因变量	民营资本持股比例	private	前十大股东中民营资本持股占比
解释变量	关联贷款占比	rloan	我国城商行上一年关联贷款与总贷款的比值
	超额利润	profit	城商行上一年净资产收益率-民营资本所在行业的加权净资产收益率
控制变量	控股股东性质	property	10%的控股水平下，若控股股东为地方政府，则取值为1；若控股股东为民营资本，则取值为0
	民营经济占比	min	城商行所在市固定资产投资中民营资本固定资产投资所占的比例
	银行规模	size	城商行的公司规模，以年末总资产的自然对数表示

（三）研究假设

根据上一节理论分析，本书提出假设6-1和假设6-2。

假设6-1：上一年关联贷款越多的城商行民营资本持股越多；民营资本的融资需求动机代表民营资本进入城商行是为了缓解自身融资约束，获取更多关联贷款，而通过观察上一期关联贷款关系，民营资本可以对城商行的关联贷款可得性有一个基本判断，上一期城商行关联贷款越多，则意味着城商行对于关联贷款的相关约束越小，即民营资本获得关联贷款的可能性越大，融资需求更容易得到实现。

假设6-2：上一年超额净资本收益率越大的城商行民营资本持股越多；民营资本的融资需求动机意味着民营资本进入城商行主要是为了共享城商行发展成果以及获取城商行超额经营利润，而上一年超额净资本收益率越大，意味着城商行获得超额利润的能力越强，则民营资本的投资收益更客观，故民营资本更倾向进入。

（四）模型构建

根据理论分析及研究假设，我们将计量模型设定如下：

$$\text{private}_{i, t} = \alpha_0 + \beta_1 \text{rloan}_{i, t-1} + \beta_2 \text{profit}_{i, t-1} + \beta_3 \text{property}_{i, t} \times \text{rloan}_{i, t} + \beta_4 \text{property}_{i, t} \times \text{profit}_{i, t} + \beta_5 \text{min}_{i, t} + \beta_6 \ln(\text{size})_{i, t} + u_i + \varepsilon_{i, t}$$

其中，$\text{private}_{i, t}$ 是指第 i 家银行在 t 年的前十大股东中民营资本股东的持股比例；$\text{rloan}_{i, t-1}$ 是指第 i 家银行在 $t-1$ 年的关联贷款占比；$\text{profit}_{i, t-1}$ 是指第 i 家银

行在 $t-1$ 年的净资产收益率与民营资本加权净资产收益率的利润差值；property$_{i,t}$ 是指第 i 家银行在 t 年于 10% 控股水平下的控股股东性质（其中，控股股东为政府则是 0，控股股东为民营资本则是 1），本书引入控股性质与两大动机的交互项 property$_{i,t}$ × rloan$_{i,t}$ 以及 property$_{i,t}$ × profit$_{i,t}$，以便进一步检验城商行控股性质与入股动机的交互影响；min$_{i,t}$ 是指第 i 家银行所在市在 t 年的民营资本固定资产投资占城商行所在市固定资产投资的比重；ln(size)$_{i,t}$ 是指第 i 家银行在 t 年资产规模的自然对数值；u_i、$\varepsilon_{i,t}$ 是残差项；$i=1，2\cdots N，t=1，2，\cdots，T$。

（五）描述性统计

我们对样本数据的最值、中位数、均值、标准差等描述性统计的结果见表 6-7。根据描述性统计结果我们可以看到，民营资本持股比例最高达到 62.8%，而最低为 0%，平均值为 26.1%，标准差为 0.154，这说明民营资本持股比例在银行个体间的差异较大，且平均持股较为分散；关联贷款比例最大值为 25.61%，最小值为 0%，平均值为 1.4%，标准差为 5.998；超额利润比例最大值为 26.68%，最小值为 -5.84%，平均值为 9.4 %，标准差为 0.471。

表 6-7 主要变量描述性统计结果

变量	Obs	mean	Std. Dev.	min	max
private	360	0.261	0.154	0.000	0.628
rloan	360	0.014	5.998	0.000	25.610
profit	360	0.094	0.047 1	-0.058	0.227
min	360	0.372	0.133	0.057	0.786
size	360	15.624	1.077	12.866	18.842
property	360	0.110	0.313	0.000	1.000

为了更明确地了解样本数据在时间变化中的差异，我们对民营资本持股比例（private）、关联贷款占比（rloan）、超额利润（profit）等指标进行纵向比较分析。主要变量的纵向分析见表 6-8。

表 6-8 主要变量的纵向分析

年份	private	rloan	profit	min	property	size
2010	0.239	0.013 9	0.096 2	0.69	0.12	15.25
2011	0.249	0.015 9	0.101 1	0.74	0.13	15.59

表6-8(续)

年份	private	rloan	profit	min	property	size
2012	0.278	0.015 0	0.100 5	0.74	0.10	15.60
2013	0.274	0.014 2	0.091 6	0.76	0.12	15.67
2014	0.266	0.013 4	0.081 9	0.76	0.08	15.94

在民营资本持股比例方面，由表6-8可知，我国城商行的民营资本持股比例近年来基本保持着逐步增长的增长趋势，表明我国城商行的民营资本化进程的有序推进。2012年受累于宏观环境的影响，民营资本持股比例在近三年有小幅回落，但基本保持在25%以上的水平。

在关联贷款占比方面，自2011年以来，我国城商行关联贷款占比逐步降低，主要是因为城商行内控制度日益完善，对于关联贷款的管理日趋严格，因此股东在银行内的利益传送现象得到了较好的控制。

在超额利润方面，在2010年前后，我国城商行在政府协助下大力展开负面资产清理，城商行的资产质量显著提升，整体超额利润率有了逐步增加。自2011年以来，我国城商行超额利润水平也出现了逐步下降，这主要是因为利率市场化的开展缩小了银行利差，而对利息收入存在较大依赖的城商行，利润空间受到了一定挤压；同时，受累于疲软的宏观环境及激烈的行业竞争，城商行的超额利润率发生了一定程度的下降。

在控制变量方面，由表6-8可知，城商行的规模在逐步扩大，且城商行所在地的民营经济占比、地区人均GDP和市场化水平2010—2014年均处在上升空间中，宏观经济结构调整颇具成效。

（六）样本分组

我国城商行存在较大的资产规模差异，资产规模较大的城商行达到了近7 000亿元，而较小的资产规模仅约100亿元。鉴于资产规模对于城商行公司治理具有较大影响，本书以资产规模为标准进行分组研究，以保证分析结果的合理性。

本书的分组标准以2014年年末城商行资产规模达到1 000亿元以上的银行为一组，命名为"大规模城商行"，1 000亿元以下的为一组，命名为"小规模城商行"。这里需要注意的是，大规模城商行和小规模城商行的命名是相对而言的，经过筛选，样本中大规模城商行共有34个，小规模城商行共有38个。

为了更明确地了解分组后的样本数据差异，我们对民营资本持股比例

（private）、关联贷款占比（rloan）和超额利润（profit）这三个关键指标进行分组比较分析。样本分组纵向分析见表6-9。

表6-9　样本分组纵向分析　　　　　　　单位:%

年份	private		rloan		profit	
	小规模	大规模	小规模	大规模	小规模	大规模
2010	30.01	18.42	2.01	0.50	10.31	8.74
2011	33.17	18.69	2.14	0.80	10.36	10.10
2012	33.97	18.91	1.93	0.87	10.00	10.26
2013	33.52	19.69	1.84	0.82	8.56	10.00
2014	33.04	19.13	1.73	0.79	7.44	9.07

在民营资本持股比例方面，由表6-9可知，小规模城商行与大规模城商行相比，民营资本持股比例大很多，这主要是因为大规模城商行组资产规模大，同等金额的民营资本注入大规模城商行所能获得的股份更小；同时，大规模城商行对于注入资本的筛选更严格，要求更高，民营资本注入的流程更为复杂。因此，大规模城商行的民营资本持股比例相对较小。

在关联贷款占比方面，小规模城商行关联贷款占比较大规模城商行高出许多，主要是因为小规模城商行内控制度相对不完善，对于行内关联贷款约束相对较宽松，因此股东的利益传送现象更为普遍。此外，自2012年以来，大、小规模城商行组的平均关联贷款率均逐步下行，这主要归因于近年来银行业对关联贷款的日趋严格管理及控制。

在超额利润方面，2010—2011年，得益于负面资产清理及城商行深化改革，城商行整体的超额利润有了显著的增加。在这个时间段内，小规模城商行的超额利润略高于大规模城商行。而自2011年开始，城商行整体的超额利润开始逐步减少，其中，小规模城商行超额利润率下降速度远高于大规模城商行。自2013年起，小规模城商行的超额利润率水平下降到大规模城商行超额利润率水平之下，在2014年小规模城商行的超额利润率已降至7.44%，而大规模城商行仍然保持在9.07%的超额收益率水平，这主要是因为小规模城商行的资本金较少，整体的抗风险能力较差，因此在面对日益疲软的宏观环境及激烈的行业竞争时，小规模城商行更容易受到负面冲击。

二、民营资本入股动机实证检验

（一）大规模城商行样本实证检验

1. 解释变量相关性分析

为避免解释变量间存在严重多重共线性而影响检验结果的可靠性，在进行实证回归之前，我们对各个解释变量进行了相关性分析。解释变量相关性分析见表6-10。

表6-10　解释变量相关性分析

变量	rloan	profit	min	size	property×profit	property×rloan
rloan	1	—	—	—	—	—
profit	0.076 5	1	—	—	—	—
min	0.085 6	0.198 6	1	—	—	—
size	0.087 3	0.110 2	0.044 1	1	—	—
property×profit	0.100 7	0.181 0	0.095 0	-0.106 0	1	—
property×rloan	0.280 9	0.082 3	0.111 6	-0.100 8	0.082 0	1

由变量相关性分析结果我们可以了解到，各个解释变量之间的相关系数均在0.5以下，其中，除了property×rloan与property×profit这两个交互项与rloan及profit的相关性相对较大以外，其他解释变量的相关性均保持在0.2以下，解释变量之间不存在严重的多重共线性。解释变量的VIF值见表6-11。

表6-11　解释变量的VIF值

变量	VIF	1/VIF
rloan	1.18	0.85
profit	1.16	0.86
size	1.09	0.92
min	1.04	0.96
property×rloan	1.21	0.83
property×profit	1.27	0.79
mean VIF	1.15	—

为检测模型是否存在多重共线性，我们计算出解释变量的方差膨胀因子（VIF）加以检验，由检验结果我们可以发现，各解释变量的VIF值及其均值

均显著低于 1.3。这进一步表明，模型解释变量间具有较好的独立性，整体模型不具有多重共线性，以上述解释变量进行实证回归可行。

2. 检验模型判定

为了合理选择面板数据回归的效应模型，我们对回归模型进行了 Hausman 检验。根据 Hausman 检验结果，我们得知个体固定效应模型与随机效应模型差异显著，P 值为 0.034，在 5% 的显著性水平下拒绝原假设，表明固定效应模型的匹配性优于随机效应。故对于本次研究而言，个体固定效应模型相较随机效应模型更为合适此次研究。

3. 面板回归分析

根据数据特点及检验结果，我们采用个体固定效应模型对样本数据进行分析。从回归结果中我们可以看到，各个模型整体拟合程度较好，同时主要模型的关键变量及控制变量都在 10% 的显著性水平下显著。大规模城商行组实证检验结果表 6-12。

表 6-12　大规模城商行组实证检验结果

变量	private						
	（1）	（2）	（3）	（4）	（5）	（6）	（7）
rloan	—	—	-0.175 4 (-1.08)	-0.097 8 (-1.49)	-0.084 9 (-0.15)	-0.016 3 (-0.03)	-0.077 8 (-1.26)
profit	0.080 5 *** (2.81)	0.088 5 *** (2.58)	—	—	0.061 6 ** (2.34)	0.064 7 ** (2.35)	0.075 4 ** (2.23)
property×rloan	—	—	—	0.590 5 (0.92)	—	—	4.331 7 (1.27)
property×profit	—	0.044 5 (1.41)	—	—	—	—	0.051 2 (1.38)
ln（size）	0.002 8 ** (2.22)	0.009 5 * (1.74)	0.009 3 * (1.91)	0.010 8 * (1.65)	—	0.019 7 * (1.74)	0.020 9 * (1.81)
min	0.176 8 ** (2.28)	0.171 0 * (1.78)	0.220 0 ** (2.26)	0.190 5 * (1.98)	—	0.188 0 ** (2.18)	0.176 7 * (1.69)
cons	0.701 0 (0.57)	0.609 0 (0.71)	-0.915 0 (-0.73)	0.438 8 (1.44)	0.491 0 (13.99)	-0.259 0 (-0.25)	0.645 8 * (2.25)
R^2	0.565 0	0.452 0	0.562 0	0.438 0	0.572 0	0.631 0	0.487 0
obs	170	170	170	170	170	170	170

注：***、**、* 分别表示在 1%、5% 和 10% 的显著性水平下显著；括号中的数值表示系数统计量对应 t 值，模型估计采用了稳健标准误进行修正。

由表 6-12 的检验结果我们可以知道，民营资本持股比例（private）与上一年超额利润（profit）显著正相关。这主要是因为城商行的盈利水平较一般行业更高，对民营资本具有较大投资吸引力。经过统计分析我们发现，入股的民营企业所在行业平均净资产利润率在 7.6% 左右波动，自 2012 年以来宏观经济持续恶化，各行业利润率显著下行，2014 年平均净资产利润率已经低于7%。与此相比，我国城商行得益于其垄断牌照及地域优势，净资产利润率水平往往较一般行业高，在经济疲软的大环境下，城商行净资产收益率水平相较前几年略有回落，但也保持在平均 16% 左右，仍然显著高于民营企业的净资产收益率，这对于投资途径受限的民营资本来说，具有相当大的投资潜力。在此背景下，超额盈利越高的城商行更容易吸引民营资本进入投资，分享城商行的发展红利。至此，我们证明假设 6-2 在大规模城商行样本检测中成立。

民营资本持股比例（private）与上一年关联贷款占比（rloan）相关性不大，这说明民营资本入股大规模城商行的动机不在于获取更多关联贷款以缓解融资需求。这可能是因为民营资本入股大规模城商行所能持有的股份比例相对较小，较难取得资金分配话语权；同时，大规模城商行具有较为完善的公司内控制度，对关联贷款等风险行为有较好的约束机制，民营资本获取关联贷款会受到层层内部约束，获取关联贷款相对困难。因此，民营资本进入大规模城商行时并未将获取关联贷款作为入股动机。根据上述分析我们发现，获取超额利润是民营资本入股城商行的重要动机，而当民营资本观察到城商行内部关联贷款比例较低时，会分析认为城商行内部股东制衡效应较好，对大股东的不理性决策有较好的约束机制，内部控制机制及风险管理水平较高，即该城商行的公司治理制度相对完善，获取超额利润的可能性更高，因此关联贷款占比越小，则民营资本更倾向于入股城商行。至此，我们证明假设 6-1 在大规模城商行样本检测中不成立。从城商行公司治理的角度而言，民营资本入股也进一步增加了城商行的股权制衡，降低了公司经营风险，优化了城商行的公司治理结构。

在控制变量方面，民营资本持股比例（private）与城商行所在市的民营经济占比（min）正相关，这主要是因为民营经济占比越大，民营资本就越充足，城商行的民营资本化动力越大，民营资本入股当地城商行的能力越强，占比越高，而地区的民营经济的快速健康发展，也为城商行的政府股权提供了良好的退出环境；民营资本持股比例（private）与银行规模（size）显著正相关，这可能是因为城商行规模越大，则银行经营越稳健，抵御风险的能力更高，盈利能力更强，获取超额盈余的动机更容易实现，故民营资本更倾向进入；而民营资本持股比例（private）与城商行控股股东性质（property）的两个交互项（property×rloan 与 property×profit）没有显著相关关系，这表明在大规模城商行中，民营资本控股的性质对于城商行民营资本入股动机没有显著的影响。

（二）小规模城商行样本实证检验

1. 相关性分析

为避免变量间存在严重多重共线性而影响检验结果的可靠性，在进行实证回归之前，我们将各个解释变量与被解释变量一起进行相关性分析，其结果见表 6-13。

表 6-13　解释变量相关性分析结果

变量	rloan	profit	min	size	property×rloan	property×profit
rloan	1	—	—	—	—	—
profit	0.076 5	1	—	—	—	—
min	0.091 5	0.086 1	1	—	—	—
size	0.087 3	−0.080 2	−0.074 6	1	—	—
property×rloan	−0.230 9	−0.002 3	−0.107 1	−0.150 8	1	—
property×profit	0.180 7	0.281 0	0.047 0	−0.166 0	0.112 0	1

由变量相关性分析结果我们可以了解到，各个解释变量之间的相关系数均在 0.5 以下。其中，除了 property×rloan 与 property×profit 这两个交互项与 rloan 及 profit 具有相对较大的相关性以外，其他解释变量的相关性均保持在 0.1 以下，解释变量之间不存在严重的多重共线性。

为检测模型是否存在多重共线性，我们计算出解释变量的方差膨胀因子（VIF）加以检验。由检验结果我们可以发现，各解释变量的 VIF 值及其均值均显著低于 1.2，这进一步表明模型解释变量间具有较好的独立性，整体模型不具有多重共线性，以上述解释变量进行实证回归具有可行性。解释变量的 VIF 值见表 6-14。

表 6-14　解释变量的 VIF 值

变量	VIF	1/VIF
rloan	1.08	0.93
profit	1.07	0.93
size	1.02	0.98
min	1.02	0.98
property×rloan	1.16	0.83
property×profit	1.13	0.79
mean VIF	1.08	—

2. 检验模型判定

为了合理选择面板数据回归的效应模型，我们对回归模型进行了 Hausman 检验。根据 Hausman 检验结果我们得知，个体固定效应模型与随机效应模型差异显著，P 值为 0.009 8，在 1% 的显著性水平下拒绝原假设，表明固定效应模型的匹配性优于随机效应。故对于本次研究而言，个体固定效应模型相较随机效应模型更为合适此次研究。

3. 面板回归分析

接下来，我们对小规模城商行组的样本数据进行实证分析。根据本书的研究目的并结合上节稳健性检验，我们主要采用个体固定效应模型对小规模城商行组进行分析。从回归结果中我们可以看到，各模型拟合程度较好。小规模城商行组实证检验结果见表 6-15。

表 6-15　小规模城商行组实证检验结果

变量	private						
	(1)	(2)	(3)	(4)	(5)	(6)	(7)
rloan	—	—	0.889 6 ** (2.31)	0.438 1 * (1.83)	0.826 7 ** (2.11)	0.942 9 ** (2.48)	0.760 7 * (1.79)
profit	0.177 5 (1.48)	0.837 0 (1.62)	—	—	0.011 5 (0.64)	0.023 0 (1.29)	0.033 1 (0.99)
property×rloan	—	—	—	0.955 8 (1.27)	—	—	0.693 7 (0.84)
property×profit	—	0.095 4 (1.53)	—	—	—	—	0.061 5 (1.36)
ln（size）	0.030 3 * (1.76)	0.025 7 * (1.68)	0.030 7 ** (2.46)	0.033 6 * (1.91)	—	0.034 7 ** (2.76)	0.034 1 ** (2.51)
min	0.051 1 * (1.85)	0.017 2 ** (2.18)	0.036 9 * (1.78)	0.082 0 ** (2.26)	—	0.032 5 * (1.77)	0.065 9 ** (2.18)
cons	0.297 2 (1.4)	0.390 5 * (1.86)	0.304 2 (1.51)	0.248 8 (1.2)	0.758 8 *** (12.8)	0.272 6 (1.36)	0.298 3 (1.39)
R^2	0.655 0	0.519 4	0.502 0	0.527 0	0.548 9	0.625 6	0.556 8
obs	190	190	190	190	190	190	190

注：***、**、* 分别表示在 1%、5% 和 10% 的显著性水平下显著；括号中的数值表示系数统计量对应的 t 值，模型估计采用了稳健标准误进行修正。

具体而言，民营资本持股比例（private）与关联贷款占比（rloan）正相关。这与我们在分析大规模城商行组的研究结论相反，即当民营资本观察到小规模城商行的关联贷款占比较高时，则可判断小规模银行的内控及风险管理制度不及大银行完善，对关联贷款等风险行为没有较好的约束机制，故民营资本入股后进行关联交易的限制较小，更容易借助城商行股东背景打通利益传送渠道，获取关联贷款，获得融资便利。因此，获取关联贷款是民营资本进入小规模城商行的合理动机，第一个假设在小规模城商行样本的检验中得到了证实。

除此之外，民营资本持股比例（private）与超额利润（profit）正相关，但系数在10%的水平下并不显著。这说明，超额利润不是民营资本入股小规模城商行的主要动机，即民营资本入股小规模城商行时，缓解融资约束的动机胜于获取超额利润的动机。

在控制变量方面，民营资本持股比例（private）与城商行所在市的民营经济占比（min）正相关，这主要是因为民营经济占比越大，民营资本就越充足，城商行的民营资本化动力越大，民营资本入股当地城商行的能力越强，占比越高，而地区的民营经济的快速健康发展，也为城商行的政府股权提供了良好的退出环境；民营资本持股比例（private）与银行规模（size）显著正相关，这可能是因为城商行规模越大，则银行经营越稳健，抵御风险的能力更高，持续获取稳定关联贷款等融资便利的可能性更大，融资需求的动机更容易实现；民营资本持股比例（private）与城商行控股股东性质（property）的两个交互项（property×rloan与property×profit）没有显著相关关系，这表明在小规模城商行中，民营资本控股的性质对于城商行民营资本入股动机没有显著的影响。

（三）城商行全样本实证检验

为了了解民营资本进入城商行动机的整体偏向性，我们将整体样本进行了回归检验，作为实证检验结果的进一步补充。

1. 相关性分析

为避免变量间存在严重多重共线性而影响检验结果的可靠性，我们在进行实证回归之前，将各个解释变量与被解释变量一起进行相关性分析，其结果见表6-16。

表6-16　解释变量相关性分析结果

变量	rloan	profit	min	size	property×rloan	property×profit
rloan	1	—	—	—	—	—
profit	0.157 6	1	—	—	—	—
min	0.190 6	0.133 1	1	—	—	—
size	0.056 8	0.104 4	0.174 3	1	—	—
property×rloan	0.239 2	0.119 0	−0.134 5	0.103 5	1	—
property×profit	0.126 3	0.218 2	−0.187 0	0.149 3	0.178 3	1

由变量相关性分析结果我们可以了解到，各个解释变量之间的相关系数均在 0.5 以下。其中，除了 property×rloan 与 property×profit 这两个交互项与 rloan 及 profit 具有相对较大的相关性以外，其他解释变量的相关性均保持在 0.2 以下，解释变量之间不存在严重的多重共线性。

为检测模型是否存在多重共线性，我们计算出解释变量的方差膨胀因子（VIF）加以检验。由检验结果我们可以发现，各解释变量的 VIF 值及其均值均显著低于 1.2，这进一步表明模型解释变量间具有较好的独立性，整体模型不具有多重共线性，以上述解释变量进行实证回归具有可行性。解释变量的 VIF 值见表 6-17。

表 6-17　解释变量的 VIF 值

变量	VIF	1/VIF
rloan	1.07	0.93
profit	1.11	0.67
size	1.09	0.92
min	1.07	0.93
property×rloan	1.16	0.86
property×profit	1.11	0.90
Mean VIF	1.10	—

2. 检验模型判定

为了合理选择面板数据回归的效应模型，我们对回归模型进行了 Hausman 检验。根据 Hausman 检验结果我们得知，个体固定效应模型与随机效应模型差异显著，P 值为 0.016 8，在 5% 的显著性水平下拒绝原假设，表明固定效应模型的匹配性优于随机效应。故对于本次研究而言，个体固定效应模型相较随机效应模型更为合适此次研究。

3. 面板回归分析

接下来，我们对全样本城商行组的样本数据进行实证分析。根据本书的研究目的并结合上节稳健性检验，我们主要采用个体固定效应模型对全样本城商行组进行分析。从回归结果中我们可以看到，各模型拟合程度较好。全样本城商行组实证检验结果见表 6-18。

表 6-18　全样本城商行组实证检验结果

变量	Private						
	(1)	(2)	(3)	(4)	(5)	(6)	(7)
rloan	—	—	0.252 8 (0.78)	0.971 1 (1.49)	0.281 0 (0.57)	0.081 6 (0.15)	1.853 4 (1.54)
profit	0.060 1 ** (2.41)	0.048 7 *** (2.58)	—	—	0.055 8 ** (2.30)	0.059 6 ** (2.36)	0.049 8 * (1.80)
property×rloan	—	—	—	1.830 5 (1.42)	—	—	2.515 0 ** (2.12)
property×profit	—	0.042 3 (1.41)	—	—	—	—	0.461 4 (0.15)
ln (size)	0.027 3 ** (2.21)	0.029 2 * (1.74)	0.025 7 ** (1.98)	0.037 0 * (2.83)	—	0.026 4 ** (2.07)	0.036 1 *** (2.77)
min	0.088 8 ** (2.28)	0.052 7 * (1.78)	0.319 4 ** (2.26)	0.254 5 * (1.98)	—	0.087 0 * (1.78)	0.193 2 * (1.69)
cons	0.581 3 *** (2.96)	0.639 4 *** (3.11)	0.611 4 (0.73)	0.845 9 *** (3.44)	0.213 8 *** (4.57)	0.566 8 (0.25)	0.782 0 * (2.25)
R^2	0.487 9	0.496 3	0.468 0	0.438 0	0.487 2	0.465 9	0.512 7
obs	360	360	360	360	360	360	360

注：***、**、* 分别表示在 1%、5% 和 10% 的显著性水平下显著；括号中的数值表示系数统计量对应的 t 值，模型估计采用了稳健标准误进行修正。

由表 6-18 的检验结果我们可以知道，在城商行的整体样本检验中，民营资本持股比例（private）与上一年的超额利润（profit）显著正相关，而民营资本持股比例（private）与上一年的关联贷款占比（rloan）不存在显著相关性。这说明民营资本入股城商行的动机不在于获取更多关联贷款以缓解融资需求，而在于获取城商行的长期稳定超额利润。因此，就城商行整体而言，民营资本在进行入股城商行的决策时，超额利润动机要优于融资需求动机。此外，控制变量的系数符号及显著性与大规模银行的分析结果基本一致，其经济学解释我们在此不再赘述。

第六节　本章小结

本章通过民营资本入股城商行的行为，分析了民营资本入股城商行的主要动机，即融资需求动机和超额利润动机。我们通过 2010—2014 年的城商行数据发现，对于民营资本入股规模大的城商行，主要出于超额利润动机获取城商行日常经营利润；而民营资本入股规模小的城市行，则出于融资需求动力缓解民营企业本身的融资约束。此外，本章还解释了民营资本为什么入股城商行的问题，以便我们能更好地理解民营资本入股给城商行公司治理和经营绩效带来的影响。

第七章 民营资本入股与城商行公司治理有效性

第一节 民营资本入股城商行与公司治理问题的提出

　　2005 年以来，各地城市信用合作社通过改制规范纷纷组建城商行，并初步建立了公司治理架构，逐步发展成为我国中小银行的重要组成部分。近年来，在我国宏观经济环境向好的背景下，城商行保持了较快的增长速度，但是在发展过程中也面临着较严重的问题，突出表现在：地方政府干预下的关联交易严重，隐藏着较高的贷款风险、管理效率低下、竞争力薄弱、资本约束瓶颈等问题。这些问题最终反映在城商行的公司治理问题上，良好的公司治理不仅对于保障城商行稳健经营和提高经营效率至关重要，而且还有助于保护投资者的利益，从而吸引更多的外部资本实现城商行的快速发展。2012 年，银监会发布了《中国银监会关于鼓励和引导民营资本进入银行业的实施意见》，指出民营企业可通过发起设立、认购新股、受让股权、并购重组等多种方式投资银行业金融机构，支持民营企业参与商业银行增资扩股，鼓励和引导民营资本参与城商行重组。民营企业参与城商行风险处置的，持股比例可以适当放宽至20%以上。由此拉开了民营资本大量入股城商行的序幕。

　　尽管城商行已经建立了"两会一层"的现代标准公司制度，但受制于地方政府的影响，现在公司制度未能发挥良好作用。随着经济的发展，民营企业数量、规模日益扩大，民营企业的金融服务需求以五大银行为主的国有银行不再能够满足（大部分国有银行不愿给中小民营企业贷款），民营企业迫切需要控制能够给自身提供融资便利的金融机构，而城商行无疑是最好的选择。自2012 年《中国银监会关于鼓励和引导民营资本进入银行业的实施意见》发布以来，民营资本大量承接地方政府退出城商行的股权，成为城商行股权结构中重要的一部分。民营资本具有逐利性，其入股城商行的动机在于：一方面寻求股权价值的增长和股利分红，这样民营资本入股城商行则有动机去改善城商行的公司治理，进而提高城商行的经营绩效；另一方面可能是为获得城商行金融牌照进而为自己提供便利的金融服务，如更容易获得贷款、更低利率的贷款等，大量的关联贷款往来资金担保反而会恶化城商行的公司治理。因此，民营资本进入城商行之后，显著改变了城商行的股权结构，但能否改善公司治理结构进而提高城商行的公司治理有效性呢？这是本书想要探究的主要问题。

本书基于手工收集整理了 2012—2016 年的城商行相关数据，实证研究了城商行中民营资本持股比例对城商行公司治理有效性的影响。实证发现，民营资本持股比例的增加能够改善城商行公司治理结构，具体来说能够提高城商行独立董事比例和外部监事比例。而当地方政府为第一大股东或者地方政府股权最大时，民营资本持股比例增加能够显著改善公司治理结构，进而提高公司有效性；而当民营股权最大时，尽管民营资本持股比例能够改善公司治理结构，进而提升公司治理有效性，但这种效应会被第一大股东地方政府或者民营资本股东所抑制。

本书的研究贡献主要体现在：一方面，前人研究大部分停留在公司治理结构对城商行经营绩效和风险承担的研究，很少涉及公司治理结构本身的研究，本书通过手工收集整理了城商行 2012—2016 年的数据，并从民营资本入股城商行的角度分析了对公司治理结构的影响；另一方面，与前人采用 ROA、EPS 等作为城商行公司治理有效性的代理变量相比，本书采用城商行受到的行政处罚次数作为公司治理有效性的代理变量，更能有效直接地反映公司治理结构的改变能否影响公司治理效应。本书的研究能够丰富银行公司治理有效性衡量方面的文献，同时为银行公司治理改革提供有意义的实践指导。

第二节　民营资本入股城商行对公司治理的影响的理论分析

一、政府股东与银行公司治理

传统公司金融理论认为，一般公司存在两类代理问题：一是股东与经理之间的代理问题（第一类代理冲突即经理的道德风险和私人利益）；二是大股东与中小投资者之间的代理问题（第二类代理冲突即大股东的控制权收益和利益侵占）。除此之外，还存在第三类代理问题，即股东与债权人之间的代理问题（股东的风险转移行为）。银行作为一般公司存在上述三种代理问题，但城商行与一般意义上的银行相比又有不同之处，即控制权在地方政府。地方政府股东与一般公司股东相比具有很大的特殊性：一方面，地方政府作为"扶持之手"对经济金融市场、产权保护落后地区具有很强的引导作用，银行归地方政府所有，能够避免一些金融市场失灵的问题，同时为地方经济发展和基础设施建设提供了资金支持；另一方面，则是地方政府的"掠夺之手"。城商行作为地方性银行，政府有很强的动机为了政治利益迎合某些政治力量或者为特定的企业提供资金便利，甚至为政府官员的晋升谋求私利。各地方政府在"锦标赛"竞争模式下（张杰，2005），竞争目标的复杂性加深了城商行的代理问题。因此，国有银行的这种"政治"观点认为，银行国有化会引起远比民营银行更加深重的代理问题，更容易产生低绩效、高风险这样无效率的结果（Shleifer et al.，1994）。但南开大学公司治理课题研究组（2010）以中国上市公司为样本，发现控股股东性质对公司治理有显著影响，2003—2008年的各年评价结果均支持国有控股上市公司的治理指数均值显著高于民营资本控股上市公司这一结论。可能的原因是银行业的特殊性导致一般企业与银行业在国有控股股东控制下表现不同。

　　Shleifer et al.（1997）指出，大股东因为持股比例较大，更加关注自身利益，有激励动机去监督管理层，因此大股东能够提升公司治理。但大股东与小股东相比对公司拥有更多的信息，因此大股东也可能去掏空小股东，在城商行层面如通过控制关联贷款流向侵占小股东利益。Jonson（2002）和祝继高（2012）基于2004—2009年的城商行数据研究表明，第一大股东控股能力越强，银行不良贷款率越高，贷款集中度越高，经营绩效也越差。这表明银行大股东同样也存在"掏空"动机，第一大股东性质为地方政府的城商行不良贷款率更高，而独立董事对银行大股东的"掏空行为"有着明显的抑制作用。Lin et al.（2009）通过对中国以往数据进行分析得出，四大国有银行的绩效低于地方银行、股份制银行和中外合资银行，进一步表明银行的国有股权与银行的绩效是负相关的，其认为通过出售一部分国有股权，改变股权结构，能够优化银行治理，提升银行绩效。与此相反，曹廷求等（2006）采用山东、河南两省29家中小商业银行的调查数据进行实证检验发现，第一大股东性质并没有对银行风险产生显著影响，政府以大股东身份对银行（董事会）的控制起到了降低银行风险的明显效果，这表明政府股东对银行业影响的发展观点（而不是政治观点）对中国的中小银行更有解释力。对于政府股权得出的两种相反观点，可能是未考虑到城商行的最终控制权，如地方政府的最终控制权，或者民营资本股东作为一个整体的控制权。除此之外，Lannotta et al.（2007）

以欧洲 181 家银行为样本研究银行的股权结构，得出股权集中度并没有对银行盈利能力作用不显著；同样，有学者在针对土耳其的样本银行的研究中也得到过类似结论。

二、民营资本入股与股权制衡

改革开放以来，中国以市场经济为取向的改革聚集了大量民营资本，已成为经济增长不可或缺的重要战略资源。早在 1990 年我国就开始了股份制商业银行的试点，便有许多民营资本参与其中（戴璐 等，2012）。朱小燕（2013）提出现阶段成立民营银行已是一种趋势，其应具备以下民营资本控股、业务范畴主要或完全为民营企业服务、拥有良好的法人治理三个特征，而设立民营银行的积极意义则在于增加金融机构的特色与差异性。

国内外关于股权制衡的研究认为，股权制衡能在一定程度上抑制控股股东侵害中小股东利益的行为，有利于提高公司业绩和价值。（Shleifer et al.，1986；La porta et al.，1999）。将民营资本引入国有企业进行股份制改造也是基于此。李广子和刘力（2012）通过中国上市公司民营资本化数据，考察了原国有控股股东在民营资本化后上市公司中持股行为的决定因素，发现民营企业获取政治联系的动机是原国有控股股东在民营资本化后的上市公司中持有股份的重要原因，政治联系对于民营企业的价值越大，原国有控股股东在民营资本化后的公司中持有股份的可能性越高，持股比例也会越高，同时在上市公司股东中，越是处于相对重要的地位。涂国前和刘峰（2010）研究了中国国有控股上市公司民营资本化后，民营成为控股股东，但股权制衡结构不同，不同性质的制衡股东是否具有不同的制衡效果。他们发现，与一股独大的公司相比，国有股东制衡公司更可能被民营资本控股股东掏空，民营资本股东制衡公司更不可能被民营资本控股股东掏空，说明不同性质的制衡股东具有不同的制衡效果。郝云宏和汪茜（2014）则以"鄂武商"为案例，探讨了上市公司民营第二大股东对国有第一大股东的制衡机制。其研究结果发现，民营参股股东可以通过引入关系股东、争夺董事会席位和运用法律制度等路径制衡大股东。

三、银行公司治理结构与治理有效性

银行公司治理结构包括董事会、监事会、高级管理人员等内部治理结构和外部治理环境，如监管、银行业竞争等。郑志刚和范建军（2007）从法律监管、市场竞争、公司控制权市场、媒体作用和税务实施等外部公司治理机制以及大股东作用、董事会和监事会、薪酬合约设计和利益相关的平衡等内部治理机制两方面对国有商业银行治理机制的有效性进行了简单评估，得出了国有上市商业银行与所有行业平均水平相比，股权结构较差、董事会和监事会独立性较差、薪酬合约设计不合理、职业关注不够、利益相关者理论平衡较差的结论。郑志刚和吕秀华（2009）利用中国上市公司的数据实证研究了董事会独立性与其他公司治理机制的交互效应对改善企业绩效的作用，发现董事会独立性与大股东监督、管理层薪酬激励等治理机制的治理效果互相加强（互补），而与法律对投资者权力的保护和股权制衡等治理机制则存在替代关系。郝臣（2015）使用2007—2011年的我国上市金融机构数据实证研究发现，从公司治理的总体角度来看，公司治理水平与我国上市金融机构风险承担显著负相关，股东治理与我国上市公司风险承担显著负相关，股权集中度越高，金融机构风险承担越低。除此之外，在监事会治理方面，金融机构监事会发挥了有效的监督作用。监事会规模越大，会议次数越多，对高管的监督越到位，风险承担就越低。郑志刚等（2011）通过中国A股上市公司的数据实证考察了公司章程的设立与企业代理成本的关系；通过手工收集整理了公司章程中的条款设置，实证发现董事责任险条款、增资程序条款的设立有助于降低代理成本，提高效率；而提名董事权持股要求条款、累计投票制度条款的设立，在我国公司治理实践中对投资者权力的保护作用有限董事责任；董事责任险条款、增资程序条款等章程条款的设立与发行H/B股等公司治理机制存在显著的交互效应。

学界对公司治理有效性的衡量一般采用经营绩效和风险承担的方式，如ROA、不良贷款率等，且这类研究颇为丰富。曹廷求等（2005）则通过问卷调查的形式获取了山东省245个银行样本，发现不同类型、不同地域的银行董事会、监事会、内控制度、激励制度、竞争环境和法律环境之间存在显著的差异。曹廷求和陈丽萍（2012）以2012年的城商行公司年报披露信息通过构建银行公司治理评价指数，发现公司治理评价指数越高，则城商行的经营绩效EPS越高。雷光勇和王文（2014）则研究了政府治理水平是否会对银行产生影响，实证发现政府治理（市场化指数）对商业银行的资本充足率监管差值、贷款质量和经营业绩均产生重要影响。

第三节　城商行公司治理描述性统计与研究设计

一、样本选择

本书以城商行2012—2016年的数据为样本，截至2016年12月31日，共有 134 家城商行。本书通过各城商行年度报告手工收集整理了城商行公司治理数据和股权数据；通过 wind 获取了城商行相关公司特征变量和宏观经济数据；通过银监会网站获取银行分支机构数据和行政处罚数据；通过中国注册会计师协会网站获得会计师事务所年度排名信息。鉴于部分城商行未披露年度报告，我们无法获取相关的公司治理及股权数据，因此实证过程中样本数小于 670。

二、变量选择

（一）被解释变量

为考察民营资本入股城商行对公司治理结构的影响，参考相关文献的研究（郑志刚，2009；祝继高，2012；曹廷求，2013；雷光勇，2014）和现实实践，本书选择城商行的董事会人数（board）、独立董事比例（ind_board）、监事会人数（supervisor）、外部监事比例（ind_superv）作为衡量公司治理结构的代理变量。

进一步验证民营资本入股城商行对其公司治理的影响，本书则采用城商行受到的行政处罚次数（punishment）作为公司治理有效性的代理变量。根据《中国银行业监督管理委员会行政处罚办法》第八十八条有关"公开行政处罚信息"的规定，银监会自 2015 年 9 月起，在其网站上陆续公开了近年来各级银监部门开出的行政处罚信息细节。行政处罚次数是城商行每年受到各地方银监分局行政处罚的次数，行政处罚的对象包括对城商行（总行、分行、支行等）的处罚和对涉事人员的处罚；行政处罚的内容包括对银行经营层面违规操作（如办理无真实贸易背景银行承兑汇票业务、信贷业务违规、违规办理同业业务等）和银行员工管理层面（如经营管理不善、履职不到位、内控失效、私自违规出借证照、私自违规借用汇票业务专用章、贷款尽职调查不到位及贷款资金被挪用、变相虚增存款等）。本书在统计时，按照行政处罚决定书文号，对每个城商行受到处罚次数加总，即加总次数包括了对城商行本身和城商行从业人员的处罚次数。

（二）解释变量

民营资本持股比例（share）。我们根据年报披露的前十大股东，按照 LLSV（1997）的方法，追溯其最终控制人，借鉴洪正和张硕楠（2017）的分类，按照最终控制人的性质，将股东分为中央政府、地方政府、民营资本股东（包括自然人股东）、外资股东四类，将所有分类为民营资本股东的股权比例加总就得到民营资本持股比例。

本地民营资本持股比例（dom_share）。按照上述方法，如果民营资本股东的所在地与城商行总部所在地一致，则认定民营资本股东为本地民营资本股东，并将本地民营资本股东所持有城商行股权比例加总得到本地民营资本持股比例。

我们之所以将民营资本持股比例加总，是因为考虑到计算中央政府和地方政府的股权比例是将国有企业和政府部门分别按照归属地计入中央政府和地方政府，如地方财政部和地方国企同时归属于地方政府管辖，因此共同归于地方政府。如果民营资本股东按照单个股东计算，则与中央政府和地方政府相比显得悬殊，单个民营资本股东（小股东）为了防止地方政府（大股东）的"掏空行为"（tunneling），会相对联合起来制衡地方政府行为；此外，城商行股份制改造时，引入民营资本股东时是同时引入几个民营企业，可以认为某种程度上同时引入的民营企业存在一定的共同利益，可以共同行动。

民营资本股东个数（number）。按照上述方法分类后，前十大股东中民营资本股东的数量。该指标可以衡量民营资本持股比例一定的情况下在前十大股东中的民营资本股东结构。

（三）控制变量

控制变量分为城商行基本特征和地方经济特征。城商行基本特征包括公司年限、是否上市、银行资产规模、分行数量、银行外部竞争总和、会计师事务所是否是前100、第一大股东性质、前十大股东HHI指数、董事长与行长兼任情况、高管人数；而地方经济特征则包括地级市GDP和非国有工业企业负债占比。

公司年限（age）。城商行前身为城市信用合作社，大部分城商行由1995年左右的城市信用合作社改制而来，少部分则是2005年开始为实习跨区域发展而合并重组得到（如徽商银行），因此我们计算公司年限是以城商行成立时间开始计算，而不是根据城市信用合作社成立时间计算。

是否上市（listed）。上市的城商行除了受到银监会、地方金融办的监管外，还会受到证监会和投资者的监督。一般来讲，上市前，为了满足上市条件，城商行会努力提高公司治理水平和内控制度；上市后，受到投资者监督的城商行也会努力维持良好的公司治理水平以保证股价的稳定性。本书选择是否上市虚拟变量作为衡量上市对城商行公司治理的影响。如果城商行某年在主板、中小板、新三板和H股上市，则当年以及随后年份取值为1；否则取值为0。

城商行资产规模（in_size）。各城商行发展规模迥异，一些大的城商行资产规模可以媲美全国股份制商业银行，而致力于本地发展的城商行则小很多。

本书将当年城商行总资产规模取对数而得资产规模。

分行数量（branches）。2005 年开始，城市开始跨区经营，刚开始跨区域经营主要在省内其他地级市开展进行，随后逐渐扩展到相邻的省份以及区域性重要城市（如西部地区的成都、重庆，中部地区的南京，华北地区的北京，华南地区的广州、深圳等）进行。不少学者也对城商行跨区经营与绩效的关系进行研究，如李广子（2014）、王擎（2012）、薛超（2014），得出的结论则有所不同。因此，借鉴前述文献，本书以城商行的分行个数为代理变量衡量其跨区域经营的程度。

外部竞争（compete）。跨区域竞争导致了区域性银行业竞争加剧，城商行不仅要和五大银行、股份制银行竞争，还需要和同类型的城商行互相竞争。一个城商行在异地设立分行可以说明该行对跨区域经营的重视程度，同时也说明了该异地所面临的银行业竞争激烈程度。本书以城商行总部所在城市其他类型银行（包括五大银行、邮储银行、城商行和外资银行）分行数量总和来衡量城商行所面对的银行业竞争。该数据从银监会"金融机构许可证"查询获得。

第一大股东性质（first）。城商行经过引入外资与并购重组后，其第一大股东不再只是局限于地方政府（包括地方国企）和民营资本股东，除此之外还有中央政府（包括中央国企）以及外资企业。第一大股东的性质能够部分影响城商行的公司治理有效性（祝继高，2012）。本书将第一大股东性质作为分类指示变量进行研究。如果中央政府为第一大股东则取值为 1，并且将中央政府作为基准组；而地方政府取值为 2，民营资本股东取值为 3，外资股东取值为 4。中央政府和外资作为第一大股东的城商行数量较少（2012—2016 年样本中，分别占比为 4.6% 和 5.7%），大部分仍是以地方政府为第一大股东（2012—2016 年样本中，占比为 75.5%，民营资本股东为第一大股东的占比为 14.1%）。

前十大股东 HHI 指数（HHI）。为了衡量前十大股东中的股权集中情况，本书计算了 HHI 指数，用以说明在民营资本持股比例和民营资本股东个数一定的情况下，股权集中度对公司治理的影响。

董事长与行长兼任情况（duality）。第二类委托代理理论认为大股东会侵占小股东利益。而董事长与行长存在兼任的情况，则会加剧第二类代理成本，董事长和行长兼任，一方面在经营管理层面会有更大的自由度和更少的约束力，另一方面为侵占小股东利益提供便利。本书设置董事长与行长兼任情况的虚拟变量来衡量第二类代理成本，如果董事长和行长是同一个人，则取值为 1；相反则取值为 0。

高管人数（manage）。高管人数则代表了管理层的数量以及业务分工情况。管理层人员包括行长、行长助理、副行长、董事会秘书、总会计师等。一般来说，高管人数较少可能导致业务分工不明确、管理混乱；但高管人数过多则可能导致管理权力分散、经理形成不了合力。因此，合适的高管人数是良好公司治理的保证。

各地城商行带有明显的地域特征，除了上述公司治理特征之外，我们还需要控制城商行所在地的经济特征，地方经济特征变量包括地方 GDP 数据和省级非国有工业企业负债占比。

地方 GDP 数据（in_GDP）。地方 GDP 是衡量城商行所在地经济特征的主要变量，地方经济发展水平较高的地区，由于金融服务需求旺盛，激烈的竞争或迫使城商行提升公司治理水平。本书将地方 GDP 取对数来衡量城商行所在地的经济发展程度。

省级非国有工业企业负债占比（nonstate_liability）。该指标用于衡量某一地区的金融深化水平，具体计算方法为非国有工业企业的负债占所有工业企业的负债比例。工业企业是一个地区主要的贷款需求方，国有工业企业由于具有国资背景，大部分贷款来源于五大行或者全国股份制银行；而非国有工业企业规模等相对于国有工业企业较小，贷款很难从五大银行获得，其主要通过城商行或者其他民营金融机构获取，因此该指标可以衡量该地区的金融深化程度。由于大部分城商行在本省范围内设立了分行，贷款不只是限于本部所在地级市，地级市的非国有工业企业的负债占比不足以说明金融深化程度，因此本书采用省级非国有工业企业负债占比来衡量本省的金融深化程度。变量定义与计算方法见表 7-1。

表 7-1　变量定义与计算方法

变量类型	变量名称	变量代码	变量定义与计算方法
被解释变量	董事人数	board	城商行董事会人数，包括执行董事、非执行董事、独立董事人数总和
	独董比例	ind_board	独立董事人数占董事会人数的比例
	监事人数	supervisor	城商行监事会人数，包括股东监事、职工监事、外部监事的人数总和
	外监比例	ind_superv	外部监事人数占监事会人数的比例
	处罚次数	punishment	城商行（总行、分行）受到各地银监分局的行政处罚次数

表7-1（续）

变量类型	变量名称	变量代码	变量定义与计算方法
解释变量	民营资本持股比例	share	前十大股东中，民营资本持股比例总和
	本地民营资本持股比例	dom_share	前十大股东中，本地民营资本持股比例总和
	民营资本股东个数	number	前十大股东中，民营资本股东数量
控制变量	公司年限	age	城商行存续年限，数据时点减去成立时期
	是否上市	listed	是否在 A 股、H 股上市，如果是取1；反之取0
	城商行资产规模	ln_size	城商行年报公布的总资产规模，并取对数
	分行数量	branches	城商行在各地设立的分行数量总和
	外部竞争	compete	城商行所在地，其他各种类型银行在该地设立的分行数量总和
	第一大股东性质	first	第一大股东性质分为：中央政府、地方政府（gov）、民营资本股东（pri）、外资股东；分别赋值1、2、3、4
	前十大股东HHI	HHI	前十大股东持股数占总股本比例，计算而得 HHI
	董事长与行长是否兼任	duality	董事长与行长如果是同一个人，则取值为1；反之取值为0
	高管人数	manage	高级管理人数数量总和，包括行长、副行长、行长助理、董事会秘书、总会计师
	地级市 GDP	in_GDP	地级市年度 GDP 总额，并取对数
	省级非国有工业企业负债占比	nonstate_liability	各省规模级以上企业中，非国有工业企业负债总和占工业企业总和比例

三、描述性统计分析

变量描述性统计见表 7-2。

表 7-2　变量描述性统计

城商行基本特征	N	mean	sd	median	min	max
age	635	12.664 6	6.012 5	14.000 0	0.000 0	31.000 0
listed	635	0.064 6	0.246 0	0.000 0	0.000 0	1.000 0
ln_size	568	15.944 9	1.062 0	15.916 9	13.030 9	19.170 4
compete	635	16.222 0	15.564 7	12.000 0	0.000 0	137.000 0
branches	253	6.592 9	5.043 1	6.000 0	0.000 0	18.000 0
punishment	635	0.541 7	1.406 2	0.000 0	0.000 0	16.000 0
城商行公司 治理特征	N	mean	sd	median	min	max
board	412	12.383 5	2.496 4	13.000 0	6.000 0	18.000 0
ind_borad	401	0.245 8	0.100 7	0.266 7	0.000 0	0.461 5
supervisor	412	7.068 0	1.973 1	7.000 0	3.000 0	14.000 0
ind_supervisor	395	0.269 1	0.123 0	0.285 7	0.000 0	0.600 0
management	403	7.630 3	2.391 9	7.000 0	3.000 0	15.000 0
duality	393	0.066 2	0.248 9	0.000 0	0.000 0	1.000 0
地方经济特征	N	mean	sd	median	min	max
ln_GDP	585	7.930 5	0.871 7	7.943 5	5.591 9	10.246 3
nonstate_liability	635	0.548 3	0.165 3	0.523 9	0.185 8	0.862 8
股权特征	N	mean	sd	median	min	max
share	549	28.327 4	19.067 7	29.280 0	0.000 0	85.670 0
max_share	528	0.551 1	0.497 8	1.000 0	0.000 0	1.000 0
domnum5	388	2.126 3	1.940 2	2.000 0	0.000 0	8.000 0
dom_share	320	21.093 1	14.724 5	17.600 0	0.250 0	81.900 0
HHI	388	0.159 1	0.080 4	0.136 6	0.100 4	1.000 0

城商行股权结构数据方面。民营资本持股比例均值为 28.32%，最大值为 85.67%；而本地民营资本持股比例均值为 21.09%，略小于民营资本持股比例，说明入股城商行的民营资本大部分为本地民营企业。变量 max_share 为虚拟变量，表示地方政府持股总和与民营资本持股总和相比较大，若民营资本持股总和大于地方政府持股总和则取值为 1；反之取值为 0。在 528 个样本中，

民营资本持股最大的样本为 55.11%，剩下为地方政府持股最大。在 388 个样本中，民营资本股东数量均值为 2.12 个，中位数为 1.94 个；最大民营资本股东个数为 8 个。而 HHI 均值为 0.15，中位数为 0.13，说明城商行股权集中度整体偏低。

在公司治理结构指标中，董事会人数均值为 12.38 人（中位数为 14 人），与祝继高等（2012）统计城商行 2004—2009 年的数据中董事会均值为 11.8 人（中位数为 12 人）相比有所提高；在独立董事比例方面，均值为 24.58%（中位数为 26.67%），与祝继高等（2012）统计的独立董事均值为 14.9%（中位数为 14.3%）相比大幅提高，这反映出随着我国经济快速发展、金融深化加剧，城商行公司治理结构越来越完善。而监视人数均值为 7.63 人（中位数为 7 人），外部监事比例均值为 26.91%（中位数为 28.57%）略高于独立董事比例。高管人数均值为 7.63 人（中位数为 7 人），董事长与行长是否兼任情况中有 6.62% 存在两职兼任的情况。

城商行其他方面数据信息。全样本城商行所面临的外部竞争均值 16.22 个。有分行信息样本为 253 个，城商行分行个数均值为 6.69 个；有会计师事务所信息的 436 个样本中，有 78% 的城商行聘请排在前 100 名的会计师事务所；受到行政处罚次数方面，均值为 0.54 次，而中位数为 1.40 次，最高受到处罚次数为 16 次。

在地方经济特征中，非国有工业企业负债占比均值为 54.83%（中位数为 52.39%），但最小值为 16.53%，最大值为 86.26%。这说明在地级市之间，民营企业发展程度和发展规模不一致，金融深化程度差距较大。

四、实证设计

为了探究民营资本入股城商行对城商行公司治理的影响，本书第一部分实证研究民营资本入股对城商行公司治理结构（董事人数、独董比例、监事人数、外监比例）的影响（模型 7-1）。我们首先引入第一大股东性质，探究民营资本入股对具有不同性质第一大股东城商行的公司治理结构影响（模型 7-2）；其次探究民营资本股东数量对公司治理结构有何种影响（模型 7-3）；最后按照民营资本持股数量（总和）和地方政府持股数量（总和）分组，对不同样本研究本地民营资本持股对城商行公司治理结构的影响（模型 7-4）。具体如下：

$$\text{companygoverance}_{it} = \alpha_i + \beta_1 \text{share}_{it} + \text{control}_{it}\beta + \varepsilon_{it} \quad (7\text{-}1)$$

$$\text{companygoverance}_{it} = \alpha_i + \beta_1 \text{share}_{it} + \beta_2 \text{share}_{it} \times \text{first}_{it} + \text{control}_{it}\beta + \varepsilon_{it} \quad (7\text{-}2)$$

$$\text{companygoverance}_{it} = \alpha_i + \beta_1 \text{share}_{it} + \beta_2 \text{share}_{it} \times \text{first}_{it} \times \text{number}_{it} + \text{control}_{it}\beta + \varepsilon_{it}$$

$$(7\text{-}3)$$

$$\text{companygoverance}_{it} = \alpha_i + \beta_1 \text{dom\_share}_{it} + \beta_2 \text{dom\_share}_{it} \times \text{first}_{it} + \text{control}_{it}\beta + \varepsilon_{it}$$

$$(7\text{-}4)$$

其中，被解释变量 companygoverance 表示董事人数（board）、独董比例（ind_board）、监事人数（supervisor）、外监比例（ind_superv），模型（7-1）和模型（7-2）中的控制变量有公司年限（age）、是否上市（listed）、总资产规模（ln_size）、地级市 GDP（ln_GDP）、省级非国有工业企业负债占比（nonstate_liability），考虑到与模型（7-1）和模型（7-2）中涉及民营股份数量问题相比，模型（7-3）和模型（7-4）涉及民营股份结构问题。因此，控制变量除了上述 5 个控制变量外，还增加了前十大股东股权集中度（HHI）用以控制股权集中度的影响。模型（7-1）至模型（7-4）均采用面板固定效应模型（Fixed Effect Model），且使用稳健标准误进行调整。

本书第二部分则实证探究本地民营资本入股对城商行公司治理的有效性（受到的行政处罚次数）的影响（模型 7-5）。一是通过引入独立董事比例、外部监事比例和高管人数，三者与本地民营股权的交互项实证了三个不同渠道对公司治理有效性的影响（模型 7-6）；二是按照民营资本持股数量（总和）和地方政府持股数量（总和）分组，对不同样本研究本地民营资本持股对城商行公司治理有效性影响（模型 7-5）。具体如下：

$$\text{punishment}_{it=} \alpha_i + \beta_1 \text{dom\_share}_{it} + \text{control}_{it} + \varepsilon_{it} \qquad (7\text{-}5)$$

$$\text{punishment}_{it=} \alpha_i + \beta_1 \text{dom\_share}_{it} + \beta_2 \text{dom\_share}_{it} \times \text{first}_{it} \times \text{channel}_{it} + \varepsilon_{it}$$

$$(7\text{-}6)$$

其中，模型（7-5）和模型（7-6）被解释变量为受到的行政处罚次数（punishment），解释变量为本地股东持股比例（dom_share），控制变量为公司年限（age）、是否上市（listed）、总资产规模（ln_size）、分行个数（branchs）、外部竞争（compete）、行长与董事是否兼任（duality）。模型（7-5）和模型（7-6）均采用混合负二项回归（Pooled Negative Binominal Regress），并使用聚类——稳健标准误（cluster-robust）以控制异方差。

第四节 民营资本持股比例与城商行公司治理

一、城商行民营资本持股比例现状

从图7-1可知，民营资本持股比例（前十大股东中民营资本持股比例总和）2012—2016年的均值由25.88%增加到31.11%，中位数由28.43%增加到32.90%。民营资本持股比例增加很显著，一方面由于地方政府退出城商行，民营资本得以进入城商行（洪正 等，2017）；另一方面民营经济的发展内生要求服务于民营经济的民营银行出现，而区域性的城商行则可以满足这一点，因此民营资本持股城商行的比例逐年上升。2012—2016年的民营资本持股比例变化趋势见图7-1。

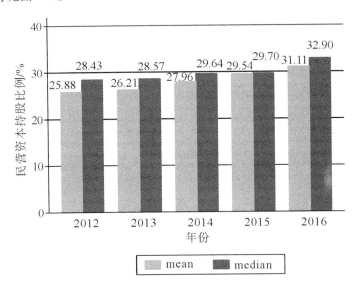

图7-1 2012—2016年的民营资本持股比例变化趋势

图7-2显示了具有不同性质第一大股东的城商行中，民营资本持股比例均值的变化。总体来看，如果第一大股东是中央政府或者外资，则民营资本持股比例较低，而第一大股东为地方政府时，民营资本持股比例则到28%左右，且逐渐增加；而民营资本股东是城商行第一大股东，民营资本持股比例最高，从2012年的44.01%增加到2016年的51.64%。这表明，民营资本完全控制城商行时往往追求更大股份比例的控制，而当地方政府为第一大股东时，则持有

金融分权背景下中国城市商业银行公司治理优化研究——基于股权结构的视角

的股权比例较低（均值为 28%）。民营资本持股比例（按第一大股东性质分类）见图 7-2。

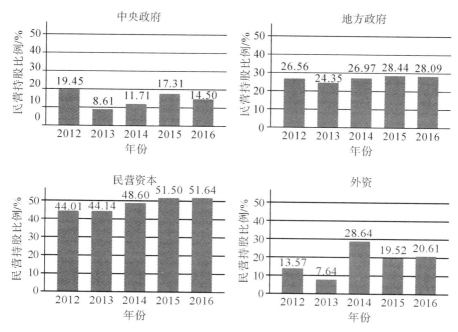

图 7-2 民营资本持股比例（按第一大股东性质分类）

图 7-3 显示出了与图 7-2 相同趋势的民营资本股东数量。一方面，第一大股东为中央银行、外资银行时，民营资本股东的数量为 1 家左右；另一方面，第一大股东为地方政府时，民营资本股东的数量达到 2 家，而民营资本股东为第一大股东时，民营资本股东的数量达到 3 家，且 2012—2016 年逐渐增加。前十大股东中民营资本股东的数量（持股 5% 以上）见图 7-3。

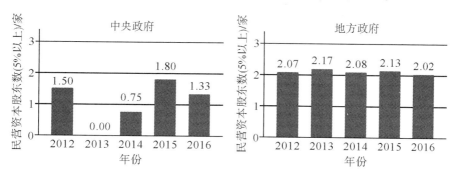

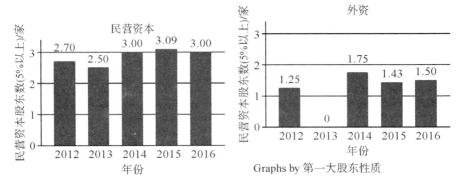

图 7-3 前十大股东中民营资本股东的数量（持股 5% 以上）

如图 7-4 所示，在地方政府组中，民营资本持股比例逐年增加，从 2012 年的 14.14% 增加到 2016 年的 17.62%；而在"民营资本组"民营资本持股比例则呈现出先上升后下降的趋势，可能原因是在缺乏地方政府控制的情况下，各民营资本股东之间的相互制衡、股权争夺导致其持股比例的变化。

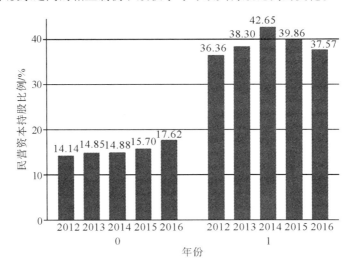

注：横坐标中"0"代表前十大股东中地方政府股权比例（加总）最大，命名为"地方政府组"；"1"代表前十大股东中民营资本股东股权比例（民营资本股东持股数加总）最大，命名为"民营资本组"。

图 7-4 地方政府组与民营资本持股组中，民营资本持股比例的变化情况

二、民营资本持股比例与城商行公司治理现状分析

图 7-5 描述了城商行 2012—2016 年的董事人数、独立董事比例、监事人事、外部监事比例的变化趋势。可以发现，董事会人数均值中位数基本维持在 12 人左右，而独立董事比例均值在 25%，中位数在 27% 基本保持不变；监事会人数保持在 7 人左右，而外部监事比例则有显著的增加，均值从 2012 年的 24% 增加到 2016 年的 29%，而中位数从 2012 年的 25% 增加到 2016 年的 33%。2012—2016 年的城商行公司治理结构变化趋势见图 7-5。

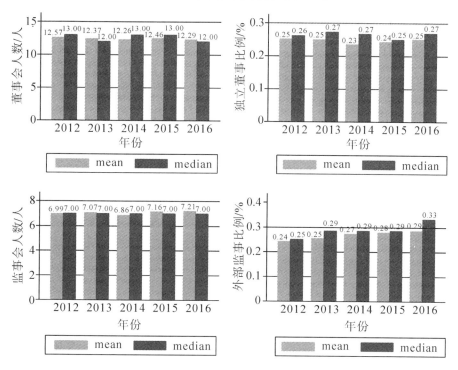

图 7-5　2012—2016 年的城商行公司治理结构变化趋势

图 7-6 显示了第一大股东不同性质下，董事会人数变化的情况。除第一大股为民营资本股东的城商行外，董事会人数基本保持不变，维持在 12~13 人，而第一大股东为民营资本股东的城商行董事人数则在 11 人左右。2012—2016 年的城商行董事会人数变化情况（按第一大股东性质分组）见图 7-6。

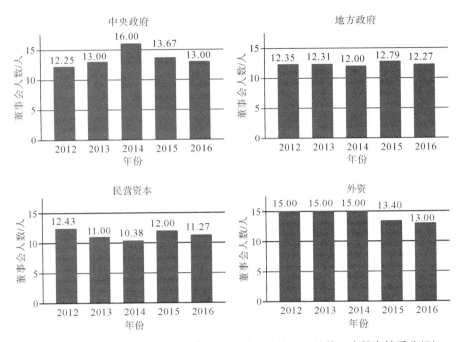

图 7-6　2012—2016 年的城商行董事会人数变化情况（按第一大股东性质分组）

从图 7-7 可以看出，独立董事比例在第一大股东为中央政府和外资时，变化趋势相反，但都维持在 25% 以上，可能的原因是城商行中，第一大股东为外资和中央政府的样本数量较少，存在异常值的情况。而第一大股东为地方政府时，独立董事比例呈现波动上升，由 2012 年的 22% 上升到 2016 年的 24%；第一大股为民营资本股东时，独立董事比例则呈现出了大幅上升，由 2013 年的 18% 上升至 2016 年的 25%。可以认为，民营资本入股城商行改善了公司治理结构。2012—2016 年城商行独立董事比例变化情况（按第一大股东性质分组）见图 7-7。

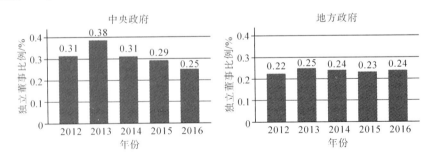

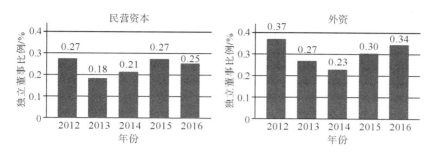

图 7-7　2012—2016 年城商行独立董事比例变化情况（按第一大股东性质分组）

　　图 7-8 显示了监事会人数变化情况，第一大股东为中央政府的城商行，监事人显著上升，第一大股东为外资时，则变化没有明显趋势，但均值仍在 7 人以上；第一大股东为地方政府，则监事会人数变化很小，仍然在 7 人左右；但第一大股东为民营资本股东的城商行，监事会人数有显著上升，从 2012 年的 6.57% 上升到 2016 年的 7.47%。2012—2016 年城商行监事会人数变化情况（按第一大股东性质分组）见图 7-8。

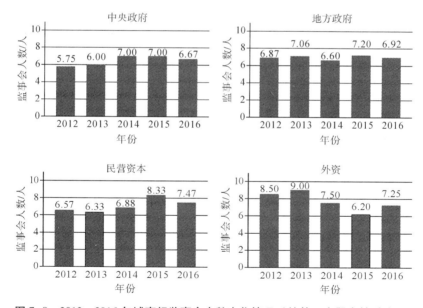

图 7-8　2012—2016 年城商行监事会人数变化情况（按第一大股东性质分组）

从图 7-9 可以看出，不同类型的第一大股东的城商行外部监事比例均有显著上升。第一大股东为中央政府的城商行，其外部监事比例维持在 30% 以上；第一大股东为地方政府的城商行，其外部监事比例保持在 27% 左右；第一大股东为民营资本股东的城商行，其外部监事比例有显著上升，从 10% 上升到 26%；而第一大股东为外资的城商行，其外部监事比例维持在 30% 左右。2012—2016 年城商行监事会人数变化情况（按第一大股东性质分组）见图 7-9。

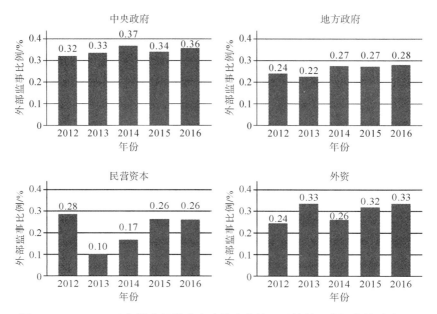

图 7-9 2012—2016 年城商行监事会人数变化情况（按第一大股东性质分组）

图 7-10 按照"民营资本股东是否最大"分组，两个不同组别中，董事会人数变化差异不显著，基本保持在 12 人；而独立董事比例中，"地方政府组"独立董事比例显著增加，从 2012 年的 25% 上升到 2016 年的 28%，说明民营资本入股地方政府所控制的城商行会使其公司治理结构得到改善；"民营资本组"中独立董事比例则保持不变，为 23%~24%。同董事会人数，两个组中监事会人数也基本保持不变，维持在 7 人左右；而外部监事比例在"地方政府组"显著上升，从 2012 年的 23% 上升到 2016 年的 29%，在"民营资本组"中则基本保持恒定，维持在 27%。民营资本股东与地方政府对城商行公司治理结构的影响见图 7-10。

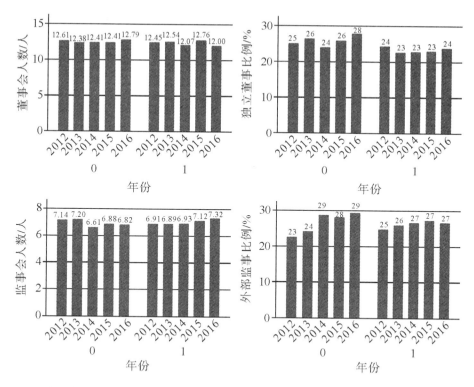

注：横坐标中"0"表示前十大股东中地方政府股权比例（加总）最大，命名
为"地方政府组"；"1"表示前十大股东中民营资本股东股权比例（民营资本股东
持股数加总）最大，命名为"民营资本组"。

图 7-10 民营资本股东与地方政府对城商行公司治理结构的影响

以上分析表明，在地方政府控制的城商行中，民营资本持股比例的增加能
够改善公司治理，具体表现为提高了独立董事比例和外部监事比例，但董事会
人数、监事会人数没有显著影响。

第五节 民营资本入股对城商行公司治理结构的影响的
实证分析

从表 7-3 可以知道，民营资本持股比例对公司治理结构（董事会人数、
独立董事比例、监事会人事、外部监事比例）有正向影响，尤其是对独立董

事比例有显著的正向影响，表明民营资本入股城商行可以改善公司治理结构。其他方面，上市城商行能够显著增加董事会人数（城商行上市也能显著增加外部监事比例），而地区经济发展程度高，也能增加城商行董事会人数。民营资本持股比例对城商行公司治理结构的影响见表7-3；民营资本持股对不同股权类型的公司治理结构的影响见表7-4。

表7-3　民营资本持股比例对城商行公司治理结构的影响

变量	(1) 董事会人数	(2) 独立董事比例	(3) 监事会人数	(4) 外部监事比例
share	0.020 5 (1.44)	0.000 9** (2.13)	0.014 8 (1.34)	0.000 7 (0.46)
age	−0.254 7* (−1.71)	0.005 2 (0.66)	0.056 0 (0.52)	0.017 9 (1.55)
ln_size	0.057 1 (0.11)	0.005 6 (0.17)	0.108 9 (0.29)	−0.000 0 (−0.00)
listed	0.935 7*** (2.65)	−0.002 4 (−0.15)	−0.462 4* (−1.91)	0.053 5** (2.30)
ln_GDP	3.511 8*** (2.68)	−0.038 6 (−0.70)	−1.072 5 (−0.84)	−0.102 0 (−0.88)
nonstate−liability	−1.071 5 (−0.25)	0.210 8 (1.04)	−1.738 4 (−0.45)	0.347 2 (0.86)
_cons	−13.616 9 (−1.09)	0.255 9 (0.42)	13.849 0 (1.59)	0.639 1 (0.80)
N	346	336	346	333
adj. R−sq	0.04	0.02	0.02	0.08

注：t statistics in parentheses；* 表示 $p<0.1$，** 表示 $p<0.05$，*** 表示 $p<0.01$。

表7-4　民营资本持股对不同股权类型的公司治理结构的影响

变量	(1) 董事会人数	(2) 独立董事比例	(3) 监事会人数	(4) 外部监事比例
share	0.034 1 (1.18)	−0.001 4 (−1.53)	−0.034 9 (−0.88)	0.008 3** (2.29)
share×first×gov	−0.013 3 (−0.65)	0.002 0*** (3.16)	0.031 8 (1.00)	−0.001 7 (−1.31)
share×first×pri	−0.029 8** (−2.05)	0.002 3*** (4.46)	0.047 9* (1.86)	−0.005 3*** (−5.74)

表7-4(续)

变量	(1) 董事会人数	(2) 独立董事比例	(3) 监事会人数	(4) 外部监事比例
age	−0.158 8 (−0.77)	0.009 6 (1.03)	−0.041 2 (−0.26)	0.035 3** (2.55)
ln_size	−0.186 1 (−0.28)	−0.010 3 (−0.30)	0.288 8 (0.64)	0.014 7 (0.42)
listed	1.197 1** (2.39)	−0.010 7 (−0.43)	−1.087 0*** (−4.16)	0.052 9** (2.19)
ln_GDP	3.661 2** (2.36)	−0.041 1 (−0.63)	−0.135 2 (−0.09)	−0.304 6* (−1.98)
nonstate−liability	−3.983 1 (−0.77)	0.431 7** (2.12)	−1.931 8 (−0.35)	0.545 9 (1.20)
_cons	−10.765 9 (−0.67)	0.363 0 (0.49)	5.191 7 (0.42)	1.574 1* (1.78)
N	261	256	260	252
adj. R−sq	0.06	0.04	0.04	0.27

注：t statistics in parentheses；* 表示 $p<0.1$，** 表示 $p<0.05$，*** 表示 $p<0.01$；由于篇幅原因，外资组和中央政府组未纳入回归结果中报告（本书之后报告的回归结构也是如此）。

加入民营资本持股比例与城商行第一大股东性质之后，第一大股东为地方政府的城商行中，民营如果能够显著提高独立董事比例（t 值为 3.16），同时也能够正向影响外部监事比例，表明在第一大股东为地方政府的城商行中，民营资本股权比例的增加可以改善公司治理结构。在第一大股东为民营资本股东的城商行中，尽管交互项对董事人数有负向影响，但对于独立董事和监事人数，交互性显著为正，除此之外，对于外部监事比例，尽管交互性显著为负，但民营资本持股显著为正，且两者系数之和大于 0（0.008 3−0.005 3＝0.003 0）。因此，这仍说明当民营资本股东为城商行第一大股东时，增加民营资本持股比例能够改善公司治理结构。民营资本股东数对公司治理结构的影响见表7-5。

表 7-5　民营资本股东数对公司治理结构的影响

变量	(1) 董事会人数	(2) 独立董事比例	(3) 监事会人数	(4) 外部监事比例
share	−0.023 0 (−0.92)	0.000 1 (0.07)	−0.023 4 (−0.77)	0.002 9 (1.50)

表7-5(续)

变量	(1) 董事会人数	(2) 独立董事比例	(3) 监事会人数	(4) 外部监事比例
number×first×gov	0.008 8** (2.07)	0.000 2 (1.19)	0.007 4*** (3.37)	−0.000 2 (−0.39)
number×first×pri	0.007 5 (1.50)	0.000 2 (1.08)	0.008 1** (2.51)	−0.000 5 (−0.87)
HHI	−2.960 3* (−1.71)	0.025 9 (0.17)	0.408 0 (0.17)	−1.019 1*** (−3.91)
age	−0.148 3 (−0.76)	0.010 9 (1.19)	−0.004 2 (−0.03)	0.028 7*** (2.94)
ln_size	−0.482 6 (−0.67)	−0.014 9 (−0.40)	0.119 3 (0.27)	−0.008 9 (−0.31)
listed	1.102 8** (2.42)	−0.010 9 (−0.43)	−1.108 5*** (−4.47)	0.038 0* (1.83)
ln_GDP	4.245 2*** (3.13)	−0.042 3 (−0.67)	−0.044 3 (−0.03)	−0.219 0*** (−2.91)
nonstate−liability	−6.350 4 (−1.27)	0.386 1* (1.92)	−3.492 2 (−0.65)	0.517 0 (1.22)
_cons	−8.646 5 (−0.54)	0.452 0 (0.59)	7.564 8 (0.65)	1.625 5** (2.40)
N	261	256	260	252
adj. R−sq	0.08	0.04	0.07	0.40

注:t statistics in parentheses;* 表示 $p<0.1$,** 表示 $p<0.05$,*** 表示 $p<0.01$。

由表7-5可知,对于第一大股东为地方银行的城商行,民营资本股东数能够显著增加董事会人数和监事会人数(t 值分别为2.07和3.37);但对于独立董事比例和外部监事比例交互性系数为正但不显著。而对于第一大股东为民营资本股东的城商行,能够显著正向影响监事会人数,对董事会人数和独立董事比例的系数仍为正,但显著性稍微较弱(t 值分别为1.50和1.08)。因此我们可以认为,民营资本股东数能够有限影响公司治理人数。除此之外,HHI对于董事会人数和外部监事比例有显著负向影响,表明前十大股东的股权集中度越高,越容易恶化公司治理结构。

由于地方财政局、国有资产公司、地方国企等都归于地方政府管辖,因此可能出现即使第一大股东为民营资本股东,但其他归于地方政府管辖的股东之和加起来大于第一大股东。因此，本书按照地方政府持股比例和民营资本持股比例谁最大进行分组，分为"地方政府组"和"民营资本组"。并以本地民营资本股东持股总和为解释变量进行回归。之所以考虑到使用本地民营资本股东持股总数，是因为在地方政府制衡过程中，本地民营资本股东更有激励动机与地方政府抗争，除此之外本地民营资本股东与外地民营资本股东相比更对本地城商行拥有信息优势，也能够有效地对地方政府股东形成制衡。本地民营资本持股比例对公司治理结构的影响（地方政府组）见表7-6。

表7-6　本地民营资本持股比例对公司治理结构的影响（地方政府组）

	（1） 董事会人数	（2） 独立董事比例	（3） 监事会人数	（4） 外部监事比例
dom_share	−2.171 5*** （−4.76）	0.055 6*** （3.74）	−2.871 0*** （−9.39）	0.037 2 （1.04）
dom_share×first×gov	2.152 7*** （4.64）	−0.055 5*** （−3.85）	2.873 2*** （9.20）	−0.037 1 （−1.02）
HHI	−0.475 8 （−0.15）	−0.283 5 （−1.43）	1.675 1 （0.31）	−0.339 8 （−0.94）
age	−0.032 9 （−0.06）	0.033 2* （1.87）	0.650 0 （1.38）	0.019 9 （0.80）
ln_size	−0.155 4 （−0.09）	−0.002 1 （−0.04）	0.978 1 （1.11）	−0.008 9 （−0.11）
listed	0.400 0 （0.49）	0.031 4 （1.27）	−0.652 0 （−0.85）	0.076 7* （1.94）
ln_GDP	1.871 0 （0.31）	−0.244 6 （−1.53）	−9.662 5** （−2.22）	−0.066 7 （−0.29）
nonstate−liability	2.128 1 （0.34）	0.339 5 （1.69）	3.984 5 （0.67）	−0.207 1 （−0.28）
_cons	0.078 6 （0.00）	1.760 3 （1.38）	63.146 8* （1.80）	0.814 4 （0.49）
N	81	79	81	80
adj. R−sq	0.12	0.15	0.28	0.06

注：t statistics in parentheses；* 表示 $p<0.1$，** 表示 $p<0.05$，*** 表示 $p<0$；由于地方政府组中，第一大股东为民营资本股东的城商行，股权性质没有变化，因此面板固定效应回归时被删除了，因此为该分类变量系数。

由表7-6可以看出，在地方政府持股最大的样本组中，本地民营资本持股比例能够显著减少董事会人数和监事会人数，但第一大股东为地方政府，会抑制这种效应；加上交互项效应后，董事会人数系数为-0.018 8，仍然能够降低董事会人数，但效果不明显，监事会人数系数为0.002 2，本地民营资本入股增加监事会人数的效应降低。而对于独立董事比例，本地民营资本股东能够显著提高独立董事水平，系数为0.055 6，但第一大股东为地方政府时，这种效应降低为0.000 1。同样，外部监事比例也是如此，第一大股东为地方政府时，本地民营资本入股提高外部监事比例效应从0.033 7降低到0.000 1；但不显著。综上所述，本地民营资本入股能够提高地方政府控制的城商行公司治理水平，但提升幅度有限。民营资本入股城商行对公司治理结构的影响（民营资本组）见表7-7。

表7-7 民营资本入股城商行对公司治理结构的影响（民营资本组）

变量	（1） 董事会人数	（2） 独立董事比例	（3） 监事会人数	（4） 外部监事比例
dom_share	0.032 4 （0.69）	−0.000 5 （−0.25）	−0.105 6*** （−4.67）	0.007 9** （2.34）
dom_share×first×gov	−0.015 2 （−0.53）	0.000 4 （0.27）	0.126 5*** （5.11）	−0.003 8* （−1.73）
dom_share×first×pri	−0.025 8 （−1.06）	0.001 8* （1.78）	0.108 4*** （10.80）	−0.007 9*** （−5.85）
HHI	−9.471 8 （−1.06）	−0.495 2 （−1.19）	−2.086 4 （−0.36）	0.148 2 （0.36）
age	−0.437 0 （−1.08）	0.010 9 （0.66）	−0.233 1 （−1.11）	0.050 3** （2.46）
ln_size	0.769 6 （0.39）	0.029 8 （0.40）	0.682 0 （0.97）	−0.098 2 （−1.33）
ln_GDP	3.978 3* （1.82）	−0.221 6** （−2.30）	−0.260 8 （−0.21）	−0.255 1** （−2.02）
nonstate−liability	−5.166 5 （−0.43）	−0.032 0 （−0.08）	−1.749 6 （−0.34）	0.530 6 （1.21）
_cons	−21.545 2 （−0.91）	1.474 1 （1.15）	2.457 9 （0.18）	2.760 9** （2.33）
N	125	122	125	120
adj. R−sq	0.02	0.08	0.25	0.23

注：t statistics in parentheses；* 表示 $p<0.1$，** 表示 $p<0.05$，*** 表示 $p<0.01$。

表 7-7 报告了民营资本组（民营资本持股比例总和最大）中，本地民营资本持股比例对于公司治理结构的影响。第一大股东是地方政府的城商行中，本地民营资本持股比例对于董事会人数、独立董事没有显著影响；但对于监事会人数则有负向影响（系数为-0.105 6），加入交互项之后（系数为 0.125 6），这种效应变为正（系数为 0.200 0）；而对于外部监事比例则有正向影响（系数为 0.007 9），加入交互项之后（系数为-0.003 8），这种效应减弱（系数为 0.004 1）。在第一大股东为民营资本股东时，对董事会人数不显著，但对于独立董事比例，能够显著增加独立董事比例，且系数显著大于第一大股东为地方政府的城商行（0.001 8>0.000 4）；对于监事会人数，加入交互项后，系数仍然为正，但小于第一大股东为地方政府的城商行（0.002 8<0.200 0），对外部监事比例的影响则因为加入交互项效应后抵消了。因此可以说明，在民营资本组中，本地民营资本入股城商行不能够显著改善城商行公司治理。可能的原因是在民营资本成为城商行最大股东后，改善公司治理的动机不足，反而各个民营资本股东可能为了各自的私利进而相互制衡；这时地方政府成为中小股反而有动机去改善城商行公司治理水平。

第六节　本地民营资本入股对公司治理有效性的影响的实证分析

上一小节，我们实证分析了民营资本入股城商行公司治理结构的影响，民营入股可以改善公司治理结构，如提升独立董事比例和外部监事比例。这一节，我们进一步分析公司治理结构的改善是否有效，以及本书选择城商行受到的行政处罚次数作为公司治理结构改善是否具有有效性的代理变量。本地民营资本持股对行政处罚的影响（独董比例、外监比例、高管人数）见表 7-8。

表 7-8　本地民营资本持股对行政处罚的影响（独董比例、外监比例、高管人数）

变量	（1） 总次数	（2） 总次数	（3） 总次数	（4） 总次数
dom_share	-0.420 5* (-1.89)	-0.051 5** (-2.31)	-0.037 1* (-1.88)	0.009 3 (0.45)
dom_share×first×gov	0.412 4* (1.84)	—	—	—

表7-8(续)

变量	（1） 总次数	（2） 总次数	（3） 总次数	（4） 总次数
dom_share×first×pri	0.394 8* （1.76）	—	—	—
dom_share×first×gov× ind_borad	—	0.157 8** （2.03）	—	—
dom_share×first×pri× ind_borad	—	0.099 6 （1.03）	—	—
dom_share×first×gov× ind_ superv	—	—	0.105 5 （1.62）	—
dom_share×first×pri× ind_superv	—	—	0.021 0 （0.29）	—
dom _ share × first × gov ×manage	—	—	—	−0.002 8 （−0.87）
dom_share×first×pri× manage	—	—	—	0.005 3* （−1.81）
age	−0.019 4 （−0.57）	−0.023 6 （−0.63）	−0.018 1 （−0.45）	−0.018 0 （−0.56）
listed	−0.783 1 （−1.61）	−0.945 1* （−1.87）	−1.027 8* （−1.95）	−0.870 7* （−1.88）
ln_size	−0.616 6 （−0.98）	−0.733 4 （−1.21）	−0.707 7 （−1.06）	−0.552 8 （−0.92）
compete	0.059 6** （2.11）	0.060 0** （2.28）	0.054 6* （1.82）	0.057 1** （2.20）
branches	0.290 8*** （3.49）	0.288 6*** （3.58）	0.300 9*** （3.55）	0.297 0*** （3.83）
duality	−19.392 5*** （−27.99）	−18.948 8*** （−27.51）	−20.942 1*** （−31.53）	−21.225 5*** （−31.45）
_cons	6.536 6 （0.72）	8.607 1 （0.99）	8.132 0 （0.86）	5.502 3 （0.63）
_cons	0.623 1** （2.06）	0.597 2* （1.89）	0.495 1 （1.41）	0.619 0** （2.01）
N	124	120	119	124
pseudo R-sq	0.15	0.15	0.15	0.15

注：t statistics in parentheses；* 表示 $p<0.1$，** 表示 $p<0.05$，*** 表示 $p<0.01$。

表 7-8 中的回归（1）显示了本地民营资本持股比例能够降低城商行行政处罚次数（系数为-0.420 5），但与第一大股东性质的交互项后减弱了这种效应，说明本地民营资本持股确实能够提升公司治理的有效性，但效果很有限。回归（2）则加入独立董事比例交互项，本地民营资本股东降低行政处罚的效应反而被第一大股东地方政府削弱了，且第一大股东为民营资本股东的交互项系数不显著，说明第一大股东为民营资本股东的城商行通过独立董事比例提升了公司治理的有效性。回归（3）则加入了外部监事比例，本地民营资本持股比例显著降低行政处罚次数，但交互项系数不显著，说明外部监事提升公司治理有效性中第一大股东性质没有影响。回归（4）加入了高管人数交互项，本地民营资本持股比例对行政处罚次数不显著，但交互项中，第一大股东为民营资本股东时，能够显著降低行政处罚次数。除此之外，四个回归中的外部竞争总和正向显著，说明城商行面临的外部竞争越激烈，城市行受到的行政处罚越多。这可能的原因是城商行面临激烈的竞争时，一方面为了提高自己的市场竞争力，其违规操作帮助客户完成金融服务；另一方面由于较小的城商行不具有很强的市场竞争力，为了能够与其他大行竞争，其不得不进行违规操作以保持市场份额生存下去。分行数量也显著为正，说明分行数量越多，受到的行政处罚次数越多。一方面分行个数的增加，意味着银行业务量的增加可能导致违规概率的增加，随着分行个数上升，总行对于分行的管控力度也会下降。另一方面，随着分行个数增加，则新增的分行可能在省外，地理距离上疏远，可能导致总行对于省外分行的控制力度弱，省外分行内控不严（如 2018 年某银行某分行的大额违约放贷业务）。行长与董事长兼任能够显著降低受到的行政处罚次数，可能的原因是因为这种兼任能够加强对城商行管理层的约束力，提升城商行风险控制的意识。

因此可以说明，本地民营资本股东可以通过独立董事、外部监事和高管来降低行政处罚次数，进而提升公司治理的有效性，如果城商行第一大股东为民营资本股东，则这种效应更为显著。不同分组中的本地民营资本持股比例对行政处罚次数的影响见表 7-9。

表 7-9 不同分组中的本地民营资本持股比例对行政处罚次数的影响

变量	（1） 总次数 （地方政府组）	（2） 总次数 （民营资本组）
dom_share	−0.436 6** (−2.17)	−0.654 8** (−2.37)

表7-9(续)

变量	（1） 总次数 （地方政府组）	（2） 总次数 （民营资本组）
dom_share×first×gov	0.522 5 ** （2.41）	0.649 7 *** （2.82）
dom_share×first×gov	−0.426 3 ** （−1.96）	0.641 9 ** （2.20）
age	0.150 4 *** （3.65）	−0.152 6 ** （−2.57）
listed	1.599 0 ** （2.06）	−1.098 2 （−1.20）
ln_size	−3.620 6 *** （−3.78）	−0.212 9 （−0.22）
compete	0.132 2 *** （3.35）	0.108 6 ** （2.37）
branches	0.697 1 *** （4.41）	0.218 2 * （1.85）
duality	−13.724 6 *** （−20.05）	−17.998 2 *** （−19.39）
_cons	47.831 7 *** （3.59）	1.514 6 （0.11）
_cons	−0.705 8 （−0.72）	0.850 0 ** （2.19）
N	39	79
pseudo R-sq	0.20	0.18

注：t statistics in parentheses；* 表示 $p<0.1$，** 表示 $p<0.05$，*** 表示 $p<0.01$。

我们按照地方政府与民营资本持股比例孰大孰小分组，进行本地民营资本股东持股对行政处罚次数的实证分析。如表7-9所示，本地民营资本持股比例能够显著降低两个组别的行政处罚次数（系数分别为−0.422 6和−0.654 8），但是地方政府组中第一大股东为地方政府能够抑制这种效应（交互项系数为0.522 5），而第一大股东为民营资本股东的城商行，则加强了这种效应（交互项系数为−0.426 3）。因此可以说明，在地方政府组中，本地民营资本持股可以提升公司治理的有效性，且第一大股东为民营资本股东时，提升力度更大。在民营资本组中，本地民营资本股东同样能够提升公司治理水平（系数为

-0.654 8），但第一大股东为地方政府或者民营资本股东时都抑制了这种提升效应（交互项系数分别为 0.649 7 和 0.641 9）。这表明，当民营资本持股比例高于地方政府时，民营资本持股比例对公司治理的有效性的提升很有限。其可能的原因是当地方政府不再是最终控制人时，民营资本股东之间的相互制衡以及第一大股东对城商行的控制恶化了城商行公司治理的有效性。

第七节　本章小结

本章通过对 2012—2016 年的城商行相关数据进行分析，实证研究了城商行中民营资本持股比例对城商行公司治理有效性的影响。实证发现，民营资本持股比例的增加能够改善城商行公司治理结构，具体来说，能够提高城商行的独立董事比例和外部监事比例。而当地方政府为第一大股东或者地方政府股权最大时，民营资本持股比例增加能够显著改善公司治理结构，进而提高公司有效性；而当民营股权最大时，尽管民营资本持股比例能够改善公司治理结构，进而提升公司治理有效性，但这种效应会被第一大股东地方政府或者民营资本股东所抑制。

因此，未来对城商行公司治理的改革中，我们应该遵守既要引入民营资本入股城商行制衡地方政府，又要加强制度建设以控制民营资本对城商行"掏空"的原则；同时还要对以"两会一层"为主的内部公司治理机制进行改革，并完善以会计师事务所、银监会监督、投资者法律保护等为主的外部公司治理机制。

第八章 民营资本入股对城商行绩效的影响的实证分析

第一节 民营资本入股对城商行绩效影响的理论分析

首先，政治观、道德风险和管理层激励是分析国有银行信贷风险高的三种主要观点。政治观认为，国有银行需承担部分政策负担，其经营决策并非基于利润最大化，而是基于政治利益最大化或社会福利最大化（La Porta et al.，2002；Sapienza，2004；Houston et al.，2011）。政府干预、金融与市场化低的国有经济之间的紧密联系是国有银行资产质量差、不良贷款率高的根本原因（谭劲松 等，2012；张杰，2003）。许多实证都表明国有银行经营决策的政治性，如国有银行为平滑经济，贷款具有逆周期特点；政治选举年份，国有银行贷款规模异常等（Dinc，2005；Bertay et al.，2015）。

其次，国有银行预算软约束问题严重，具有很强的道德风险（Sheshinski et al.，1999）。这源于以下两点原因：第一，政府资本在注入商业银行的同时，政府声誉也注入了银行。由于政府声誉的存在，银行承担的风险没有完全内部化，对风险敏感性低。第二，在政府干预下，国有银行容易找到转嫁信贷风险的理由。其往往存在信贷决策随意性高、管理流于形式等问题。Iannotta et al.（2013）发现，国有银行在选举年份将会受到更大程度的政府保护。郝项超（2013）研究了不同产权性质的银行贷款定价，结果表明政府控股银行对借款企业风险并不敏感。Mohsni et al.（2014）以61家私有化商业银行为研究对象，发现银行私有化后，经营风格更为谨慎，风险承担水平降低。

最后，国有银行管理层受到的激励和监督不足（Shleifer et al.，1997；Laffont et al.，1993）。作为国有银行股权代持人的政府和作为国有银行经营管理直接负责者的董事会，都不享有国有银行剩余索取权，对成本和收益的敏感性低。国有银行产权由全民共同所有，但是任何公民都没有能力和动力行使股东权利。无论是国家还是公民，都缺乏足够的激励监督国有银行的管理层（Barth et al.，2009）。李波等（2009）研究表明，国有银行管理层面临多任务的委托代理问题，并且公司治理不完善、职业经理人市场欠缺等都导致了其激励不足或激励扭曲。郝项超（2013）研究发现，国有银行的贷款定价对成本并不敏感。

引入民营资本，优化城商行资本结构，降低城商行信贷风险，可能源于以下三种渠道：第一，民营资本的介入降低了地方政府对城商行的控制，减少了城商行受到的行政干预。政府控股下的城商行运作具有一定的"政治性质"，存在管理层由政府任命、轻业绩重政绩等问题。民营资本对成本收益更敏感，为保证自身持股收益，民营资本股东会尽量降低城商行受到的行政干预程度。若某些信贷有损于银行利益，民营资本股东会积极行使其股东权利。随着民营资本进入，地方政府干预城商行的成本提高（Megginson et al.，2005）。总之，引入民营资本有利于缓解城商行行政化的内部管理决策体制，引导其信贷业务市场化与规范化。第二，民营资本的介入降低了城商行的预算软约束，缓解其道德风险问题。随着民营资本持股比例的增高，政府控制城商行的正常收益与超额收益均下降。政府提供隐性担保、政策优惠和事后救助的激励下降。城商行在政府保护措施减少以及救助预期降低后，信贷行为会更加谨慎。第三，民营资本对城商行有监督及提供信息的作用。民营资本可有效地监督管理层（Beck et al.，2006）。政府控制的城商行存在的所有者缺位、代理问题突出、公司治理形同虚设等问题。引入民营资本有助于完善银行治理，改善管理层的监督和激励机制，抑制管理层追求在职消费、掏空银行等满足私人利益的行为。另外，民营资本股东可以向城商行提供有价值的软信息。城商行作为区域性中小银行，定位于服务地方经济和小微企业。本地民营资本股东的供应商或客户很可能是城商行的贷款对象，因此民营资本股东的社会关系网络可以为城商行的信贷决策提供某些软信息。

第二节　民营资本入股与城商行盈利性

随着金融开放以及市场经济体系的逐步完善，城商行面临的竞争加剧。健全有效的公司治理，是银行最根本、最关键的核心竞争力。股权结构是公司治理的基础，从根本上决定了公司的管理机制和约束激励机制。相比于四大国有银行以及股份制银行，城商行股权结构较不合理。各地城商行脱胎于当地农村信用合作社和城市信用合作社，成立之初主要由政府及企事业单位入股，天然存在"一股独大"问题（Zhang et al.，2016）。为弥补资本金不足以及满足巴塞尔协议的相关规定，城商行在成立后进行了一系列增资扩股和重组，部分城商行甚至上市融资。在这一过程中，民营资本受到政策鼓励，参与到城商行的股份制改造，成了城商行股东。虽然大部分城商行股权集中度有所下降，股东性质也趋于多元化，但受政策限制①，单一民营资本持股比例低，民营股权较为分散。

完善股权结构，加快混合所有制改革，对于提升企业效率、完善公司治理结构具有重要作用。马连福等（2015）研究了非国有股权多样性、深入性、制衡性对国有竞争类上市公司的影响，结果表明，多样的非国有主体性质和适度的非国有比例对公司业绩有提升作用，且外资提升作用大于民营资本。刘运国等（2016）研究表明，在竞争性国有企业引入非国有资本，且非国有资本向国企派驻董监高，这有助于提升国企内部的控制质量。郝阳和龚六堂（2017）研究表明，民营资本参股国有企业可以提高管理层薪酬—业绩敏感性，国有资本参股民营企业可以减轻税负和融资约束。以上关于混合所有制改革的文献，普遍得出混合所有制有正向影响的结论。但这些文献也存在一定的局限性：第一，这些文献所用样本均为上市公司，缺乏对商业银行的专门研究。商业银行对股东资格的审查以及对单一股东持股比例的严格控制可能导致其与一般公司的混合所有制改革有不同规律；此外，商业银行的运行效率对整体经济运行效率影响很大，因此评估商业银行混合所有制改革的结果具有重大意义。第二，现有研究暂未对民营资本股东在银行中的作用做系统性研究，更毋论对民营资本股东异质性的研究。民营资本参股在银行股权改革中非常普遍，但缺乏实证检验民营资本作用及其作用机制。第三，在分析民营参股股东作用时，现有文献仅考虑持股比例总和，忽略了民营资本内部股权结构的差异。部分城商行中民营资本持股比例总和高，但多为小而散的民营资本股东。民营资本小股东"搭便车"心理严重，影响力与决策效率远低于大股东，目

---

① 在2003年某市商业银行的票据违规事件后，监管层严格规定新入股的民营资本股东及其关联方总持股比例不得超过10%，随后对战略投资者放松到20%。直到2012年，银监会和证监会分别出台《中国银监会关于鼓励和引导民营资本进入银行业的实施意见》和《中国证监会关于落实<国务院关于鼓励和引导民间投资健康发展的若干意见>工作要点的通知》，政策规定，民营企业参与城商行风险处置的，持股比例可适当放宽至20%以上；通过并购重组的方式参与农村信用合作社和农村商业银行风险处置的，允许单个企业及其关联方阶段性持股比例超过20%。

前我们也缺乏实证来检验民营资本大股东与小股东的差异。

一方面，作为逐利性资本，民营资本具有很强的动机监督城商行的日常经营，提高其盈利性；另一面，单一民营资本持股比例低，对大股东的监督能力有限，"搭便车"行为严重。实施多年的引入民营资本政策是否真正改善了城商行的竞争力；如何规范民营资本进入，优化所有权结构，进而提升城商行盈利性就成了我们亟待解决的重大课题。

鉴于此，本书从两方面对城商行引入民营资本展开研究。一方面，我们研究了民营资本基本特征（民营资本持股比例和重要民营资本股东个数）对城商行盈利性的影响，目的是检验民营资本进入能否提高城商行的竞争力。另一方面，我们研究了不同民营资本提高城商行盈利性的异质性，目的是探讨不同类型民营资本股东对城商行盈利性影响的差异性，为实践中引入民营资本提供机制设计理论和经验支持。

相比已有文献，本书贡献主要体现在以下两点：

第一，本书丰富了商业银行混合所有制改革的相关文献。我们发现，民营资本入股城商行可以起到制衡国有控股股东并监督城商行经营的作用，最终能够提高城商行的盈利性。已有文献主要以企业为研究对象，探究民营资本化的经济后果，缺乏对商业银行的实证研究。本书的研究结果支持深化城商行股权结构改革，为监管机构大力引导民营资本进入银行业提供了经验支持。

第二，本书对民营资本股东特征进行了细致分类，提供了民营资本股东影响城商行绩效的机制分析。现有研究暂未对民营资本股东在银行中的作用做系统性研究，更毋论对民营资本股东异质性的研究。本书从民营资本内部持股结构、民营资本股东地理位置和民营资本股东持股时间等多个角度，分析了其提高城商行绩效的异质性。本书认为，民营资本大股东在提升城商行绩效方面发挥了重要作用，引入"散沙式"的民营小股东无助于城商行绩效的提升；与外地民营资本股东相比，本地民营资本股东对城商行盈利性的提升作用更大；与短期持股的民营资本股东相比，长期持股的民营资本股东对城商行盈利性的提升作用更大。本书的研究成果不仅为城商行如何引入高质量、负责任的民营资本股东提供了理论依据和切实建议，也为中小型农村金融机构引入民营资本股东提供了借鉴。

一、文献综述与假设提出

（一）所有权性质与商业银行绩效

政府持股银行在全球范围内非常普遍，但是随着金融自由化的发展，越来越多的民营资本和外国资本进入银行业（Gonzalez-Garcia et al., 2013; Zhu et al., 2016）。鉴于此，许多学者比较了政府股东、民营资本股东和外资股东对商业银行绩效的影响。在理论方面，大部分学者认为国有银行经营绩效较低，这主要是基于以下几个原因：首先，国有银行需承担部分政策负担，其经营决策并非基于利润最大化，而是基于政治利益最大化或社会福利最大化（La Porta et al., 2002; Sapienza, 2004; Houston et al., 2011）。Dinc（2005）研究表明，国有银行在选举年份会发放更多贷款。Bertay et al.（2015）研究发现，国有银行为保证经济平稳运行，在金融不稳定时期会发放更多贷款，信贷具有显著逆周期特点。在法律制度不完善地区，国有银行在政府干预下为国有企业提供信贷支持（余明桂 等，2008）。其次，国有银行预算软约束问题严重（Sheshinski et al., 1999）。受政府保护及干预的影响，政府直接持股的银行比国企间接控制的银行对成本利润的敏感度更低，经营更加不谨慎，具有强烈的政府补贴及救助预期（Dong et al., 2014）。郝项超（2013）研究表明，政府控股银行向国有企业提供的贷款利率与国企风险之间的相关性低。Iannotta et al.（2013）发现，国有银行在选举年份将会受到更大程度的政府干预及保护，其经营风险也随之提高。最后，国有银行对管理层的激励和监督不足（Shleifer et al., 1997）。无论是政府官员还是管理层都不享有国有银行剩余索取权。政府作为国有银行股权代持人，缺乏足够的激励监督管理层（Barth et al., 2009）。大量实证结果支持了以上国有银行低绩效的理论（Berger et al., 2009; Lin et al., 2009; Cornett, 2011; 祝继高 等，2012）。

少部分理论认为，某些情况下国有银行的绩效更好，这主要是基于以下两个原因：第一，根据控股股东掠夺观，家族企业类的控股股东为扶持自身产业发展，更倾向于掏空银行（Claessens et al., 2000; Taboada Saghi-Zedek et al., 2015）。部分民营资本因受融资歧视，入股银行主要为缓解融资约束，动机不纯（黎文靖 等，2017）。Laeven（2001）研究表明，在公司治理差的发展中国家，私有化银行贷款集中度高，资本配置效率低。第二，国有银行资金成本低，贷款选择方面更注重长期利益（Andrianova et al., 2012; Hossain et al., 2013）。政府信誉的隐性担保，国有银行动员储蓄的能力更强，其资金来源广。国有银行贷款投向倾向于长期基础设施投资，尽管回报率不高，但收益稳定。

（二）境外引资与商业银行绩效

在商业银行引资方面，国内外学者主要探讨引入外资对商业银行的影响。一部分学者认为，商业银行引入外资有助于提高银行绩效（Bonin et al., 2005）。商业银行引入外资有三种效应——学习效应、监督效应和救助效应。

外国投资机构有专业管理经验、严格风险管控流程和先进科学技术。引入外资，有助于本国银行向国外股东学习先进经验及技术。如果外资股东的母公司位于法律制度和公司治理完善的地区，其对银行绩效的提升作用更大（Aggarwal et al.，2011）。监督效应认为，外资股东能够有效监督银行管理层，进而提升银行价值。Zhu et al.（2016）研究表明，如果外国投资者在中国本地有业务或派驻董事，则对公司的监督作用更强，更能抑制商业银行冒险行为。救助效应认为，当本国银行遭遇流动性危机或其他金融不稳定因素时，外资股东可向银行提供救助，帮助其度过危机（Cull et al.，2013；Doan et al.，2017）。

另一部分学者认为，外资入股不一定能提高银行绩效。首先，如果银行吸收能力较差或者银行管理模式、效率与外资股东差异过大，学习效应未必成立。其次，并非所有外资股东都有激励传播管理经验，提升银行治理水平。外资股东可能是财务投资者而非战略投资者，其持股目的是获得资本利得收益而非提升银行治理获得长期回报（张瑜 等，2014）。再次，如果外资股东持股比例较低，也没有动机监督大股东及管理层（Desender et al.，2016；刘家松 等，2016）。最后，外国投资者是否熟悉中国法律及文化，是否因地理距离或语言障碍、会计规则而面临更大信息不对称问题，这些均会影响外资股东提升公司盈利性的作用（Pruthi et al.，2003；Zhu et al.，2016）。

以上综述表明，现有文献多关注股权性质和引入外资对商业银行绩效的影响，而忽略了民营入股的影响。自城商行股权结构改革以来，民营资本积极参与到城商行改制和增资扩股中，成为城商行股权结构中不可忽视的一部分。为弥补现有文献的不足，本书主要讨论民营资本入股城商行对其盈利性的影响。民营入股对城商行盈利性可能产生两种效应：第一种效应是民营入股提高城商行绩效。首先，引入民营资本有助于多元化城商行股权结构，降低其受政府干预程度及预算软约束程度。其次，民营资本有较强的监督作用（Beck et al.，2006）。与国有资本相比，民营资本逐利性更强，对成本收益敏感性高；与外资股东相比，民营资本股东更本土化，对法律文化更了解。因此，民营资本既有动机也有能力行使其监督权。最后，民营资本股东能够给银行带来行业信息和其他技术提升（Barry et al.，2011）。不同的民营资本股东其行业背景未必相同，这为其向商业银行提供不同行业信息提供了可能性。民营资本股东具有市场化优势，能够向城商行提供产品建议。Saghi-Zedek（2016）研究发现，银行的控制链中的股东行业类型越多，越有助于提高银行产品多元化的收益，这主要是因为类型众多的股东向银行传输了更多的技能。第二种效应是民营入股未提高城商行绩效，甚至恶化城商行绩效。尽管民营股权总和占城商行总股权比例平均值已经超过50%①，但在我国政策管制下，单一民营资本在城商行股权中占比较低，控制权主要掌握在地方政府手中。多家民营机构参股模式能否激发民营资本活力，民营资本在商业银行经营决策中能否有话语权，亟须实证检验。如果民营资本无法发挥其市场竞争优势和公司治理作用，民营资本入股将无法提高城商行绩效；相反，股权分散于多家民营企业，可能造成严重代理问题而恶化城商行绩效。基于上述论证，本书提出两个对立假设。

假设8-1（A）：民营入股城商行能够提高其盈利性。

假设8-1（B）：民营入股城商行无法提高其盈利性。

根据传统公司金融的股东制衡理论，多个大股东的互相制衡、互相监督可以降低控股股东掏空公司的可能性，缓解第二类代理问题。如果缺乏其他大股东对控股股东制衡，该控股股东可能利用控制权优势，攫取私有利益。与分散的小股东相比，大股东更有激励和能力抑制控股股东的自利行为。引入民营资本、提高绩效的实质是形成与国有管理人员"一言堂"相对应的完善公司治理，进而优化公司管理决策流程。根据《中华人民共和国公司法》规定，单独持有3%以上的股东可在股东大会召开10日前提名董事，并书面提交董事会。这说明，大股东具有一定的话语权，并且能够以积极主动的方式影响公司经营决策。同理，民营资本股东要想对政府相对控股的城商行产生绩效提升作用，需要有民营资本大股东发挥其制衡作用，约束政府股东对其他中小股东的侵害行为。如果民营资本持股比例较为分散，即使加总股权数额较大，也难以在股权结构上对政府股东形成约束，更无法在管理权结构上对"行政化"的城商行管理体制进行监督与制衡，那么引入民营资本的多元化股权结构就会流于形式。基于上述论证，本书提出假设8-2。

假设8-2：是否有民营资本大股东对民营资本发挥作用起重要影响。

近年来，本地优势理论得到许多学者关注。Kedia et al.（2011）研究发现，做市商与被做市企业地理毗邻提高了证券流动性和定价效率。Choi（2012）研究发现，与异地审计师相比，本地审计师提供了更高质量的审计服务。根据本地优势假说，本地股东能够更好地行使股东权利。一方面，本地股东有提供经营建议的能力。本地股东具有信息搜集以及监督被投资企业的优势（Lerner，1995）。Chhaochharia et al.（2012）研究表明，本地股东所占比例越高，经理人的过度消费概率越低，公司的内部治理和盈利性越高。Kim et al.

---

① 根据银监会2015年年报，全国城商行中的民营资本股份已占到53%。

（2016）的实证结果表明，本地股东比外资股东更能降低公司盈余管理。此外，本地股东可能获取外地股东无法获取的"软信息"（Coval et al.，2001）。处于同一辖区内，本地股东与被投资企业可能有共同的社会关系网络，具有获得其他"软信息"的渠道。这些"软信息"对于银行经营决策具有重要意义。对城商行而言，本地民营资本股东参与股东大会或其他公司决策的成本更低，因此会更积极行使其监督权力。同时，城商行作为区域性中小银行，定位于服务地方经济与小微企业。本地民营资本股东的供应商或客户很可能是城商行的贷款对象，因此民营资本股东可以向城商行提供有价值的软信息。另一方面，本地股东监督的动力更强。与外地股东相比，本地股东可以低成本观测被投资企业的生产经营情况，更好地行使监督权（Gurun et al.，2011）。而外地股东行使监督权以及参与股东大会的时间成本、信息搜集成本都要更高。另外，相较于本地股东，外地股东的投资范围更广，风险更为分散（García-Kuhnert et al.，2013），对单一被投资企业收益的敏感性低。基于此，本书提出假设8-3。

假设8-3：本地民营资本股东对城商行盈利性的提高作用更强。

民营资本股东能否真正起到监督与提升城商行绩效的作用，还取决于持股时间。拥有先进管理经验及技术的股东为企业带来的变革需要较长的持股时间来落实（Du，2016）。如果民营资本入股时间较短，则不一定能够了解城商行的经营状况和公司治理状况，对城商行经营的影响有限。长期持股的民营资本股东更能深入了解银行的经营治理状况，并提出合理建议（Coffee，1991；Cella，2003）。与外资类似，部分民营资本只是作为短期财务投机者，只在乎持有股权的资本利得收益，其改善银行盈利性的动机较低。基于此，本书提出假设8-4。

假设8-4：持股期较长的民营资本股东对城商行盈利性的提高作用更强。

二、研究设计

（一）数据来源

根据中国银监会网站披露的城商行名录，我们搜集了2007—2016年的我国城商行数据进行分析。在删除缺失样本后，本书最终以10年120家城商行共计632个观测数据作为有效样本。本书股权原始数据主要从各银行年报手工搜集，财务数据来自Wind金融数据库。各年度城商行数量统计如表8-1所示。

表 8-1　各年度城商行数量统计

年份	2007	2008	2009	2010	2011
城商行数量/家	14	30	46	64	73
年份	2012	2013	2014	2015	2016
城商行数量/家	68	49	85	93	110

（二）变量定义

1. 盈利性变量

大部分学者采用综合绩效指标衡量银行盈利性，如总资产收益率（ROA）、净资产收益率（ROE）、托宾 Q 或市场占有率。考虑到本书的研究对象大多未上市，无法测度托宾 Q，而市场占有率又与本地市场规模大小以及是否有跨区经营资格等因素相关。因此，本书使用 ROA 与 ROE 综合衡量城商行绩效。回归数据中的 ROA 与 ROE 均为百分比形式。

2. 所有制性质变量

本书根据城商行年报公布的十大股东数据，向上追溯最终控制人。如果以最终控制权计算的第一大股东持股比例低于 10%，则该城商行为分散持股类型；如果以最终控制权计算的第一大股东持股比例超过 10%，则根据第一大股东性质确定城商行性质。根据样本统计，城商行股权性质分为政府性质、民营性质、外资性质和分散持股四种，依次设置虚拟变量用 $d(\text{gov})$、$d(\text{prt})$、$d(\text{for})$ 和 $d(\text{none})$ 表示。

3. 民营资本入股变量

民营资本持股比例变量（prtshare）定义为民营资本股东所持股份比例之和；重要民营资本股东数量（prtnum）定义为持股比例超过 5% 的民营资本股东数量；长期民营资本持股占比（prtshare3year）定义为持股期超过三年的民营资本股东持股数量占总民营资本股东持股数量的比例；本地民营资本股东持股占比（prtsharedom）定义为本地民营资本股东持股数量占总民营资本股东持股数量的比例。以上指标统计范围限于城商行年报公布的十大股东数据。

4. 股权集中度指标

根据前十大股东持股比例计算赫芬达尔指数（HHI）作为股权集中度变量。

5. 其他控制变量

根据已有研究，本书其他控制变量还包括城商行成立年限（age）、规模（size）、资产负债率（lev）、GDP 增长率（GDPgr）和时间虚拟变量。

（三）描述性统计

主要变量的描述性统计结果见表 8-2。

表 8-2　主要变量的描述性统计结果

变量名	样本量/个	均值	中位数	标准差	最小值	最大值
ROA	602	0.995	0.958	0.396	0.039	2.876
ROE	602	14.791	14.588	6.067	0.156	38.577
$d(\text{gov})$	602	0.797	1.000	0.402	0	1
$d(\text{prt})$	602	0.047	0	0.211	0	1
$d(\text{for})$	602	0.075	0	0.263	0	1
$d(\text{none})$	602	0.081	0	0.274	0	1
prtshare	602	25.985	25.310	18.583	0	85.670
prtnum	602	1.937	2.000	1.930	0	8.000
prtsharedom	513	68.885	71.969	26.219	10.332	100
prtshare3year	556	50.656	59.911	41.387	0	100
HHI	602	0.185	0.144	0.124	0.100	1.000
age	602	13.565	14.000	5.152	0	31.000
size	602	15.911	15.841	1.063	13.194	19.170
lev	602	0.927	0.932	0.028	0.642	0.969
GDPgr	587	0.111	0.101	0.073	−0.226	0.310

注：ROA、ROE、prtshare、prtsharedom、prtshare3year 的单位均为百分比。

表 8-2 描述性统计显示，ROA（ROE）均值为 0.995（14.791），标准差为 0.396（6.067），最小值为 0.039（0.156），最大值为 2.876（38.577），表明城商行整体经营绩效存在一定差异。样本中，大约有 79.7% 的城商行是政府控股，有 7.5% 的城商行是外资控股，仅有 4.7% 的城商行是民营资本控股，说明尽管银行引入民营资本以及境外战略投资者多年，绝大多数城商行的控股股东仍是政府。民营资本持股总和均值达到 25.985%，最高达到 85.670%，表明民营资本已成为城商行股权结构中的重要的一部分。但与此同时，平均意义上讲，各城商行中的重要民营资本股东个数仅约 2 个，表明单一民营资本股东的

力量非常薄弱①。本地民营资本股东持股占比均值为 68.885%，表明城商行的民营资本股东多为本地企业。持股期超过三年的民营资本股东持股占比均值为50.656%，表明民营资本股东相对不稳定。

表8-3列示了不同分组区间内的城商行经营绩效的差异。民营资本持股比例较低的城商行，其 ROA（ROE）均值也低于民营资本持股比例较高的城商行；有多个民营重要股东的城商行，其 ROA（ROE）也高于仅有 1 个或没有民营重要股东的城商行。分类比较可在一定程度上反映出城商行经营业绩与民营资本入股程度有正相关关系，更为精确的论证将通过下文回归模型实现。分组统计结果见表8-3。

表8-3　分组统计结果

民营资本持股比例/%	均值	标准差	样本数/个	重要股东数/个	均值	标准差	样本数/个
ROA							
低于 20	0.907	0.355	258	0	0.907	0.361	213
20~50	1.050	0.426	288	1	0.943	0.328	80
大于 50	1.119	0.339	56	大于 1	1.069	0.421	309
ROE							
低于 20	14.272	5.984	258	0	14.219	5.406	213
20~50	14.680	5.983	288	1	13.752	5.763	80
大于 50	17.749	6.162	56	大于 1	14.370	6.283	309

（四）模型设计

为检验民营资本入股对城商行盈利性的影响，本书建立计量模型（8-1）、（8-2）和（8-3），式中 X 表示民营资本入股变量，实证中用民营资本持股比例（prtshare）和重要民营资本股东数（prtnum）来衡量。模型（8-1）和模型（8-2）作为基准模型。模型（8-1）比较民营资本控股型城商行与其他城商行经营绩效的差异，分散持股型城商行作为基准组。模型（8-2）在不考虑所有制情况下，单独考察民营资本入股对城商行绩效的影响。为检验民营资本入股能否提高政府控股型城商行的绩效，模型（8-3）在模型（8-1）的基础上加入民营资本入股变量与政府性质 d(gov) 交互项，如果交互项系数为正，则说明民营资本入股提高了政府控股型城商行的绩效。多数城商行的所有权性

---

① 由于政策限制，各城商行的持股比例超过10%的民营资本股东数仅 0.38 个，因此大多数情况下，本书定义的重要民营资本持股比例为5%~10%。

质在样本期内未发生变化，因此选择混合最小二乘方法对所有权性质前的系数进行估计更为准确，具体回归模型如下：

$$\text{ROA}_{it}(\text{ROE}_{it}) = \alpha + \beta_1 \times d(\text{gov})_{it} + \beta_2 \times d(\text{prt})_{it} + \beta_3 \times d(\text{for})_{it} + \text{Control}_{it} +$$
$$\sum_t \gamma_t \times \text{Year}_t + \varepsilon_{it} \tag{8-1}$$

$$\text{ROA}_{it}(\text{ROE}_{it}) = \alpha + \beta \times X_{it} + \text{Control}_{it} + \sum_t \gamma_t \times \text{Year}_t + \varepsilon_{it} \tag{8-2}$$

$$\text{ROA}_{it}(\text{ROE}_{it}) = \alpha + \beta_1 \times d(\text{gov})_{it} + \beta_2 \times d(\text{prt})_{it} + \beta_3 \times d(\text{for})_{it} +$$
$$\beta_4 \times d(\text{gov})_{it} \times X_{it} + \text{Control}_{it} + \sum_t \gamma_t \times \text{Year}_t + \varepsilon_{it} \tag{8-3}$$

为检验假设 8-2，本书按照民营资本大股东数量分为如下三组：单一民营资本大股东组、多重民营资本大股东组和散沙组。民营资本大股东分别按照5% 和 10% 的持股比例界定①。如果仅有一个民营资本持股比例超过给定界限，则为单一民营资本大股东组；如果多个民营资本持股比例超过给定界限，则为多重民营资本大股东组；如果不存在某一民营资本持股比例超过给定界限，则为散沙组。当城商行不存在民营资本大股东，即使加总民营资本持股比例整体较高，也很难发挥制衡作用。在这种散沙情况下，民营资本股东改善城商行治理机制的意愿比较低，缺乏某一个有激励的民营资本股东实施监督。单一民营资本大股东组与多重民营资本大股东组的民营资本持股比例相对集中，有利于制衡政府股东对城商行经营绩效的负向作用。单一民营资本大股东组、多重民营资本大股东组和散沙组分别用虚拟变量 $d(\text{sort}_1)$、$d(\text{sort}_2)$、$d(\text{sort}_3)$ 表示。我们建立如下模型（8-4）检验假设 8-3：

$$\text{ROA}_{it}(\text{ROE}_{it}) = \alpha + \beta_1 \times d(\text{gov})_{it} + \beta_2 \times d(\text{prt})_{it} + \beta_3 \times d(\text{for})_{it} +$$
$$\beta_4 \times d(\text{gov})_{it} + \beta_4 \times d(\text{gov})_{it} \times \text{prtshare}_{it} \times d(\text{sort}_1)_{it} +$$
$$\beta_5 \times d(\text{gov})_{it} \times \text{prtshare}_{it} \times d(\text{sort}_2)_{it} +$$
$$\beta_6 \times d(\text{gov})_{it} \times \text{prtshare}_{it} \times d(\text{sort}_3)_{it} + \text{Control}_{it} + \sum_t \gamma_t \times \text{Year}_t + \varepsilon_{it}$$
$$\tag{8-4}$$

为了检验假设 8-3，我们按照本地民营资本股东持股占比（prtsharedom）高低分组；对于假设 8-4，我们按照民营资本股东长期持股占比（prtshare3year）高低分组。分组后，我们利用模型（8-3）进行回归，并比较

---

① 现行法律规定，城商行变更持有资本总额或者股份总额 5% 以上的股东应当经监管部门批准；上市城商行，持股达到已发行股份 5% 的，要严格履行"举牌"程序；《中华人民共和国公司法》规定，单独或合并持有公司 10% 以上表决权的股东发出请求时，公司应于两个月内召开股东大会。据此，本书以 5% 和 10% 为界限划分民营资本大股东。

各组的系数差异。

三、实证检验

（一）民营资本入股与经营绩效

表8-4第（1）列表明在5%显著性水平上，终极控制人为政府的城商行ROA比基准组低0.101。终极控制人为民营企业的城商行ROA比基准组高0.133，但该差异不显著。在10%显著性水平上，终极控制人为外资的城商行ROA比基准组低0.167。

表8-4第（2）列表明民营资本持股比例在1%显著性水平上，对城商行经营绩效起正向作用。民营资本持股比例每增加一个标准差，ROA增加0.111（18.583×0.006）。以样本民营资本持股比例均值计算，民营资本入股对城商行ROA的提高约0.160（25.985×0.006），占城商行总绩效的15.669%（0.160/0.995×100%）。由此可知，民营资本入股对城商行绩效产生了不可忽视的影响。

表8-4第（3）列表明重要民营资本股东数在1%显著性水平上，对城商行经营绩效起正向作用。平均而言，每增加一个重要民营资本股东，城商行ROA提高0.033。

表8-4第（4）列在控制所有权性质的基础上，加入所有权性质$d(gov)$与民营资本持股比例（prtshare）的交乘项，以检验民营资本入股对政府控股型城商行的影响。实证结果表明，在1%的显著性水平上，民营资本持股比例降低了政府作为终极控制人对城商行绩效的负向影响。以政府为最终控制人的样本计算平均民营资本持股比例，该类城商行ROA的提高约为0.121（24.191×0.005）。

表8-4第（5）列在控制所有权性质基础上，加入所有权性质$d(gov)$与重要民营资本股东数（prtnum）交乘项。实证结果表明，在1%显著性水平上，重要民营资本股东数降低了政府作为终极控制人对城商行绩效的负向影响。每增加一个民营资本股东，则政府控股型城商行ROA提高0.026。第（6）列至第（8）列以ROE为被解释变量，基本结论未发生变化，此处不再赘述。

表8-4结果表明，无论用民营资本持股比例还是重要民营资本股东个数衡量城商行的民营资本入股情况，民营资本入股都优化了股权结构，提高了城商行的经营绩效，假设8-1（A）得到验证。

民营资本入股与城商行绩效的分组回归结果见表8-4。

表 8-4 民营资本入股与城商行绩效的分组回归结果

变量	(1) ROA	(2) ROA	(3) ROA	(4) ROA	(5) ROA	(6) ROE	(7) ROE	(8) ROE	(9) ROE	(10) ROE
$d(\text{gov})$	-0.101** (0.042)	—	—	-0.222*** (0.051)	-0.152*** (0.046)	-1.740** (0.703)	—	—	-3.369*** (0.816)	-2.502*** (0.748)
$d(\text{prt})$	0.133 (0.108)	—	—	0.139 (0.108)	0.137 (0.108)	0.790 (1.500)	—	—	0.877 (1.502)	0.851 (1.502)
$d(\text{for})$	-0.167* (0.096)	—	—	-0.209** (0.101)	-0.188* (0.098)	-2.252 (1.471)	—	—	-2.810* (1.534)	-2.557* (1.503)
prtshare	—	0.006*** (0.001)	—	0.005*** (0.001)	—	—	0.078*** (0.016)	—	0.064*** (0.016)	—
prtnum	—	—	0.033*** (0.010)	—	—	—	—	0.467*** (0.136)	—	—
$d(\text{gov}) \times$ prtshare	—	—	—	—	0.026*** (0.009)	—	—	—	—	0.383*** (0.127)
$d(\text{gov}) \times$ prtnum	—	—	—	—	—	—	—	—	—	—
age	-0.015*** (0.003)	-0.013*** (0.003)	-0.013*** (0.003)	-0.014*** (0.003)	-0.014*** (0.003)	-0.203*** (0.044)	-0.002*** (0.000)	-0.002*** (0.000)	-0.189*** (0.043)	-0.192*** (0.044)

表8-4(续)

变量	(1) ROA	(2) ROA	(3) ROA	(4) ROA	(5) ROA	(6) ROE	(7) ROE	(8) ROE	(9) ROE	(10) ROE
size	-0.013 (0.013)	0.034** (0.016)	0.010 (0.015)	0.023 (0.016)	0.005 (0.015)	-0.015 (0.195)	0.006*** (0.002)	0.003 (0.002)	0.462* (0.240)	0.261 (0.218)
lev	-0.959 (0.930)	-1.203 (0.941)	-1.012 (0.949)	-1.112 (0.948)	-1.046 (0.948)	87.686*** (11.781)	0.840*** (0.122)	0.864*** (0.121)	85.627*** (12.115)	86.381*** (12.062)
HHI	-0.378** (0.183)	-0.140 (0.151)	-0.309** (0.152)	-0.208 (0.188)	-0.287 (0.185)	-5.102* (2.871)	-0.014 (0.023)	-0.036 (0.023)	-2.818 (2.912)	-3.742 (2.878)
GDPgr	0.381 (0.353)	0.538* (0.318)	0.342 (0.334)	0.570* (0.332)	0.468 (0.356)	4.334 (5.738)	0.067 (0.053)	0.041 (0.055)	6.864 (5.409)	5.635 (5.788)
常数项	2.222*** (0.849)	1.459* (0.853)	1.795** (0.853)	1.794** (0.858)	2.005** (0.855)	-62.620*** (0.106)	-0.731*** (0.112)	-0.688*** (0.111)	-68.341*** (11.092)	-65.868*** (0.110)
年份固定	YES	YES	YES	YES	YES	YES	YES	YES	YES	YES
样本量	587	587	587	587	587	587	587	587	587	587
adj. R^2	0.191	0.215	0.191	0.210	0.198	0.286	0.309	0.291	0.301	0.293
F	10.29	13.76	11.67	11.90	10.48	12.48	15.63	14.36	13.32	12.54

注：***、**、*分别表示在1%、5%、10%的水平上显著；括号内为稳健标准误差。

（二）民营资本大股东与经营绩效

为检验假设8-2，我们考察了民营资本大股东对城商行绩效的影响。我们对模型（8-4）进行回归，相关结果如表8-5所示。表8-5第（1）列和第（2）列结果表明，如果以5%持股比例界定民营资本大股东，那么单一民营资本大股东组和散沙组的民营资本持股比例对ROA的影响都不明显，而多重民营资本大股东组的民营资本持股比例在5%的显著性水平，提高了银行经营绩效。以10%持股比例界定民营资本大股东，则多重民营资本大股东组的民营资本持股量对经营绩效的正向影响最大，显著性最高；单一民营资本股东组次之；散沙组的民营资本持股对经营绩效影响最小，显著性最低。表8-5第（3）列和第（4）列以ROE为被解释变量，与ROA回归结果一致。总之，表8-5实证结果支持了民营资本大股东的重要性，表明简单的股权多元化并不一定能提高城商行的绩效，要注重引入民营资本大股东，发挥其股权制衡作用。民营资本大股东、民营资本入股与城商行绩效的分组回归结果见表8-5。

表8-5　民营资本大股东、民营资本入股与城商行绩效的分组回归结果

变量	（1） ROA 5%分界线	（2） ROA 10%分界线	（3） ROE 5%分界线	（4） ROE 10%分界线
$d(\text{gov}) \times \text{prtshare} \times d(\text{sort}_1)$	0.003 (0.003)	0.004*** (0.002)	−2.719* (1.385)	−2.883** (1.335)
$d(\text{gov}) \times \text{prtshare} \times d(\text{sort}_2)$	0.004** (0.002)	0.005** (0.002)	1.064 (1.598)	0.789 (1.620)
$d(\text{gov}) \times \text{prtshare} \times d(\text{sort}_3)$	0.005 (0.004)	0.003* (0.002)	−1.416 (1.884)	−1.664 (2.093)
所有权性质	Yes	Yes	Yes	Yes
控制变量	Yes	Yes	Yes	Yes
年份固定	Yes	Yes	Yes	Yes
样本量	524	490	524	490
adj.R^2	0.228	0.288	0.324	0.332
F	10.56	12.48	11.76	13.33

注：***、**、*分别表示在1%、5%、10%的水平上显著；括号内为稳健标准误差。

（三）民营资本股东所在地与城商行绩效

为检验假设8-3，我们做了相应的分组回归，计算了本地股东持股数占总民营资本持股数的比值（prtsharedom），对该比值排序后取中位数。按中位数

将城商行样本分为本地股东高占比组与本地股东低占比组。表 8-6 列示了分组回归结果。

表 8-6 第（1）列和第（2）列主要关注所有权性质变量 $d(\text{gov})$ 以及 $d(\text{gov})$ 与民营资本持股比例 prtshare 的交乘项。表 8-6 第（1）列结果表明，在本地股东占比低的城商行中，民营资本控股型城商行其经营绩效甚至低于政府控股型城商行。而交乘项结果表明，民营资本持股比例仅在 10% 显著性水平提高了政府持股的城商行绩效。表 8-6 第（2）列结果表明，在本地股东占比高的城商行中，在 5% 的显著性水平上，民营资本控股型城商行 ROA 比基准组高 0.360。交乘项表明，民营资本持股比例在 1% 显著性水平提高了政府控股型城商行绩效。比较表 8-6 第（1）列和第（2）列结果可知，本地民营资本股东比外地民营资本股东更能提高城商行绩效。城商行民营资本股东对绩效的影响符合"本地优势假说"，因此假设 8-3 得到验证。位于城商行所在地的民营资本股东在交流、监督、信息与技术分享方面占更大优势，对城商行绩效的积极影响更大。表 8-6 第（3）列和第（4）列的比较结果与第（1）列和第（2）列的结果相似，在本地民营资本股东占比高的地区，民营重要股东对城商行绩效的提升幅度更大。以 ROE 为被解释变量的回归结果与 ROA 类似，此处不再赘述。民营资本入股、是否本地与城商行绩效的分组回归结果见表 8-6。

表 8-6　民营资本入股、是否本地与城商行绩效的分组回归结果

变量	(1) ROA 占比低	(2) ROA 占比高	(3) ROA 占比低	(4) ROA 占比高	(5) ROE 占比低	(6) ROE 占比高	(7) ROE 占比低	(8) ROE 占比高
$d(\text{gov})$	-0.202 ** (0.081)	-0.203 ** (0.094)	-0.108 * (0.065)	-0.148 * (0.088)	-3.424 *** (1.294)	-2.991 ** (1.298)	-2.091 ** (1.040)	-2.371 * (1.237)
$d(\text{prt})$	-0.251 ** (0.101)	0.360 ** (0.149)	-0.253 ** (0.099)	0.357 ** (0.148)	-4.513 *** (1.556)	3.782 * (2.005)	-4.529 *** (1.542)	3.781 * (1.995)
$d(\text{for})$	-0.034 (0.180)	-0.291 ** (0.131)	-0.012 (0.176)	-0.272 ** (0.125)	-1.060 (2.772)	-3.889 ** (1.798)	-0.733 (2.717)	-3.697 ** (1.750)
$d(\text{gov}) \times \text{prtshare}$	0.003 * (0.002)	0.006 *** (0.001)	—	—	0.046 (0.030)	0.080 *** (0.018)	—	—
$d(\text{gov}) \times \text{prtnum}$	—	—	0.001 (0.016)	0.043 *** (0.012)	—	—	-0.019 (0.203)	0.681 *** (0.154)
控制变量	Yes	Yes	Yes	Yes	Yes	Yes	Yes	Yes
年份固定	Yes	Yes	Yes	Yes	Yes	Yes	Yes	Yes
样本量	254	259	254	259	254	259	254	259
adj.R^2	0.240	0.227	0.232	0.217	0.300	0.325	0.293	0.323
F	6.534	7.721	6.526	7.432	5.878	9.088	5.833	9.211

注：***、**、* 分别表示在 1%、5%、10% 的水平上显著；括号内为稳健标准误差。

（四）民营资本股东持股时间与城商行绩效

我们计算了民营资本长期持股数占总民营资本持股数的比值（prtshare3year），并对该比值进行排序。我们按比值中位数将城商行样本分为民营资本股东长期持股组与民营资本股东短期持股组。表8-7列示了民营资本入股、持股时间与城商行绩效的分组回归结果。

表8-7　民营资本入股、持股时间与城商行绩效的分组回归结果

变量	（1） ROA 长期	（2） ROA 短期	（3） ROA 长期	（4） ROA 短期	（5） ROE 长期	（6） ROE 短期	（7） ROE 长期	（8） ROE 短期
$d(\mathrm{gov})$	−0.271 *** （0.091）	−0.123 （0.079）	−0.204 ** （0.082）	−0.052 （0.067）	−2.900 ** （1.254）	−4.027 *** （1.379）	−1.633 （1.072）	−3.078 ** （1.294）
$d(\mathrm{prt})$	0.307 ** （0.153）	0.020 （0.146）	0.300 ** （0.152）	0.022 （0.146）	−0.488 （2.129）	2.156 （2.018）	−0.448 （2.133）	2.140 （2.024）
$d(\mathrm{for})$	−0.475 *** （0.136）	0.112 （0.136）	−0.457 *** （0.129）	0.132 （0.133）	−3.241 （2.293）	−1.367 （2.552）	−2.738 （2.200）	−0.952 （2.536）
$d(\mathrm{gov}) \times$ prtshare	0.006 *** （0.001）	0.003 * （0.002）	—	—	0.078 *** （0.026）	0.057 ** （0.025）	—	—
$d(\mathrm{gov}) \times$ prtnum	—	—	0.037 *** （0.011）	0.011 （0.017）	—	—	0.458 ** （0.197）	0.277 （0.189）
控制变量	Yes	Yes	Yes	Yes	Yes	Yes	Yes	Yes
年份固定	Yes	Yes	Yes	Yes	Yes	Yes	Yes	Yes
样本量	278	278	278	278	278	278	278	278
adj.R^2	0.301	0.149	0.285	0.142	0.356	0.308	0.346	0.300
F	9.372	4.770	8.833	4.448	9.874	10.82	8.482	10.63

注：***、**、*分别表示在1%、5%、10%的水平上显著；括号内为稳健标准误差。

表8-7第（1）列和第（3）列结果表明，在民营资本股东持股期较长的组别，民营资本持股比例以及重要民营资本股东数都在1%的显著性水平提高了城商行的经营绩效。表8-7第（2）列和第（4）列结果表明，在民营资本股东持股期较短的组别，民营资本持股比例仅在10%显著性有影响，而重要民营资本股东数甚至没有影响。第（5）列至第（8）列用ROE代替ROA，实证结果类似。通过比较可以看出，民营资本股东持股时间越长，民营资本入股对城商行绩效的正向影响效果越明显，因此假设8-4得到验证。这是因为，短期入股的民营资本并未完全了解城商行经营状况与公司治理现实，对城商行经营的影响有限。且短期持股的民营资本股东往往是财务投资者，而非战略投资者，对银行公司治理、信贷投放的关注少。长期持股的民营资本股东更有激励深入了解银行的经营治理状况并提出合理建议。

四、内生性分析

尽管本书已从持股比例、重要股东个数等角度验证了民营资本入股对城商行经营绩效的正向作用，但本书的实证结果可能因内生性而不稳健。内生性来源于以下几点：首先，民营资本入股城商行的自选择行为。如果民营资本选择经营绩效好的城商行入股，那么本书的实证结果可能是民营资本股东自选择的结果，而不是民营资本股东提高了城商行的绩效。其次，本书的内生性来自遗漏变量。本书既可能遗漏时变的银行变量，也可能遗漏非时变的银行变量。再次，地区层面仅控制了 GDP 增长率，可能遗漏了其他地区变量。最后，民营资本持股比例高的城商行可能对外引资力度也较大，本书的实证结果可能是城商行境外引资的结果而非民营资本股东的作用。以下分析将一一排除各类可能的内生性因素对本书结论的影响：

第一，为排除自选择对本书的实证结果的影响，我们参考 Zhu et al. (2016) 的研究思路，将样本期内没有民营资本入股的城商行记为样本 1，将样本期内有民营资本入股，但民营资本入股前的城商行记为样本 2。如果民营资本以经营绩效为标准，选择性的进入城商行，那么样本 2 组的城商行绩效应该显著高于样本 1 组。鉴于完全没有民营资本入股的城商行个数过少，不符合 T 检验的样本量要求。本书将民营资本未入股条件放松至民营资本持股量低于样本 10 分位数或低于 5%，以保证 T 检验所需样本量。样本 1 为整个样本期内，民营资本持股比例低于给定界限的城商行。样本 2 取民营资本持股比例未超过界限值之前的样本（但样本期内至少有一年民营资本持股比例高于给定界限）。如果民营资本股东按照经营绩效选择是否入股，那样本 2 城商行的经营绩效应该显著高于样本 1。具体的分组 T 检验结果见表 8-8。表 8-8 结果表明，无论以样本 10 分位数 1.88%还是以 5%作为分界点，样本 1 城商行 ROA（ROE）在统计上并没有显著高于样本 2。从统计结果来看，民营资本股东自选择行为不成立，实证结果未受到自选择因素干扰。

表 8-8　分组 T 检验结果

分界点/%	ROA	样本量/个	均值	差值	单侧检验 P 值	双侧检验 P 值
1.88	样本 1	43	0.897	0.049	0.749	0.503
	样本 2	21	0.848			
5	样本 1	59	0.888	0.099	0.947	0.106
	样本 2	40	0.790			

表 8-8（续）

分界点/%	ROE	样本量/个	均值	差值	单侧检验 P 值	双侧检验 P 值
1.88	样本 1	43	14.239	0.315	0.401	0.802
	样本 2	21	13.924			
5	样本 1	59	14.006	1.083	0.143	0.285
	样本 2	40	12.922			

第二，为排除遗漏银行层面的时变因素对本书结果的影响，本书另外使用民营资本持股变量滞后期以及两阶段最小二乘法进行回归。在两阶段最小二乘中，本书使用城商行注册地所在省的民营股权变量的平均值做工具变量（Zhang et al.，2016）。某一城商行的股权结构可能会受到同省其他城商行股权结构的影响（群体效应），但是银行层面的其他特征却与同省其他城商行股权结构相关性低，因此城商行所在省的民营股权均值可以作为工具变量。具体的实证结果如表 8-9 所示，即稳健性回归（一）。表 8-9 结果表明，利用工具变量或滞后阶数减弱内生性后，民营资本持股比例和民营重要股东数依然能提高城商行绩效，与前文实证结果一致。

表 8-9　稳健性回归（一）

变量	(1) ROA IV	(2) ROA IV	(3) ROA Lag	(4) ROA Lag	(5) ROE IV	(6) ROE IV	(7) ROE Lag	(8) ROE Lag
$d(\text{gov})$	-0.322 *** (0.068)	-0.202 *** (0.056)	-0.251 *** (0.056)	-0.172 *** (0.051)	-4.310 *** (1.037)	-3.000 *** (0.854)	-3.688 *** (0.949)	-2.798 *** (0.897)
$d(\text{prt})$	0.145 (0.107)	0.141 (0.106)	0.205 (0.130)	0.200 (0.129)	0.937 (1.483)	0.897 (1.480)	1.291 (1.763)	1.234 (1.753)
$d(\text{for})$	-0.242 ** (0.107)	-0.207 ** (0.100)	-0.221 * (0.117)	-0.206 * (0.114)	-3.113 ** (1.584)	-2.742 * (1.521)	-2.042 (1.710)	-1.873 (1.695)
$d(\text{gov}) \times \text{prtshare}$	0.009 *** (0.002)	—	—	—	0.100 *** (0.028)	—	—	—
$d(\text{gov}) \times \text{prtnum}$	—	0.051 *** (0.018)	—	—	—	0.637 *** (0.234)	—	—
$d(\text{gov}) \times l.\text{prtshare}$	—	—	0.005 *** (0.001)	—	—	—	0.059 *** (0.018)	—
$d(\text{gov}) \times l.\text{prtnum}$	—	—	—	0.024 ** (0.011)	—	—	—	0.284 * (0.157)
控制变量	Yes	Yes	Yes	Yes	Yes	Yes	Yes	Yes
年份固定	Yes	Yes	Yes	Yes	Yes	Yes	Yes	Yes
样本量	587	587	407	407	587	587	407	407
adj.R^2	0.196	0.189	0.244	0.225	0.295	0.289	0.298	0.286
F	11.74	10.69	9.510	8.064	12.46	12.13	10.64	10.05

注：***、**、* 分别表示在1%、5%、10%的水平上显著；括号内为稳健标准误差。

第三，为克服遗漏银行的非时变因素的影响，本书重新使用固定效应对模型进行估计。

第四，为克服遗漏地区变量对结果的影响，本书在回归中加入省份虚拟变量与年份虚拟变量的交乘项，以控制不同地区时变因素的影响。

第五，为克服外资股东持股比例对结果的影响，本书在回归中剔除有外资入股的样本，将样本限制于外资未入股的城商行，并再次回归。以上稳健性检验的回归结果见表8-10，即稳健性回归（二）。

表 8-10　稳健性回归（二）

变量	（1）面板	（2）面板	（3）地区时间交乘	（4）地区时间交乘	（5）剔除外资	（6）剔除外资
$d(\text{gov})$	−0.209*** (0.073)	−0.171*** (0.060)	−0.045 (0.060)	−0.110* (0.064)	−0.252*** (0.069)	−0.150*** (0.055)
$d(\text{prt})$	−0.086 (0.099)	−0.089 (0.098)	0.257* (0.148)	0.147 (0.155)	0.147 (0.120)	0.144 (0.119)
$d(\text{for})$	−0.293** (0.121)	−0.286** (0.117)	—	−0.273*** (0.096)	—	—
$d(\text{gov}) \times \text{prtshare}$	0.005*** (0.002)	—	0.005* (0.003)	—	0.006*** (0.001)	—
$d(\text{gov}) \times \text{prtnum}$	—	0.040*** (0.011)	−0.027 (0.023)	0.009 (0.012)	—	0.030*** (0.011)
控制变量	Yes	Yes	Yes	Yes	Yes	Yes
年份固定	Yes	Yes	Yes	Yes	Yes	Yes
银行固定	Yes	Yes	No	No	No	No
时间地区交乘	No	No	Yes	Yes	No	No
样本量	587	587	602	602	366	366
adj.R^2	0.313	0.323	0.320	0.327	0.285	0.267
F	—	—	—	—	14.76	11.34

注：***、**、*分别表示在1%、5%、10%的水平上显著；括号内为稳健标准误差。

表8-10以ROA为被解释变量。第（1）列和第（2）列使用面板固定效应进行估计；第（3）列和第（4）列加入省份虚拟变量与年份虚拟变量的交乘项；第（5）列和第（6）列删除外资入股样本。面板回归结果表明，民营资本控股的城商行比政府控股的城商行绩效更高，且民营资本持股比例和民营

资本股东数在 1% 显著性上提高了城商行经营绩效。第（3）列和第（4）列结果表明，加入地区和时间交乘项后，民营资本对经营绩效的促进作用显著性下降，但依然有正向促进作用。第（5）列和第（6）列结果表明，剔除外资入股的样本后，实证结果依然支持民营资本入股对城商行经营绩效的提高作用。限于篇幅，以 ROE 为被解释变量的回归未列示。总体而言，本书结果不受内生性因素影响。

民营资本在城商行历次改制、增资扩股和重组过程中发挥着重要作用，成为城商行股权结构中不可忽视的一部分。本书基于 2007—2016 年的城商行数据，分析了民营资本入股对城商行经营绩效的影响。研究结果表明，当城商行最终控制人为政府，民营资本入股（增加民营资本持股比例或重要民营资本股东个数）能提高其经营绩效。民营资本大股东在提升城商行绩效方面发挥了重要作用，引入散沙式的民营小股东无助于城商行绩效的提升。进一步研究表明，与外地民营资本股东相比，本地民营资本股东对城商行经营绩效的积极作用更大；与短期持股的民营资本股东相比，长期持股的民营资本股东对城商行经营绩效的积极影响更大。针对模型中可能存在的内生性问题，本书做出了排除性解释，并利用工具变量等方法进行检验，结果依然支持民营资本入股对城商行经营绩效的促进作用。本书的研究为城商行引入民营资本股东提供了理论依据和经验支持，对进一步深化银行混合所有制改革具有重要的政策意义。

本书做了如下建议：

第一，优化城商行股权结构，保证城商行股权结构中有一定比例的民营资本。民营资本不仅有助于降低政府干预，还能监督城商行经营管理，给城商行带来活力与竞争力。银保监会及其派出机构应继续认真贯彻和执行《中国银监会关于鼓励和引导民营资本进入银行业的实施意见》，持续加强政策引领和监管督导，多措并举引导民营资本进入银行业。

第二，注重引入民营资本大股东，发挥民营资本大股东在股权结构和经营管理上对国有股东的制衡作用。简单的股权多元化并不能提高城商行绩效，因此在引入民营资本时，不仅要注重民营资本的资本补充作用，也要重视其公司治理作用，优先考虑引入民营资本大股东。与民营小股东相比，民营资本大股东改善城商行公司治理机制的意愿强、决策效率高、影响力深。

第三，积极引入城商行所在地的民营资本。本地股东更容易以低成本观测商业银行的日常经营状况，具有信息搜集及监督的优势。一方面，监管层应注重引导本地民营资本股东监督城商行，发挥民营资本市场化优势；另一方面监管层要鼓励民营资本股东向城商行提供各行业经济信息及本地"软信息"，发挥其比较优势。

第四，设置民营资本股权锁定期或优先考虑主动提供锁定期的民营资本股东。在审查民营资本股东资格时，着重考察其入股动机，避免引入短期投机性资本。鼓励愿意长期持股、提高城商行治理机制的民营战略性投资者。

第三节　民营资本入股与城商行不良贷款率

银行在信息搜集、资金配置、信贷监督中发挥着独特作用，对促进经济增长、平滑经济波动具有重要意义（Schumpeter et al.，1961；Levine，2005）。但是，银行是高风险行业，可能成为风险传染源并导致宏观经济脆弱性。因此，银行风险防范是金融监管的重中之重。

1995 年首家城商行获批成立后，城商行经历了快速发展。截至 2017 年 9 月末，全国 134 家城商行总资产达到 30.5 万亿元，比 5 年前增长了 166.9%，在银行业金融机构中占比达到 12.7%，较 5 年前上升了 3.7 个百分点，网点数量达 1.6 万个，较 5 年前翻了一番。城商行在丰富银行体系结构、填补金融服务不足、支持实体经济等方面起到了重要作用。目前，城商行已成为金融体系，特别是地方金融体系的重要组成部分。但是，城商行法人治理和风险管控滞后，在其资产规模与网点扩张背后隐藏着巨大的风险。因此，现阶段研究城商行公司治理与其风险的关系就显得极为重要。

公司治理核心是股权结构安排。2016—2017 年的城商行年会均将股权问题列为城商行风险管理的重中之重。相比于五大银行和股份制银行，城商行股权结构存在较明显的缺陷。城商行股权结构经过了几个阶段的演变。20 世纪 70 年代，各地成立城市信用合作社和农村信用合作社以弥补传统大银行经营空白，支持小微企业与农户发展。1995 年 7 月，国务院发布了《国务院关于组建城市合作银行的通知》，城市信用合作社和农村信用合作社纷纷改制。改制之初，许多城市信用合作社与农村信用合作社的不良资产率较高，地方政府和地方企事业单位为维护银行信誉，以财政出资，入股银行。尽管政府入股化解了地方金融风险，但也导致城商行在成立之初，地方股权独大的局面。为解决城商行在运营过程中的资本金不足问题，21 世纪初期，民营资本被鼓励参与城商行增资扩股和重组过程中。城商行股权结构开始多元化。然而，由于监管缺失，部分城商行从"政府独大"变为"民企独大"后，出现了部分民营资本控股股东利用关联交易侵害银行利益的行为。在 2003 年发生的某市商业银行的票据违规事件后，监管层严格规定新入股的民营资本股东及其关联方总持股比例不得超过 10%，随后对战略投资者放松到 20%。为改善城商行公司治理并弥补资本不足，在随后几轮的城商行增资扩股以及重组过程中，民营资本均被鼓励进入，但是持股比例受到严格限制。2012 年，政策对民营入股管制放松，符合条件的民营企业对城商行持股比例可放宽至 20% 以上。

城商行主要定位于服务当地经济，信贷是其主要业务。根据 Zhu et al. (2016) 的研究，城商行面临的主要风险是信用风险，信用风险最直接的体现是不良贷款率。银行产生不良贷款后，必须计提准备金，严重时甚至要减记资本，因此不良贷款率是银行风险监管的重中之重。许多研究表明，城商行信贷投资方向及额度与地方政府有重大关系。分税制改革以来，地方政府肩负的重要经济增长责任与被分权改革快速削弱的财政能力出现了直接冲突。这种冲突需要银行体系的金融性资金来缓解。城商行作为地方政府的融资渠道，是地方政府参与区域经济增长的重要工具（纪志宏 等，2014）。祝继高等（2012）以 2004—2009 年的城商行数据为样本，发现第一大股东为地方政府的城商行不良贷款率更高，并且城商行贷款主要流向地方政府融资平台、土地储备中心和国有资本运营公司。赵尚梅等（2012）研究表明，如果城商行的终极控制人为地方政府，则融资平台贷款占比和贷款不良率更高。

以上研究表明，地方政府控股提高了城商行不良贷款率，增加了城商行风险。那么城商行数次引入民营资本，是否化解城商行风险，降低不良贷款率；民营资本对城商行风险影响的作用机制是什么。如何有效引入民营资本，发挥其公司治理作用，降低不良贷款率，是城商行引入民营资本亟待解决的重要问题。

鉴于此，本书主要对以下三个问题进行研究：第一，民营比例更高的城商行其不良贷款率是否更低？第二，民营资本影响城商行不良贷款率的机制是什么？第三，如何有效引入民营资本？

本书手工搜集了 2007—2016 年的城商行十大股东数据，以民营资本持股比例衡量城商行引入民营资本情况。通过实证研究发现：平均而言，政府控股的城商行不良贷款率高于民营资本控股的城商行，并且民营资本持股降低了城商行的不良贷款率。民营资本大股东以及一定比例的民营资本持股量是保证民营资本发挥作用的前提。进一步研究发现，民营资本主要通过三个途径降低不良贷款率：首先，民营资本降低了城商行受政府干预的程度；其次，民营资本降低了城商行的预算软约束；最后，民营资本对城商行的经营管理有监督与信息提供的作用。针对可能存在的内生性问题，本书进行了细致的说明和检验，两阶段最小二乘以及 DID 的回归结果均表明本书的结论依然稳健。

本书的主要贡献在于：第一，从引入民营资本的视角丰富和拓展了商业银行不良贷款率的研究。有关不良贷款率的研究主要集中在货币政策、市场结构、外部监管、股权结构等方面（张雪兰 等，2012；Jiménez et al.，2013；Brandao et al.，2012）。而股权结构与不良贷款率的研究主要围绕在股权性质、第一大股东控股能力等方面，探究引入民营资本的较少（祝继高 等，2012）。尽管张乐和韩立岩（2016）的研究也涉及民营资本持股对商业银行不良贷款率的影响，但该研究重点在于比较外资、民营资本、机构持股对不良贷款的影响，并未专门探讨民营资本入股及民营资本异质性对不良贷款率的影响及其作用机制。第二，本书的研究提供了民营资本影响银行不良贷款率的途径分析。尽管理论上可以清楚区分政治观、道德风险和管理层监督对银行不良贷款率的影响，但在我们的文献搜索范围内，还尚未发现有文献在实证中区分这几种效应。本书细致区分了民营资本对商业银行不良贷款率产生影响的途径，并对不同途径进行了验证。第三，本书的研究拓展了有关商业银行不良贷款率的研究范围。目前的不良贷款率主要是针对上市银行，某些研究中虽然以城商行为主或包含城商行样本，但是观测值少，代表性不高（张乐 等，2016；Zhang et al.，2016）。本书共包含 10 年 116 家城商行共计 554 个观测数据，为城商行相关研究提供了更为精确的数据经验。第四，本书的内生性分析为其他类似研究提供了一定的参考。

一、理论分析与研究假设

（一）民营资本入股与城商行不良贷款率

在理论层面，"政治观"以及管理层"激励观"是分析国有银行贷款质量差异的两种主要观点。"政治观"认为，国有银行需承担部分政策负担，其贷款决策并非基于利润最大化，而是基于政治利益最大化或社会福利最大化。

管理层"激励观"认为，国有银行管理层受到的激励和监督不足，是其信贷高风险的原因之一。作为国有银行股权代持人的政府和作为国有银行经营管理直接负责者的董事会，都不享有国有银行剩余索取权，对成本和收益的敏感性低。尽管国有银行产权由全民共同所有，但是任何公民都没有能力行使股东权利。无论是国家还是公民，都缺乏足够激励监督国有银行的管理层。

与国有股东相反，民营资本股东逐利性强。民营资本对成本收益更敏感，为保证自身持股收益，民营资本股东会尽量降低城商行受到的行政干预程度。政府控制的城商行存在所有者缺位、代理问题突出以及公司治理形同虚设等问题。民营资本有激励强化城商行利润目标、降低不良贷款率。许多研究表明，民营资本能够有效地监督管理层。引入民营资本有助于完善银行治理，改善管理层的监督和激励机制，抑制管理层为追求政治晋升而掏空银行等满足私人利益的行为。根据以上逻辑，本书提出假设8-5。

假设8-5：民营资本入股降低了城商行的不良贷款率。

（二）地方政府干预程度与民营资本入股效应

城商行天然与地方经济相联系，并受到地方政府的干预。第一，在财政资源有限且政府融资方式受限的现实下，地方政府为在 GDP 竞争中取得成绩，不得不干预城商行信贷投向；第二，地方政府持有的城商行股权以及拥有的城商行管理人员的任命权保证了其干预能力；第三，城商行多为区域性经营，其发展与规模扩张都依赖于地方政府及地区经济发展，城商行不得不配合地方政府的信贷资源配置计划。已有研究不仅发现城商行的贷款配置方向与政府项目关系紧密，而且还发现城商行的贷款规模和贷款期限等信贷特征受官员晋升压力等因素影响。

引入民营资本有助于降低地方政府对城商行的控制，进而降低不良贷款率。民营资本股东与地方政府股东的不同性质导致了其目标函数与激励条件的不同。若某些信贷行为有损于银行利益，民营资本股东会积极行使其股东权利。随着民营资本进入，地方政府干预城商行的成本将会提高。引入民营资本有利于改善城商行行政化的内部管理决策体制，引导城商行信贷业务市场化与规范化。大量研究企业民营资本化、企业混合所有制改革的文献都表明，非国有资本降低了国有企业的政策性负担以及政府干预程度。根据以上逻辑，本书提出假设8-6。

假设8-6：民营资本入股降低不良贷款率的效应在地方政府干预强的地方更显著。

（三）民营资本特征与民营资本入股效应

无论是本地民营资本股东还是外地民营资本股东都有逐利性，都有激励降低不良贷款率，但其降低不良贷款率的能力未必相同。从监督力度而言，本地股东与城商行之间的信息不对称程度低，监督力度大。尽管本地股东与外地股东都可以无差异获取年报等公共信息，但是本地股东在获取城商行私有信息方面存在天然优势。另外，本地股东参与股东大会的成本较低。即使非股东大会时间，本地股东也可以低成本地拜访城商行管理层，与管理层面对面交流，加强对城商行的监督。

从对区域发展熟知的角度来看，本地股东拥有当地社会关系网络以及对本土企业及行业的深层理解。这一重要的社会资本优势能够更好地帮助城商行降低不良贷款率。民营资本股东,特别是本地民营资本股东的供应商或客户很可能是城商行贷款对象。本地民营资本股东的其他利益相关者也可能会提供贷款企业经营状况的前景描述。因此,本地民营资本股东的社会关系网络能帮助城商行甄别贷款对象,有效降低发放错误贷款的概率。如果本地股东与外地股东降低不良贷款率的程度有差异,也可以从侧面证明"激励观"成立,民营资本股东的逐利性能够改善城商行的监督及激励机制。基于此,本书提出假设8-7。

假设8-7:与外地股东相比,本地民营资本股东对城商行不良贷款率的降低作用更显著。

(四)民营资本股权结构与制衡能力

民营资本大股东与小股东发挥的作用并非相同。首先,分散的民营小股东往往"搭便车"心理严重,表现为其参与股东会的积极性较弱。相比之下,民营资本大股东改善城商行公司治理机制的意愿较高。小股东缺席股东会的比例越高,以夏普利值衡量的第一大股东的投票权力就越大,此时引入民营资本股东反而增加了第一大股东的控股能力。其次,民营资本大股东的决策影响力及效率远超小股东。根据《中华人民共和国公司法》的规定,持有10%以上表决权的股东有权提议召开股东会临时会议①,这表明大股东有更直接的途径参与公司治理。最后,民营资本大股东的存在可以降低地方政府股东与众多民营小股东之间的信息不对称性,有利于其他民营小股东参与管理,发挥监督作用。

如果城商行中的单一民营资本持股比例都很低,即使加总的民营资本持股比例较高,也很难发挥制衡作用。在这种"散沙"情况下,民营资本股东改善城商行治理机制的意愿比较低,单一民营资本股东往往选择"用脚投票"行使权利。即使发现地方政府不当干预或银行管理层自利的行为,各个民营资本股东协调谈判成本过高,导致其无法发挥公司治理作用。

如果存在多个民营资本股东,则情况较为复杂,需要考虑民营资本内部的合作与冲突。首先,各个民营利益集团可能互相监督,共同制衡地方政府股

---

① 其他规定还包括:股份有限公司的董事会不能履行或者不履行召集股东大会会议职责的,由监事会召集和主持;监事会不召集和主持的,连续90日单独或合计持有公司10%以上股份的股东有权自行召集和主持股东大会。单独或者合计持有公司3%以上股份的股东可以在股东大会召开10日前提出临时提案并书面提交董事会;董事会应当在收到提案后2日内通知其他股东,并将该临时提案提交股东大会审议。

东，此时即使地方政府掌握着控股权，但是多个民营资本大股东的牵制作用不容忽视；其次，民营资本股东也可能合谋形成控股联盟，获得关联贷款，掏空城商行；最后，民营资本大股东之间有可能存在利益冲突，并因此导致治理效率的损失。因此，不同的民营资本股权结构将会表现出不同的制衡特征，反映为民营资本入股对不良贷款率的不同影响。基于此，本书提出假设8-8。

假设8-8：民营资本入股降低不良贷款率的效果受民营资本内部股权结构的影响。

二、研究设计

（一）样本与数据

根据原银监会网站披露的城商行名录，我们搜集了2007—2016年我国的城商行数据进行分析。在删除缺失样本后，最终以10年116家城商行共计569个观测数据作为有效样本。股权原始数据主要从各银行年报手工搜集，财务数据来自Wind金融数据库，地区变量来自国家统计局官网。各年度的城商行数量统计见表8-11。

表8-11　各年度的城商行数量统计

年份	数量/个	年份	数量/个
2007	12	2012	62
2008	27	2013	46
2009	46	2014	78
2010	50	2015	85
2011	67	2016	96

数据来源：根据相关资料手工整理。

如图8-1所示，民营资本已发展成为城商行股权结构中不可小觑的一股力量，持股比例均值超过20%。2014—2016年，民营总持股比例与地方政府基本持平。持股比例超过5%或超过10%的民营资本股东数量如图8-2所示。可以看出，民营资本股东多为小而散的股东，单一民营资本持股比例非常低。2014—2016年，在城商行前十大股东中，持股比例超过5%的民营资本股东个数大约为2个，而持股比例超过10%的民营资本股东个数仅约为0.3个。总体而言，我国城商行股权结构呈现出民营总和持股量高，但单一民营资本力量薄弱的特点。

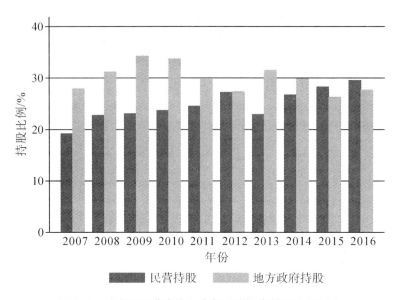

图 8-1　城商行民营资本股东与政府股东持股比例对比

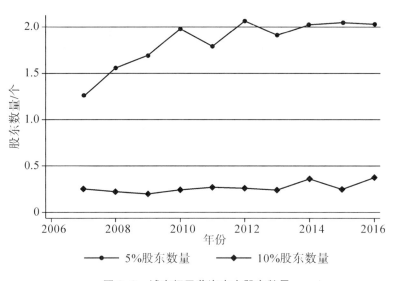

图 8-2　城商行民营资本大股东数量

（二）模型设定

为检验民营资本入股对城商行不良贷款率的影响，我们建立了如下计量模型：

$$NPL_{it} = \alpha + \beta_1 \times cgov_{it} + \beta_2 \times gov_{it} + \beta_3 \times prvt_{it} + \beta_4 \times for_{it} +$$
$$\beta_5 \times gov_{it} \times ps_{it} + \beta_6 ps_{it} + Control_{it} + \sum_t \gamma_t \times Year_t + u_{it} \quad (8-5)$$

其中，被解释变量是不良贷款率 NPL_{it}，解释变量主要有股权性质变量 $cgov_{it}$、gov_{it}、$prvt_{it}$、for_{it} 以及交互项 $gov_{it} \times ps_{it}$。$cgov_{it}$、gov_{it}、$prvt_{it}$、for_{it} 分别表示城商行最终控制人是中央政府性质、地方政府性质、民营资本性质、外资性质。$none_{it}$ 表示不存在实际控制人的城商行，作为模型基准组。本书使用 La Porta et al.（2012）的方法，以 10% 为阈值，确认并计算各家城商行最终控制人的控制权。ps_{it} 表示民营资本持股比例和，根据银行年报前十大股东数据加总得来。尽管城商行引入民营资本及外资多年，但受单一非国有企业持股比例限制，大部分城商行的实际控制人仍然是地方政府。因此，本书引入交互项 $gov_{it} \times ps_{it}$。$gov_{it} \times ps_{it}$ 系数 β_5 表示相对于非地方政府控股型城商行，每增加 1% 民营资本持股比例，地方政府控股型城商行不良贷款率下降的程度。ps_{it} 系数 β_6 表示非地方政府控股型城商行中，每增加 1% 民营资本持股比例，对不良贷款率的影响。$\beta_5 + \beta_6$ 表明，地方政府控股型城商行中，每增加 1% 民营资本持股比例，对不良贷款率的影响。

根据以往文献，本书选取的控制变量包含存款占比（dpt）、贷款占比（loan）、是否上市（list）、杠杆率（lev）、股权集中度（HHI）、年龄（age）、规模（size）、人均 GDP 对数值（lnGDP）、年份虚拟变量。存款占比是商业银行全部存款与总资产的比值，有研究表明存款占比与银行风险正相关。贷款占比是银行全部贷款额与总资产的比值，一般而言，贷款占比高的银行，其不良贷款率也较高。是否上市也是影响银行风险的重要原因，部分研究表明，上市银行受资本市场监督，其经营更加谨慎，但也有文献证明上市银行风险更高。高杠杆率的银行经营稳定性差，风险偏好程度更高。股权集中度高，既有可能缓解股东与管理层的委托代理问题，也可能因缺乏监督而损害中小投资者的利益。

（三）描述性统计

主要变量的描述性统计结果见表 8-12。样本不良贷款率均值为 1.24%，中位数为 1.12%。民营资本持股比例均值为 26.00%，表明民营资本已成为城商行股权结构中的重要组成部分。从所有权性质来看，约有 77.0% 的城商行仍然是地方政府控股，有 7.6% 的城商行由外资控股，有 6.5% 的城商行由中央政府控制，有 2.6% 的城商行由民营资本控股，还有 7.0% 的城商行无实际控制人。存款占城商行总资产的比例高达 72.08%，可知存款仍然是城商行主要资金来源。贷款占总资产比例 43.55%，说明发放贷款是城商行重要业务。上市城商行样本仅占总体样本的7.7%，表明大部分城商行并未上市。不同城商行之间，规模、负债率和股权集中度等指标差异较大。

表8-12 主要变量的描述性统计结果

变量	样本量	平均值	标准差	最小值	中位数	最大值
NPL/%	569	1.24	0.762	0	1.12	6.75
ps/%	569	26.00	18.43	0	26.75	84.49
cgov	569	0.065	0.247	0	0	1
gov	569	0.770	0.421	0	1	1
prt	569	0.026	0.160	0	0	1
for	569	0.069	0.253	0	0	1
none	569	0.070	0.256	0	0	1
dpt/%	569	72.08	11.94	36.41	71.84	94.37
loan/%	569	43.55	10.81	14.53	43.2	70.33
list	569	0.077	0.267	0	0	1
age	569	13.640	5.127	0	14.000	31.000
size	569	15.920	1.076	13.190	15.840	19.170
lev	569	0.927	0.029	0.642	0.932	0.969
HHI	569	0.187	0.127	0.100	0.145	1
lnGDP	569	10.680	0.434	9.303	10.660	11.680

三、实证结果与分析

民营资本入股与城商行不良贷款率的关系见表8-13。表8-13第（1）列结果表明，在未控制城商行性质情况下，民营资本持股比例在1%的显著性水平上可以降低城商行不良贷款率。以样本城商行民营资本持股比例均值26%计算，民营资本入股平均意义而言降低了0.13%的不良贷款率（26×0.005）。为比较民营资本在不同性质城商行的作用，第（2）列至第（6）列在控制股权性质的基础上，引入不同股权性质虚拟变量与民营资本持股比例的交互项。

本书重点关注民营资本入股比例与城商行不良贷款率的关系，因此主要考察ps+ctgov×ps、ps+gov×ps等变量的系数及显著性，该系数大小及显著性检验汇报于表8-14。表8-13第（2）列结果显示，民营资本持股比例ps在5%的显著性水平上降低了不良贷款率，也即在非中央控股型城商行中，民营资本入股降低了不良贷款率。用 F 统计量检验 ps+ctgov×ps 的显著性，结果表明 ps+ctgov×ps 不显著，也即在中央控股型城商行中，民营资本入股并未显著降低不良贷款率，检验结果汇报于表 8-14。表 8-13 第（3）列中，在非地方政府控股的城商行样本中，ps 系数不显著，表明民营资本入股并没有显著降低不良贷款率。对应表 8-14 中 ps+gov×ps 的 F 统计量表明，地方政府控股型城商行中，民营资本入股在 1% 的显著性水平上降低了不良贷款率。同理，表 8-13 第（4）列以及表 8-14 的结果说明，在非民营资本控股型城商行中，民营资本入股显著降低了不良贷款率；但在民营资本控股型城商行中，民营资本入股效果不明显。表 8-13 第（5）列的结果表明，在非外资控股的城商行中，民营资本持股比例在 1% 的显著性水平上降低了不良贷款率。但表 8-14 中 ps+for×ps 系数不显著，表明民营资本入股对外资控股型城商行的影响较小。

结合上述分析结果可以得出相关结论，即地方政府控股型城商行中，民营资本入股呈现出显著的降低不良贷款率的效应，但是民营资本持股对其他性质城商行不良贷款率的影响较小。以表 8-13 第（2）列结果为例，在非中央政府控股的城商行中，民营资本入股能够降低不良贷款率。但第（3）列、第（4）列和第（5）列结果表明，在民营资本和外资控股的城商行中，民营资本入股效果不明显；仅在地方政府控股型城商行中，民营资本持股比例显著降低了不良贷款率。结合统计性描述可知，在非中央政府持股的城商行中，地方政府控股型城商行占比超过 80%。因此在第（2）列回归中，民营资本持股比例之所以显著降低不良贷款率，是因为非中央控股型城商行中，地方政府控股型城商行占比较高。民营资本入股的作用在中央控股型、民营资本控股型和外资控股型城商行中并不明显，这也从侧面反映出，地方政府控股型城商行承担着政策性任务，存在某些"非市场化"的行为。与地方政府不同，中央政府的主要目标并非发展地方经济。而代表中央政府持股的中央企业面临的融资约束较少，无须利用城商行融资，因此中央政府控股的城商行受到的政府干预并不多，民营资本入股该类型城商行也就未表现出显著作用。本书后续重点研究民营资本入股与地方政府控股型城商行不良贷款率的关系。表 8-14 第（6）列同时控制所有交互项，实证结果未发生改变，表明以上结论稳健。不同性质城商行民营资本入股系数及显著性检验见表 8-14。

表 8-13　民营资本入股与城商行不良贷款率的关系

变量	(1) NPL	(2) NPL	(3) NPL	(4) NPL	(5) NPL	(6) NPL
ps	−0.005*** (0.002)	−0.005** (0.002)	−0.001 (0.004)	−0.005** (0.002)	−0.006*** (0.002)	0.002 (0.007)
cgov	—	0.129 (0.253)	0.109 (0.211)	0.005 (0.200)	−0.008 (0.201)	0.435 (0.334)
gov	—	0.136 (0.104)	0.305 (0.213)	0.129 (0.104)	0.117 (0.106)	0.479 (0.319)
prt	—	0.319* (0.186)	0.283 (0.197)	0.439 (0.502)	0.339* (0.186)	0.753 (0.596)
for	—	−0.235* (0.128)	−0.180 (0.128)	−0.242* (0.127)	−0.482** (0.232)	−0.121 (0.362)
cgov×ps	—	−0.008 (0.009)	—	—	—	−0.014 (0.010)
gov×ps	—	—	−0.004 (0.005)	—	—	−0.008 (0.007)
prt×ps	—	—	—	−0.002 (0.009)	—	−0.009 (0.011)
for×ps	—	—	—	—	0.008 (0.006)	0.000 (0.008)
list	−0.151** (0.071)	−0.182*** (0.070)	−0.182** (0.072)	−0.182** (0.071)	−0.183** (0.071)	−0.183** (0.072)
loan	0.009** (0.004)	0.008** (0.004)	0.009** (0.004)	0.009** (0.004)	0.009** (0.004)	0.009** (0.004)
lev	1.931* (1.109)	2.055* (1.102)	1.977* (1.167)	1.929* (1.144)	2.131* (1.166)	2.219* (1.136)
dpt	0.004 (0.004)	0.004 (0.004)	0.002 (0.004)	0.003 (0.004)	0.002 (0.004)	0.002 (0.004)
size	−0.110** (0.046)	−0.115** (0.046)	−0.127*** (0.049)	−0.118** (0.046)	−0.131*** (0.048)	−0.128*** (0.049)
age	0.000 (0.006)	0.003 (0.006)	0.004 (0.006)	0.003 (0.006)	0.005 (0.006)	0.005 (0.006)
HHI	0.295 (0.364)	0.274 (0.497)	0.412 (0.479)	0.372 (0.456)	0.331 (0.449)	0.288 (0.516)

表8-13(续)

变量	（1）NPL	（2）NPL	（3）NPL	（4）NPL	（5）NPL	（6）NPL
lnGDP	−0.002 （0.082）	0.030 （0.082）	0.022 （0.082）	0.022 （0.083）	0.024 （0.082）	0.031 （0.083）
常数项	1.348 （1.327）	0.926 （1.358）	1.135 （1.397）	1.165 （1.385）	1.251 （1.376）	0.712 （1.385）
时间固定	Yes	Yes	Yes	Yes	Yes	Yes
观测值	569	569	569	569	569	569
adj.R^2	0.321	0.335	0.335	0.334	0.336	0.335
F	15.05	15.04	14.64	14.14	14.33	13.35

注：*** 、** 和 * 分别表示在1%、5%和10%的水平上显著，括号内为稳健标准误差。

表8-14 不同性质城商行民营资本入股系数及显著性检验

对应回归	表8-13第（2）列	表8-13第（3）列	表8-13第（4）列	表8-13第（5）列
变量	ps+cgov×ps	ps+govgov×ps	ps+prt×ps	ps+for×ps
系数	−0.013	−0.005***	−0.007	0.002
F统计量	$F_{(1, 545)}$=1.77	$F_{(1, 545)}$=7.49	$F_{(1, 545)}$=0.62	$F_{(1, 545)}$=0.24
P值	0.184	0.006	0.437	0.628
对应回归	表8-13第（6）列	表8-13第（6）列	表8-13第（6）列	表8-13第（6）列
变量	ps+cgov×ps	ps+govgov×ps	ps+prt×ps	ps+for×ps
系数	−0.012	−0.006***	−0.007	0.002
F统计量	$F_{(1, 545)}$=1.64	$F_{(1, 545)}$=7.75	$F_{(1, 545)}$=0.62	$F_{(1, 545)}$=0.23
P值	0.201	0.006	0.431	0.634

由其余控制变量可知，上市银行的不良贷款率显著低于非上市银行，这可能是受严格的资本市场监督以及信息披露制度的影响；贷款业务占比高的银行其不良贷款率也更高，表明信贷业务确实增加了城商行风险；资产负债率高的

银行，其自有资本更少，经营谨慎度低，提高了银行的不良贷款率；银行规模负向影响不良贷款率，这表明大的城商行对贷款的管理更为严格，不良贷款率更低。

（一）地方政府干预程度与民营资本入股效果

中国各地区经济发展极不平衡，不同地区的地方政府干预程度存在较大差异。根据"政治观"内容，民营资本入股对城商行不良贷款率的降低作用应该在地方政府干预较强的地方更显著。地方政府干预城商行主要是"为增长而竞争"，因此本书提出其干预动机主要受两个因素影响：国有经济和金融发展程度。本书依次检验这两个因素对民营资本入股与不良贷款关系的影响。

1. 民营资本入股、国有经济和不良贷款率

本书主要分析了国有经济与地方政府干预城商行的关系。在官员晋升锦标赛制度下，各地展开了激烈的经济增长竞争。为保证顺利升迁，官员希望管辖区域的经济有快速明显增长，增长竞争退化为投资竞争。地方政府通过干预城商行信贷流向各类型建设投资公司、建设开发集团等地方国企，来保证其投资竞争力。因此，国有经济占比高的地区，城商行受到的信贷干预应该更大；国有经济占比低的地区，城商行受到的干预较小。洪正等（2016）通过理论模型证明，国有企业运行差，需要民营经济提供增长动力时，金融资源配置倾向于市场化的运作方式；当国有企业运营好转，金融资源会偏向国有企业。根据这一观点，国有企业运营好的地区，城商行受到的信贷干预更大。如果民营资本入股通过降低城商行受干预程度，而降低了其不良贷款率，那么这一效应应该在国有经济占比高、国有企业运营好的地区更为显著。按照这一逻辑，本书根据国有企业产值占比以及国有企业利润占比分组，通过比较不同组别的回归系数差异，检验民营资本入股对城商行不良贷款率的影响机制。

由表8-15的第（1）列和第（2）列结果对比可知，在国有经济占比高的地区，ps+gov×ps在1%的水平上显著为负，即民营资本入股降低了不良贷款率。而在国有经济占比较低的地区，ps+gov×ps不显著，民营资本入股未起作用。表8-15的第（3）列和第（4）列结论与第（1）列和第（2）列的结论一致，在国有经济利润占比高的地区，民营资本持股比例显著降低不良贷款率；而在国有经济利润占比低的地区，民营资本入股效果不明显。结合理论分析可知，这一结果表明民营资本入股可以通过降低城商行受到的政府干预，减轻其政策性负担，进而降低不良贷款率。民营资本入股、国有经济占比与不良贷款率的关系影响见表8-15。

表 8-15 民营资本入股、国有经济占比与不良贷款率的关系影响

变量名	（1） 国有产值高	（2） 国有产值低	（3） 国有利润高	（4） 国有利润低
cgov	−0.495** （0.250）	0.474 （0.523）	−0.399 （0.293）	0.361 （0.278）
gov	−0.321 （0.282）	0.172 （0.370）	−0.446 （0.344）	0.355 （0.223）
prt	0.048 （0.252）	0.564** （0.283）	−0.043 （0.170）	0.533** （0.229）
for	−0.537*** （0.148）	−0.057 （0.235）	−0.483** （0.201）	−0.147 （0.147）
ps	−0.008 （0.005）	−0.010 （0.007）	−0.012** （0.006）	−0.001 （0.005）
gov×ps	−0.001 （0.006）	0.004 （0.007）	0.002 （0.007）	−0.003 （0.005）
观测值	277	278	280	277
时间固定	是	是	是	是
控制变量	是	是	是	是
adj.R^2	0.436	0.400	0.417	0.320
F	10.33	7.568	11.24	9.874
ps+gov×ps	−0.009*** （0.005）	−0.006 （0.109）	−0.010*** （0.001）	−0.004 （0.266）

注：被解释变量为不良贷款率；***、**和*分别表示在1%、5%和10%的水平上显著；回归系数下方的括号内为稳健标准误差。ps+gov×ps 系数下方的括号内为 F 检验的 P 值。

2. 民营资本入股、金融发展与不良贷款率

除了国有经济比例会影响地方政府对城商行的干预外，地方金融发展水平也起到了重要作用。地方金融发展降低了地方政府对银行信贷决策的干预，这主要由以下两个原因决定：首先，在银行体系以及其他金融市场较为发达的地区，银行运营的市场化程度越高，风险防范意识就越强。金融发展程度高的地区，往往金融竞争程度较强，因而为确保自身在金融市场中的存活及发展，银行会尽可能提高决策独立性，降低自身受到的政府干预。其次，在金融发展程度高的地区，政府干预动机也较低。这是因为此时金融工具种类和数量较多，政府发展地方经济的资金来源也相对较多。许多实证都支持了金融发展可以降低政府干预的理论。参考已有文献，本书利用各地区的四大银行资产额占银行

金融机构资产总额比重以及各地区的四大银行从业人数占银行从业总人数比重来衡量地区金融发展程度。四大银行的垄断能力越高，金融发展水平就越低。

我们对比表8-16第（1）列和第（2）列的结果可知，在金融发展程度较低的地区，ps+gov×ps在1%的水平上显著。平均意义而言，在金融发展程度低的地区，民营资本持股比例每增加1%，则地方政府控股型城商行的不良贷款率下降0.011%；而金融发展程度较高的地区，民营资本入股影响不显著。第（3）列和第（4）列的结果与第（1）列和第（2）列的结果类似。表8-16的结果也进一步证实了"政治观"理论，并表明降低政府干预是民营资本发挥作用的途径之一。民营资本入股、金融发展与不良贷款率的关系影响见表8-16。

表8-16　民营资本入股、金融发展与不良贷款率的关系影响

变量	（1） 金融发展 程度低	（2） 金融发展 程度高	（3） 金融发展 程度低	（4） 金融发展 程度高
cgov	0.100 (0.372)	0.163 (0.214)	0.388 (0.420)	-0.016 (0.219)
gov	0.453 (0.396)	-0.027 (0.199)	0.956** (0.418)	-0.371* (0.193)
prt	0.522 (0.451)	0.296 (0.186)	0.219 (0.441)	0.212 (0.192)
for	0.300 (0.235)	-0.407*** (0.139)	0.068 (0.342)	-0.339** (0.136)
ps	-0.007 (0.008)	-0.004 (0.004)	0.004 (0.007)	-0.012*** (0.004)
gov×ps	-0.004 (0.008)	0.003 (0.005)	-0.019*** (0.007)	0.010** (0.004)
观测值	269	256	263	262
adj.R^2	0.337	0.357	0.370	0.369
F	6.717	10.82	9.702	30.94
ps+gov×ps	-0.011** (0.017)	-0.001 (0.642)	-0.015*** (0.001)	-0.002 (0.283)

注：被解释变量为不良贷款率；***、**和*分别表示在1%、5%和10%的水平上显著；括号内为稳健标准误差；ps+gov×ps系数下方的括号内为F检验的P值。第（1）列和第（2）列的结果用资产计算金融发展程度，第（3）列和第（4）列的结果用员工数计算金融发展程度。

（二）对"激励观"的检验

民营资本入股除了降低城商行政策性负担外，还有可能通过监督或提供信贷信息等方式降低城商行的不良贷款率。本部分检验民营资本是否通过监督及提供信息的途径降低城商行的不良贷款率。根据本地优势假设，本地股东更容易以低成本观测到商业银行的日常经营状况，具有信息搜集以及监督被投资企业的优势。如果民营资本入股是通过监督以及提供信息的途径降低了城商行的不良贷款率，那么本地股东占比高的城商行，其民营资本入股的效应更显著。按照这一逻辑，本书计算本地股东持股占比。按该指标对城商行分组，检验民营资本入股是否改善了城商行的管理层激励。

表8-17第（1）列中，ps+gov×ps系数为-0.009，且在1%的水平上显著，说明在本地民营资本股东占比较高的城商行中，民营资本持股比例每增加1%，则不良贷款率下降0.009%。第（2）列中，ps与ps+gov×ps不显著，表明本地股东占比低的组，民营资本持股比例对不良贷款率影响不显著。表8-17的实证结果表明，民营资本入股降低城商行不良贷款率的"激励观"是存在的。民营资本入股、管理层激励和不良贷款率的关系影响见表8-17。

表8-17　民营资本入股、管理层激励和不良贷款率的关系影响

变量	（1） 本地占比高	（2） 本地占比低
cgov	0.279 (0.301)	-0.560 (0.375)
gov	0.287 (0.333)	-0.028 (0.342)
prt	0.773* (0.401)	0.330 (0.207)
for	0.131 (0.258)	-0.346* (0.194)
ps	-0.010* (0.006)	-0.006 (0.007)
gov×ps	0.001 (0.006)	0.002 (0.008)
控制变量	是	是
时间固定	是	是
观测值	229	226

表8-17(续)

变量	（1） 本地占比高	（2） 本地占比低
adj.R^2	0.336	0.386
F	8.189	6.448
ps+gov×ps	−0.009 *** （0.004）	−0.004 （0.506）

注：被解释变量为不良贷款率；***、**和*分别表示在1%、5%和10%的水平上显著；回归系数下方的括号内为稳健标准误差。ps+gov×ps系数下方的括号内为F检验的P值。

（三）民营资本内部股权结构

为检验民营资本股权结构对民营资本入股效果的影响，本书根据5%以及10%的分界线，划分是否存在民营资本大股东。big5表示持股比例超过5%的民营资本股东数量，big10表示持股比例超过10%的民营资本股东数量。根据民营资本大股东个数，本书将城商行分为以下三组："散沙式"民营股权结构组、单一民营资本大股东组和多重民营资本大股东组。如果某一城商行不存在某一民营资本持股比例超过给定界限，则为"散沙式"民营股权结构，用虚拟变量 $sort_1$ 表示；如果有一个民营资本持股比例超过给定界限，则为单一民营资本大股东组，用虚拟变量 $sort_2$ 表示；如果存在多个民营资本股东，其持股比例均超过给定界限，则为多重民营资本大股东组，用虚拟变量 $sort_3$ 表示。

为研究大股东对城商行影响，本书在回归中加入大股东数量，研究民营资本大股东数量对不良贷款率的影响，见表8-18的第（1）列和第（2）列；为研究民营资本股权结构对民营资本入股效果的影响，本书在回归中加入组别虚拟变量与民营资本持股比例的交互项，见表8-18的第（3）列和第（4）列。

表8-18中的第（1）列和第（3）列以5%持股比例定义民营资本大股东。第（1）列的结果表明，民营资本大股东数量在1%的显著性水平上降低了不良贷款率；每增加一个民营资本大股东，则不良贷款率下降0.058。第（3）列结果显示，"散沙组"以及单一大股东组的民营资本持股比例没有起到降低不良贷款率的作用。只有当存在多个民营资本大股东时，民营资本持股比例才会降低不良贷款率。

表8-18中的第（2）列和第（4）列以10%持股比例定义民营资本大股东。第（2）列的结果表明，民营资本大股东数量未显著影响不良贷款率。表8-18的第（4）列中，不同分组下的民营资本持股比例均未能降低不良贷款率。其可能的原因有：单一持股超过10%的民营资本股东，有相对较高的控制

权，其入股动机不限于股利分红。民营企业在间接融资中往往因信息不对称或信贷歧视而难以融资。其与银行建立股权关系，一方面可降低自身与银行的信息不对称性，另一方面也可以影响银行经营决策而缓解自身融资约束，获得关联贷款。民营股权配置方式与城商行不良贷款率的关系影响见表8-18。

表 8-18　民营股权配置方式与城商行不良贷款率的关系影响

变量名	（1） NPL	（2） NPL	（3） 5%界限 NPL	（4） 10%界限 NPL
big5	-0.058^{***} （0.015）	—	—	—
big10	—	-0.075 （0.047）	—	—
ps×$sort_1$	—	—	0.007 （0.006）	-0.003 （0.002）
ps×$sort_2$	—	—	0.001 （0.003）	-0.007 （0.004）
ps×$sort_3$	—	—	-0.009^{**} （0.004）	0.004 （0.007）
$sort_2$	—	—	-0.173 （0.124）	-0.037 （0.186）
$sort_3$	—	—	0.205 （0.203）	-0.404 （0.360）
所有制性质	是	是	是	是
控制变量	是	是	是	是
时间固定	Yes	Yes	Yes	Yes
观测值	554	554	520	520
adj.R^2	0.356	0.348	0.381	0.370
F	16.14	15.97	15.26	14.50

注：被解释变量为不良贷款率；$***$、$**$ 和 $*$ 分别表示在1%、5%和10%的水平上显著；回归系数下方的括号内为稳健标准误差。ps+gov×ps 系数下方的括号内为 F 检验的 P 值。

为进一步研究持股比例超过10%的民营资本大股东的影响，本书按照民营资本股东所在行业特征，对城商行进行分组。我们将建筑业、房地产和采矿业等资本密集度高、严重依赖外源融资的行业划分为"依赖型行业"，将批发和零售、住宿和餐饮以及农林牧副渔等行业划分为"非依赖型行业"。我们还统计了"依赖型行业"民营资本股东持股占比，按中位数对城商行分组，分为股东融资依赖型和股东非融资依赖型，并再次回归。

表8-19的结果表明，在股东融资依赖型组中，"散沙组"和单一民营资本大股东组的民营资本持股比例能够降低政府控股型城商行的不良贷款率，但是多重民营资本大股东对不良贷款率的影响不显著。这可能是因为当民营资本股东的真实意图为缓解自身融资约束、获取银行关联贷款时，引入多个民营资本大股东无助于优化银行治理。更可能发生的是民营资本大股东之间合谋掏空银行或者民营资本股东为获得关联贷款而相互博弈，引发治理效率缺失。而此时，没有民营资本大股东或者只有势单力薄的单一民营资本大股东反而有利于降低城商行不良贷款率。当民营资本股东的融资性动机较弱，以10%划分大股东的回归结果与5%划分大股东的回归结果相似。"散沙组"以及单一大股东组的民营资本持股比例不起作用。当存在多个民营资本大股东时，民营资本持股比例在5%显著性降低了不良贷款率。大股东作用、股东融资依赖度与城商行不良贷款率的关系影响见表8-19。

表8-19　大股东作用、股东融资依赖度与城商行不良贷款率的关系影响

变量名	（1） 股东融资依赖型组	（2） 股东非融资依赖型组
$ps \times sort_1$	-0.008^{***} （0.003）	0.004 （0.004）
$ps \times sort_2$	-0.015^{**} （0.006）	-0.005 （0.004）
$ps \times sort_3$	0.004 （0.008）	-0.009^{**} （0.004）
所有制性质	是	是
控制变量	是	是
时间固定	是	是
观测值	287	282
adj.R^2	0.345	0.428
F	11.28	9.095

注：被解释变量为不良贷款率；***、**和*分别表示在1%、5%和10%的水平上显著；回归系数下方的括号内为稳健标准误差。ps+gov×ps系数下方的括号内为F检验的P值。已控制$sort_1$及$sort_2$。

总体而言，民营资本大股东对降低城商行的不良贷款率具有重要作用。在

引入民营资本过程中，我们不能只重视民营资本的资本补充作用，还要注意民营资本内部股权结构对其公司治理作用的影响。与分散的小股东相比，大股东更有激励和能力抑制控股股东的自利行为。如果民营资本持股比例较为分散，则其难以主动积极地参与城商行经营决策，而小股东"用脚投票"的维护权利方式也难以对政府股东形成约束。另外需要注意的是，当民营资本入股动机是缓解自身融资约束时，引入多个民营资本大股东反而可能降低治理效率。

（四）稳健性检验

本书的研究结果的稳健性主要受民营资本入股变量内生性的影响。首先，内生性可能来自民营资本入股的自选择效应。如果民营资本选择银行风险较低的城商行入股，那么民营资本入股与不良贷款率的负向关系就无法说明是民营资本入股引起了不良贷款率的降低。本书利用连续双重差分模型分析民营资本入股自选择效应的存在性。如果民营资本存在自选择行为，那么当城商行风险突变时，民营资本持股份额会发生较大变化。本书选择 2013 年银行流动性危机这一外生事件，分析 2013 年流动性危机是否影响民营资本持股比例。我们之所以选择 2013 年的银行流动性危机作为例子，是因为此次危机影响范围广，持续时间长，对城商行等中小银行造成的影响巨大。2013 年 6 月和 12 月都出现了银行同业拆借利率飙升的情况，许多银行流动性收紧，流动性风险突增。如果民营资本基于银行风险选择是否持股城商行，那么此次大规模危机一定会影响民营资本持股比例。对于同业负债占比高的银行而言，流动性危机的影响更大，风险承担也更高。本书选择同业负债占比识别处理组与控制组，利用连续性双重差分模型检验自选择效应存在与否。

其次，本书的内生性可能来自遗漏某些银行的特征变量。本书选取工具变量，利用两阶段最小二乘法再次估计，保证文章结论不受内生性影响。工具变量需要满足两个性质：一是工具变量与该城商行的民营股权比例相关；二是与残差项不相关，也即工具变量无法直接影响不良贷款率，仅能间接通过影响该城商行的民营股权比例而影响不良贷款率。借鉴 Zhang et al.的思想，本书认为某一城商行的股权结构可能会受到同省其他城商行股权结构的影响（群体效应），但是本银行的不良贷款率与同省其他城商行股权结构相关性低。因此，可以选择同省其他城商行的民营股权均值作为工具变量进行回归。

再次，本书研究结论可能受遗漏地区因素影响。因此，本书引入华北、东北等地区的虚拟变量，在此基础上加入年份与区域的交互项。

最后，引入民营资本力度大的城商行也可能吸引了较多的外资，不良贷款率较低也可能是外资持股的结果。为减轻外资持股对本书结论的影响，本书剔除了所有外资持股的城商行样本，再次回归。所有稳健性检验均表明本书结论可靠。受限于篇幅，稳健性检验结果未报告。

第四节　本章小结

在政策鼓励与补充资本金需求的双重驱动下，引入民营资本已成为我国城商行股权改革、增资扩股的主要方式。本章基于2007—2016年的城商行数据，从盈利性和不良贷款率两方面衡量了民营资本入股对城商行经营绩效的影响。研究结果表明，当城商行最终控制人为政府时，民营资本入股（增加民营资本持股比例或重要民营资本股东个数）提高了经营绩效。对民营资本股东的异质性研究表明：民营资本大股东在提升城商行绩效方面发挥了重要作用，引入"散沙式"的民营小股东无助于城商行绩效的提升；与外地民营资本股东相比，本地民营资本股东对城商行经营绩效的提升作用更大；与短期持股的民营资本股东相比，长期持股的民营资本股东对城商行经营绩效的提升作用更大。民营资本入股降低不良贷款率的效果仅在地方政府控股型城商行存在，且该效应在国有经济占比高和金融发展落后等地方政府干预程度高的地区更为明显。

第九章 城商行公司治理优化的政策建议

本章在前几章的基础上，基于股权结构和银行公司治理特殊性的视角，给出了一些有关城商行公司治理的优化路径和优化措施。从上一章的实证结果可以看出，为了提高城商行公司治理，引入民营资本成为城商行的重要股东是一条重要的优化路径，但同时也要适当控制民营入股比例和民营资本股东结构与数量，防止民营资本控制下的城商行过度冒险经营或者被掏空。地方政府也应当按照相应的股东角色承担起主要职责。除此之外，基于民营资本入股城商行的背景下，还需要改革和优化城商行内部公司治理机制，优化"两会一层"人员结构，设置基于激励努力与风险防范双重目标的高管薪酬激励制度；优化城商行外部公司治理机制，如会计师事务所、银行经理人市场等。最后，监管部门包括银保监会、地方金融办等，也应当肩负起严格监督、审查城商行股东资质（包括民营资本股东和地方政府股东）、"股董监高"任职资格、城商行信息披露等。

第一节 城商行的股权结构优化

针对城商行在内的国有企业改革，股权多样化是有效的实现形式。而且近年来政策一直鼓励混合所有制经济的发展，从 2013 年的中国共产党第十八届三中全会《中共中央关于全面深化改革若干重大问题的决定》中提出的"积极发展混合所有制经济"到 2015 年国务院发布的《国务院关于国有企业发展混合所有制经济的意见》，再到中国铁路总公司混合所有制改革的推进。混合所有制改革的落脚点在于通过引入不同性质的高质量资本来改善公司的治理结构。前几章的论述充分表明，不管是地方政府还是民营资本股东，一股独大都会造成城商行公司治理有效性的降低。针对这种情况，最优的解决措施就是在地方政府股东一股独大的城商行中，引入民营资本股东形成制衡力量，抑制地方政府股东的行为；但引入的民营资本也应当适中，引入民营资本过多，形成民营资本一股独大的情况，民营资本股东也有动机去掏空城商行。此时，应当引入实力相当的几个民营资本股东在民营资本内部形成制衡，如规定如果民营资本股东控股权想超过10%，则必须有两家以上不存在关联关系、一致行动的民营资本股东同时超过10%。

城商行要争取地方政府支持，进一步优化股权结构，通过减持、增资扩股、扩大开放等方式，引进注重银行长远健康发展、资金实力雄厚、管理经验丰富、能带来协同效应的战略性股东，也欢迎依法合规的财务投资。由实证结果可知，民营资本入股城商行可以显著提高城商行的治理结构和治理水平。民营资本代表了一种新的股东力量，地方政府干预城商行时，就不得不考虑民营资本股东的利益。这样一种两方博弈的机制有利于提高城商行的治理能力。国有控股和民营资本控股的相互参股存在着一定的互补效应（郝阳 等，2017）。由于地方政府担心民营资本入股会造成国有资产的流失、地方政府丧失对城商行的绝对控制权等多种原因不愿意民营资本进入城商行，或者即使地方政府表面上允许民营资本进入，也会在实际操作中设置隐形障碍，或者等民营资本进入后，侵占民营资本股东利益。长此以往，地方政府对民营资本的"欺诈"行为，使得优质的民营资本无法进入城商行，民营资本入股成为一种形式主义。

除了民营资本之外，外资也是股权多样化的重要来源。随着我国进一步对外开放政策的推进，金融业成为外商投资的重点目标。相比于国外的国际性大银行，城商行的治理结构和治理能力上都存在着一定的差距。外资入股城商行会带来先进的经营模式，有利于城商行的长期发展。马连福（2015）发现在国有控股企业中，外资股东的制衡效应要高于民营资本股东。也就是说，外资股东在提高企业的经营效率方面可能要强于民营资本。

第二节　地方政府股东的优化措施

长期以来，城商行作为地方政府重要的资金平台，其经营情况与政府的行政目标有着千丝万缕的联系。一方面，从分税制改革以来，地方政府为了发展经济、竞争资源，在财政收入不足的情况下，不得不依靠金融资源来替代弱化的财政。随后国有银行改制，中央上收国有商业银行分行的信贷审批权，导致地方政府难以从国有银行获得资金支持。因此，地方政府纷纷入股城商行，加强对城商行的干预。另一方面，城商行作为独立的法人，公司利润最大化是公司经营的根本目标。但是在地方政府的政策目标影响下，城商行的信贷发放导向会发生改变。政府或者政府背后的官员可能会为了某个政治上的目标向城商行施压，地方官员的晋升压力会对城商行的贷款行为产生影响。城商行的信贷审批不再是以项目的质量作为衡量标准，而是尽可能去满足政府的政策需要，这显然和城商行的经营目标相悖，影响到城商行的经营绩效，甚至可能危害到其他股东的利益。我们既要让政府在城商行的发展中发挥积极的作用，同时也要减少因政府干预而带来的不利影响。

一、改革官员评价体系，将地方政府控股的城商行业绩评价纳入评价体系

地方政府之所以过度干预城商行，是因为地方政府官员有着强烈的动机去发展当地的经济，而地方经济发展的好坏决定着地方官员晋升的可能性，所以官员想要获得更好的政绩就必须依靠金融资本发展地方经济，同时改变地方政府的激励动机可以有效缓解城商行面临的压力。官员的评价不纯粹以经济增长为标准，将有助于经济发展的绿色 GDP、信用环境指数、居民幸福程度等多样化的指标纳入官员的评价体系，从多方面来综合衡量政绩。

对于控股了城商行的地方政府，增加对地方政府防范和化解区域性金融风险的评价指标。首先，对于城商行本身，具体指标如不良贷款率，对僵尸企业、产能过剩企业关联贷款的比重等。其次，除此之外还应该将地方政府融资平台与地方政府控股城商行关联交易、关联贷款等纳入地方官员的评价体系中。最后，则是由地方政府主导的地方金融控股集团内部中，城商行的关联交易行为，以及以城商行为核心的地方金融控股公司的风险评价指标，如对金融控股集团内部其他金融机构出资比例等。

二、适当控制城商行规模，引导城商行良性发展

近年来，城商行的发展规模呈快速增长的态势。各城商行纷纷扩大网点规模和新设异地分支机构，这种盲目的扩张可能会带来新的麻烦。银行规模的扩大可以帮助银行抢占市场，提高银行的利润率。而且银行业普遍存在的"大而不倒"现象使得银行更有动力去不断扩大规模。尤其是对于城商行来说，政府一方面作为城商行的控股股东，另一方面又是众多金融稳定的守护者。城商行对于政府的价值，政府很难让城商行破产，在这样一系列的效应的影响下，可能存在城商行超过其最优的规模，造成社会资源的浪费和潜在的金融风险。

第三节　民营资本入股城商行控制权的优化路径

地方政府对于民营资本入股城商行存在的"掏空国有资产"的担心。一方面是地方政府担心丧失城商行的控制权，另一方面可能存在民营资本掏空城商行的风险。中央政府对银行金融牌照的控制使得民营资本较难获取，而随着金融改革的不断深化，一旦民营资本可以入股城商行，民营资本就有动机利用城商行这一丰富的金融资源来实现自身利润的最大化。同时，当民营资本代替地方政府成为控股股东后，为了自身利益，民营资本股东就有动机去掏空城商行，从而损害城商行绩效。为了遏制民营资本股东行为，从根本上防范这种掏空城商行的行为可以由以下几点入手：

首先是严格考察民营资本股东资质，明确民营资本股东入股动机。

民营资本股东入股城商行，一方面可能追求城商行股权价值的增长和股利分红，另一方面为获得城商行的关联贷款以缓解融资约束，因此对拟入股城商行民营资本股东的背景审查显得尤为重要。第一，限制高资本密集型行业的民营资本股东。高资本密集企业需要资金量大，如房地产企业，其入股城商行后，可能把城商行作为"提款机"支持其实业发展，更加容易掏空城商行；第二，限制盈利性差、经营现金流不充裕的企业入股；此类企业融资约束较高，入股城商行的动机主要是获得关联贷款和授信等；第三，对于个人股东，应该考察其相应的实业关联关系，防止个人股东通过城商行向关联提供贷款等；第四，民营资本股东自身应当具备良好的公司治理状况，严格执行"两参一控"的标准。

其次是引入本地民营资本，降低信息不对称程度。

民营资本存在着一定的复杂性，在信息上没有做到完全的公开透明，导致地方政府在选择合适的民营资本时不得不考虑其风险性。由于存在双方信息不对称的情况，所以地方政府能从当地寻找合适的民营资本引入城商行，则可以大大降低双方之间的信息不对称问题。一方面，地方政府对于本地民营资本与外地民营资本相比有更多的信息优势；另一方面，地方政府对于地方民营资本更具有权威。因此，民营资本股东为了在本地维持长期的利益与声誉，更不会做出掏空城商行的行为。正如前文提到的，为防止单一民营资本大股东对城商行有控制，可以同时引入多个民营资本大股东，在民营资本股东之间互相制衡；同时还可以部分引入外地民营资本股东，与本地民营资本股东形成制衡。

再次是确定民营资本的持股锁定期。

和国有资本相比，民营资本是真正的资本，具有资本的逐利性。资本总是从利润率低的行业流向利润率高的行业，从利润率低的公司流向利润率高的公司。因此，民营资本不必像国有资本一样需要考虑到资源的均衡配置。在利润最大化的驱使下，一旦由于市场风险城商行的利润下降，民营资本很可能转移出去，而且还会存在搭便车的情况。当国家推行某项鼓励民营资本入股城商行的政策时，为享受政策红利的民营资本可以在享受完政策红利后及时退出来套取社会资源。

城商行真正需要的是有价值的、能够为城商行的有效治理带来益处的民营资本，而不只是投机性的快钱。因此，我们有必要对民营资本设定一个持股锁定期，在没有特定事由发生时，民营资本不能随意退出。相关部门可以建立严格的资本金制度，如引进无限责任股东，或在经营状况未达到规定条件时实施资本强制补充计划；严格关联贷款交易，可以考虑在进入初期对关联贷款实行严格限制，甚至禁止关联贷款；限制民营资本股东的短期获利行为，规定其股息分红上限，或只能投资于带有锁定期的限制性股票。

最后是保障民营资本股东权利，提升第二大股东作用。

民营资本股东的进入不仅是在股权上的分配，更要落脚于民营资本股东对公司治理的实质影响。民营资本股东不仅是反映在股东登记册上，更重要的是民营资本股东要真正行使其股东的职权。一些城商行即使有民营资本股东的存在，但民营资本股东没有或者无法有效行使其股东职权。这样花瓶式的股东对于改善城商行的治理能力作用极其有限。民营资本股东、地方政府和城商行高层之间分别代表着不同的利益，而一个有效的公司治理结构可以制衡三方力量，让公司可以有效率地运行。

相对于国资和高级管理人员，民营资本股东处于劣势地位。要想最大限度地发挥民营资本股东的作用，就必须切实保护好民营资本股东的权利。在董事会、监事会和高级管理人员中，民营资本股东需要占据一定比例。对于民营小股东而言，也要尊重其提出的议案或意见。探索和建立新型民营资本股东的制衡机制，引入民营投资者时保持一定的股权集中度，有意识打造第二大股东，发挥第二大股东的作用。总之，要让民营资本股东可以在城商行的决策中发出自己的声音。

第四节　城商行公司治理机制的优化路径

在 2017 年的城商行年会上，银监会原副主席王兆星在讲话中提到，城商行改革转型的核心和根本，就是要完善与新发展理念相适应的公司治理机制。金融机构要建立完善的公司法人治理结构和严格的风险控制体系，把好风险问责第一道关口。完善有效的公司治理，是银行最关键、最根本的核心竞争力，也是银行行稳致远、健康可持续发展的基石。

民营资本进入城商行成为重要的股东之后，应保证其能够积极有效地参与到城商行的日常经营决策中，这就需要考虑民营资本入股后如何重新构造董事会、监事会，研究如何发挥民营资本在战略决策、风险管理、高管薪酬激励等方面的积极或基础性作用。同时，公司治理进入了合规建设的新阶段，治理的核心是要落实真正的问责制，实现从"结构合规"向"机制优化"转变。对于城商行，深化改革的落脚点还是要放在加快自身改革和转型发展上，通过贯彻新发展理念，实现从外延式扩张向质效优先发展转变。

一、完善董事会治理机制

（一）完善董事会成员构成

董事会成员的构成要保证民营资本股东席位，使民营资本股东和地方政府股东形成制衡。我国的银行业目前已经形成国有资本、社会资本和海外资本共同参与的股权结构，我国上市银行已经实现了法人投资者和公众广泛参与持股的治理目标。在引入投资者时，保持适度的股权集中度，有意识地打造第二大股东，发挥股权制衡的效应，在一定程度上能缓解国有企业"一股独大"所带来的效率损失，更有利于当前中国资本市场环境下的企业治理优化。张乐（2016）的研究结果显示，民营资本及国内社会资本持股比率的增加，在提升我国银行业风险控制和风险监管方面将起到积极的作用，将降低银行的不良贷款率，建议适度提高民营资本在银行中的控股比例。

保证民营资本股东在董事会席位的重要性还体现在银行经营业绩方面，包括对涉及关联交易、关联担保的重大决策进行有效性协商与权衡。地方政府股东作为大股东对城商行进行直接控制，地方政府的干预令银行对地方财政状况做出信贷判断，而不是基于具体项目的债项评级，弱化了对项目收益及风险的甄别与控制能力，增加了银行的负担与改革成本。引入民营资本股东，保证民营资本的话语权，利用其较强的市场能动性能盘活资本存量，能有效推动原有企业治理结构的优化和战略决策能力的提升。

原银监会在2016年的年报中指出，为民营资本进入城商行拓展途径，禁止单独针对民营资本进入银行业设置限制条件。支持民营资本投资入股，无论是作为财务投资者还是战略投资者，支持民营资本参与城商行的存量改造和历史风险化解，增强城商行资本实力，优化股权结构，完善公司治理。在2017年的城商行年会上，银监会原副主席王兆星同志在讲话上指出，有效的银行公司治理不能是简单地追求利润和股东利益最大化的，而应是各利益相关方积极参与的"共同治理"。也就是说，既要做到防范内部人控制，也要防止一股独大、外部人不当干预；要遵循各治理主体独立运作、有效制衡、相互合作、协调运转的原则，推动完善银行股权结构、优化法人治理架构、强化信息披露和外部监督，建立高效的决策与制约机制以及科学的激励约束机制。

（二）提高独立董事的治理能力

从上一章的实证结果以及国内外独立董事的实践经验表明，独立董事可以显著提高董事会决策的有效性。遴选独立董事时，鉴于代表民营资本股东和地方政府的董事可能不是从事银行方面的工作，所以聘请独立董事应该优先聘请银行专业领域的专家、学者等，基于其信息和专业的知识为银行的决策提出合理化建议，同时监督控股股东以协调大小股东之间的关系。此外，还应保证独立董事的独立性程度，注意独立董事的来源，避免原地方政府官员、民营资本股东社会关系中的人物担任独立董事，避免独立董事被管理层"要挟"，有效防止管理层为了获得私利而使独立董事形同虚设。银监会原副主席王兆星同志在2017年的城商行年会上提到，独立董事不能成为大股东和高管层的代言人，应坚持独立性、专业性、提高履职能力，保护好中小股东、金融消费者的权益。

（三）发挥董事会专门委员会职责

很多文献证明，因特定目的而设置的委员会对解决相关问题大有助益。董事会中应当设置不同的专门委员会，以商议讨论不同类型的提案和决策事项。调整董事会专门委员会结构，使之适应可持续发展的要求，更好地确保公司可持续战略形成及执行质量和深度的基本要求；重要的专门委员会如关联交易控制委员会、薪酬委员会等，应该由独立董事担任专门委员会主席，以保证相关决策决议公平公正、符合中小股东、债权人利益。其中，审计委员会、提名委员会、薪酬与考核委员会中的独立董事应占多数并担任召集人，审计委员会中至少应有一名独立董事是会计专业人士，以确保委员会的职能科学地发挥效应。还应考虑设置金融消费者权益保护委员会，强化监督职能，确保消费者的利益不受侵犯。

二、提高监事会效率

（一）完善监事会人员构成

大部分城商行监事会人数维持在 6~7 人，分为股东监事、职工监事、外部监事。股东监事构成应该考虑城商行股权结构、形成具有代表地方政府的股东监事、代表民营资本的股东监事、代表其他自然人等小股东的股东监事。三种不同类型的股东监事互相监督、相互制衡。职工监事则应该选择城商行风险控制的核心部门，更具有代表性和专业性，如风险合规部等。

（二）提高监事会监督能力

相比董事会，城商行监事会的监督作用略显得有些羸弱。考虑到城商行还要受到监管部门的监管，可以考虑在外部监事中引入监管部门人员，提高监事会的专业程度，同时也能够提升监事会的监督能力。城商行董事会、监事会、管理层要承担起管控风险的首要职责，充分把握银行业务模式、业务结构变化所带来的风险，不断改进全面风险管理战略和策略，提升内审覆盖面及其效能。我们要不断优化监事会成员的结构，进一步健全完善对监事的履职评价体系，及时淘汰不具备履职能力且不作为、乱作为的监事。

（三）保障监事会信息渠道畅通

部分监事会由于不负责日常实际经营事务，因此无法时刻知悉城商行信息。董事会、管理层应当及时、完整地把日常经营信息定期向监事会报告，而不是等到召开董事会会议的时候才进行。监事会的监督职能可否有效行使，在很大程度上决定了银行是否能够拥有一套科学的决策制定和决策执行机制，这会对银行业绩和价值产生直接而深远的影响，不容忽视。

三、完善薪酬激励机制

完善薪酬激励机制也是优化城商行公司治理的重要方式，应该将薪酬激励的强度、公司治理和企业业绩三者结合起来考虑，同时进行结构选择，以实现最佳的配置。城商行的薪酬激励机制需要短期与中长期目标相结合，这就是激励城商行的高级管理层要以发展的眼光来开展银行的公司治理。尚福林（2013）在总结国际金融危机的经验教训时指出，完善商业银行的薪酬激励制度，不仅要赋予高级管理层经营管理职责权限，还要建立科学合理的绩效考评体系，对其行为加以规范和引导。他也强调，要加快完善与风险挂钩的薪酬体系和延期支付机制，着力解决薪酬与风险不对称问题。逐步探索试点股权激励等中长期激励方式，切实将高管层的个人利益与银行中长期发展目标有机统一起来，这将有利于高级管理层对城商行的公司治理做出实质性的贡献。在股权激励行为中，监管部门加强对股权激励业绩考核指标及标准的规范，并严格控制激励计划的审批，同时加强对股权激励上市公司信息披露的要求，从而抑制经理人运用真实活动进行盈余管理的行为，使股权激励能够发挥应有的作用。当加强对国有企业承担社会责任的考核，强化经理人薪酬激励的预算刚性，防范经理人利用社会责任降低其薪酬激励作用，应当通过完善公司治理机制提升社会责任在经理人薪酬激励中发挥的积极作用。

四、引入外部公司治理机制

（一）高级管理人员的甄选机制

我国应加快建设和完善经理人市场，大力推进我国上市公司经理人职业化建设的进程，优化上市公司经理人的产生路径；城商行高级管理人员应该尽量从行政任命为主的经理人选聘机制逐步过渡为通过公开招聘的方式从高效、规范的职业经理人市场筛选；同时，应强化对经理人职业道德素养的培育，完善制度约束和操守指引，提升经理人在抑制大股东掏空和保护中小投资者利益方面的自觉性；最后，给予经理人优异的职业发展机会与福利水平，形成一套科学合理的职业经理人评价体系，防止通过股东董事会裙带关系形成城商行内部控制问题。

（二）聘请高排名会计师事务所

会计师事务所是外部公司治理的重要组成部分，好的会计师事务所会更加公正、严格地对城商行的年报进行审计，进而起到监督的作用；相反，较小或者本地的会计师事务所可能会因为私利或者人际关系与城商行形成共谋，对城商行年报的审计存在造假的可能性。会计师事务所对于审计城商行年报信息，其专业性与职业道德操守对公司治理有着至关重要的作用。从本书的实证结果可以看出，会计师事务所质量越高（排名靠前），则城商行公司治理的有效性就越高。相关监管机构应当硬性要求城商行聘请上一年度排名前一百的会计师事务所。

（三）引入资本市场中小投资者

目前上市的城商行屈指可数，但上市的城商行无论在信息披露、公司治理结构、公司治理机制方面都比非上市城商行做得好，因此城商行通过合并重组和发行上市的方式，将会提高其市场竞争力。有学者根据城商行的改革实践，得出这一方式的有效性。吕向公（2011）横向分析了城商行合并重组的效率，从 10 个方面来构建评价指标体系，探究出城商行按照市场原则实现资本重组和联合，有利于整合金融资源，并进一步拓展市场空间，从而提高抗风险能力和市场竞争力。进一步地，结合案例来开展纵向分析，通过对两家银行经营绩效的对比，得出重组的银行的治理更优。推进城商行上市，完善公司治理结构，推进符合条件的城商行加快上市步伐，将会有效地改善城商行的股权结构、信息披露与监督机制，以及完善公司高管激励体系，这对于城商行公司治理结构优化具有重要的意义。

第五节　监管部门的作用

银行业特殊性之一受到强力的监督，使得银行公司治理特殊性中需要考虑外部监督对公司治理的影响。国家金融与发展实验室银行研究中心主任曾刚表示：公司治理决定着银行运行的基本架构和权力分配格局，是风险的入口。监管部门应通过制度化安排，为完善银行公司治理、促进银行长远稳健经营创造基础条件。伴随着市场监管的不断加强，控股股东通过更为隐蔽的方式降低盈余管理质量来侵吞中小股东利益的行为大量出现，这就需要内外部治理机制共同发挥作用。

首先从内部有效治理来看，引入民营资本进入城商行，发挥其在战略决策、监督和任免经理、风险控制及薪酬激励等公司治理方面的积极性或基础性作用，充分发挥民营资本活力。一方面需要规范地方政府行为，建立地方政府与城商行之间的正常关系，即在业务发展和资金来源上，城商行不能过于依赖地方政府，同时地方政府也应保证城商行不以承担政策性任务作为主要经营目标，能在不受干预情形下通过自主经营来支持地方经济发展。另一方面需要合理界定监管者在城商行公司治理中的角色及监管方式，防止过度监管形成监管替代，压制民营资本的发展和创新动机。其次从外部治理来看，为了保障民营资本进入能显著改善我国城商行的公司治理，也需要有关部门制定张弛有度的监管政策，通过建立起配套的公司治理和正向激励机制给予管理层适当的经营决策权，防止出现内部人控制的问题。对此，我们提出以下几点监管措施意见：

一是监管部门应当一致对待民营资本股东与地方政府股东。如对于地方政府股东，应该要求其财政状况符合一定条件，财政状况与持股比例（或城商行控制权比例）相联系；地方金融办出台相应的与地方金融风险相关联的城商行持股要求。对于民营资本股东，监管部门可以按照其经营情况、是否具备相应的条件给予其金融机构入股资质评级，将评级与持股比例数量挂钩，评级越高，可以持有城商行的股份数量越多。

二是城商行不同于一般企业，应该出台针对城商行股权交易转让的制度机制，规范交易过程中的股份转让价格和转让比例等，城商行股权转让应当在大宗交易平台或者公开招标、拍卖进行；对于属于地方金融控股集团内部的城商行，加强对城市化与金融控股集团内部其他金融机构之间的关联贷款、担保、利益转移、利益输送方面的监管，防止单个金融机构风险通过城商行向其他机构传染。

三是对于金字塔型控股模式控制城商行的民营资本股东，应当对其进行穿透式监管，严格控制其两权分离程度，监督最终层级股东的出资来源、经营盈利状况、杠杆率和融资约束情况等，防止其利用金字塔型控股模式掩盖其控制城商行进行违规融资活动。

第六节　本章小结

银行业的特殊性改变了公司代理问题的性质和机制，由一般企业经理与股东之间的利益冲突向银行中的经理、股东与债权人之间的利益冲突转变；相应地，民营入股城商行后，应重点关注城商行公司治理中民营资本股东的冒险行为和掏空行为。本章基于城商行公司治理的特殊性，从股权结构安排、内外部公司治理以及政府监管等角度对城商行公司治理优化提出相应建议。从长期来看，正如 LLSV（1999）所指出的，城商行公司治理水平的提高还需要深化金融市场改革、提高金融法律法规对金融投资者的保护，以营造良好的金融业市场环境！

参考文献

［1］巴曙松，刘孝红，牛播坤.转型时期中国金融体系中的地方治理与银行改革的互动研究［J］.金融研究，2005（5）：25-37.

［2］蔡志强，孙晓萌.中美城市商业银行跨区域发展的经济效率比较［J］.财经科学，2014（3）：30-38.

［3］曹廷求，陈丽萍.城市商业银行治理有效性的实证研究：基于银行治理评价的分析［J］.金融论坛，2012（12）：35-41.

［4］曹廷求，陈丽萍.城市商业银行治理有效性的实证研究：基于银行治理评价的分析［J］.金融论坛，2012（12）：35-41.

［5］曹廷求，潘林，纪玉俊.公司治理，环境约束与大股东利益侵占［C］.第五届实证会议论文，2006.

［6］曹廷求，郑录军，段玲玲.山东省银行类金融机构公司治理机制比较［J］.金融研究，2005（10）：74-87.

［7］曹廷求，郑录军，段玲玲.山东省银行类金融机构公司治理机制比较［J］.金融研究，2005（10）：74-87.

［8］曹廷求，张光利.市场约束、政府干预与城市商业银行风险承担［J］.金融论坛，2011（2）：3-14.

［9］陈抗，等.财政集权与地方政府行为变化［J］.经济学（季刊），2002（4）：111-130.

［10］程仲鸣，夏新平，余明桂.政府干预，金字塔结构与地方国有上市公司投资［J］.管理世界，2008（9）：37-47.

［11］戴璐，陈曦，魏冰清.国外商业银行改革研究综述及其启示［J］.金融论坛，2012，4：76-80.

［12］丁骋骋，傅勇.地方政府行为、财政—金融关联与中国宏观经济波动：基于中国式分权背景的分析［J］.经济社会体制比较，2012（6）：87-97.

［13］丁蕾，曹廷求.管理层网络，关系治理与银行风险承担［J］.金融发

展研究，2013（9）：15-19.

[14] 杜朝运，邓嫦琼.城市商业银行股权结构改革的制度经济学解释
[J].金融经济学研究，2008，23（2）：66-72.

[15] 方意，赵胜民，谢晓闻.货币政策的银行风险承担分析：兼论货币政
策与宏观审慎政策协调问题 [J].管理世界，2012（11）：9-19.

[16] 龚强，王俊，贾坤.财政分权视角下的地方政府债务研究：一个综
述 [J].经济研究，2011（7）：144-156.

[17] 郭峰，熊瑞祥.地方金融机构与地区经济增长：来自城商行设立的准
自然实验 [J].经济学（季刊），2018，17（1）.

[18] 郭庆旺，赵旭杰.地方政府投资竞争与经济周期波动 [J].世界经
济，2012（5）：3-21.

[19] 郝项超.商业银行所有权改革对贷款定价决策的影响研究 [J].金融
研究，2013（4）：43-56.

[20] 郝阳，龚六堂.国有、民营混合参股与公司绩效改进 [J].经济研
究，2017，52（3）：122-135.

[21] 郝云宏，汪茜.混合所有制企业股权制衡机制研究：基于"鄂武商控
制权之争"的案例解析 [J].中国工业经济，2015（3）：148-160.

[22] 洪正，张硕楠，张琳.经济结构，财政禀赋与地方政府控股城商行模
式选择 [J].金融研究，2017（10）：83-98.

[23] 洪正.新型农村金融机构改革可行吗？：基于监督效率视角的分析
[J].经济研究，2011（2）：44-58.

[24] 洪正，胡勇锋.中国式金融分权 [J].经济学（季刊），2017（2）：
545-576.

[25] 黄建军.我国城市商业银行与地方政府关系 [J].财经科学，2010
（5）：24-30.

[26] 黄奇帆.国企改革与地方金融机构改革的互动：以重庆为例 [J].
改革，2010（7）：26.

[27] 纪志宏，等.地方官员晋升激励与银行信贷：来自中国城市商业银
行的经验证据 [J].金融研究，2014（1）：1-15.

[28] 纪志宏，等.地方官员晋升激励与银行信贷：来自中国城市商业银
行的经验证据 [J].金融研究，2014（1）：1-15.

[29] 孔东民，代昀昊，李阳.政策冲击、市场环境与国企生产效率：现
状、趋势与发展 [J].管理世界，2014（8）：4-17.

[30] 雷光勇，王文.政府治理，风险承担与商业银行经营业绩 [J].金融研究，2014 (1)：110-123.

[31] 黎文靖，李茫茫."实体+金融"：融资约束、政策迎合还是市场竞争?：基于不同产权性质视角的经验研究 [J].金融研究，2017 (8)：100-116.

[32] 李波，单漫与.国有银行治理结构与管理层激励：多项任务委托代理、经理人市场和优先股 [J].金融研究，2009 (10)：57-67.

[33] 李广子，刘力.民营化与国有股权退出行为 [J].世界经济，2012 (10)：113-142.

[34] 李广子.跨区经营与中小银行绩效 [J].世界经济，2014，37 (11)：119-145.

[35] 李慧聪，李维安，郝臣.公司治理监管环境下合规对治理有效性的影响：基于中国保险业数据的实证研究 [J].中国工业经济，2015，8：98-113.

[36] 李维安，钱先航.地方官员治理与城市商业银行的信贷投放 [J].经济学 (季刊)，2012，11 (4)：1239-1260.

[37] 李维安，曹廷求.股权结构、治理机制与城市银行绩效：来自山东、河南两省的调查证据 [J].经济研究，2004 (12)：4-15.

[38] 李扬.完善地方金融管理解决融资平台问题 [N].中国证券报，[2010-12-06].

[39] 林毅夫.发展与转型：思潮、战略和自生能力 [J].北京交通大学学报（社会科学版），2008.(4)：1-3.

[40] 林毅夫，刘志强.中国的财政分权与经济增长 [J].北京大学学报哲学社会科学版，2000 (4)：5-17.

[41] 刘冲，等.政治激励、资本监管与地方银行信贷投放 [J].管理世界，2017 (10)：36-50.

[42] 刘冲，郭峰.官员任期、中央金融监管与地方银行信贷风险 [J].财贸经济，2017，38 (4)：86-100.

[43] 刘家松，聂宝平.商业银行境外引资，股权结构与经营绩效：基于2007—2015年62家商业银行的经验证据 [J].会计研究，2016 (10)：34-41.

[44] 刘煜辉，沈可挺.中国地方政府公共资本融资：问题、挑战与对策：基于地方政府融资平台债务状况的分析 [J].金融评论，2011 (3)：1-18.

[45] 刘元春.国有企业的"效率悖论"及其深层次的解释 [J].中国工业经济，2001 (7)：31-39.

[46] 刘运国，郑巧，蔡贵龙.非国有股东提高了国有企业的内部控制质量吗?：来自国有上市公司的经验证据 [J].会计研究，2016（11）：61-68.

[47] 陆挺，刘小玄.企业改制模式和改制绩效：基于企业数据调查的经验分析 [J].经济研究，2005（6）：94-103.

[48] 马连福，王丽丽，张琦.混合所有制的优序选择：市场的逻辑 [J].中国工业经济，2015（7）：5-20.

[49] 马颖，陈波.改革开放以来中国经济体制改革、金融发展与经济增长 [J].经济评论，2009（1）：12-18.

[50] 聂辉华，贾瑞雪.中国制造业企业生产率与资源误置 [J].世界经济，2011（7）：27-42.

[51] 潘敏，康巧灵，朱迪星.地方政府股权会影响城市商业银行信贷投放的周期性特征吗? [J].经济评论，2016（4）：118-128.

[52] 潘英丽.中国反危机的经验与决策 [N].《金融时报》中文版，[2014-07-09].

[53] 钱先航，曹春方.信用环境影响银行贷款组合吗：基于城市商业银行的实证研究 [J].金融研究，2013（4）：57-70.

[54] 钱先航，曹廷求，李维安.晋升压力、官员任期与城市商业银行的贷款行为 [J].经济研究，2011（12）：72-85.

[55] 钱先航，曹廷求.董事会中的官员与银行审慎行为：基于城市商业银行的实证研究 [J].当代经济科学，2014，36（6）：49-60.

[56] 钱先航，曹廷求，李维安.晋升压力、官员任期与城市商业银行的贷款行为 [J].经济研究，2011（12）：72-85.

[57] 史永东，王龑.职务犯罪是否加剧了银行风险?：来自中国城商行和农商行的经验证据 [J].金融研究，2017（9）：99-114.

[58] 涂国前，刘峰.制衡股东性质与制衡效果：来自中国民营化上市公司的经验证据 [J].管理世界，2010（11）：132-142.

[59] 王珏，骆力前，郭琦.地方政府干预是否损害信贷配置效率? [J].金融研究，2015（4）：99-114.

[60] 王擎，吴玮，黄娟.城市商业银行跨区域经营：信贷扩张，风险水平及银行绩效 [J].金融研究，2012（1）：141-153.

[61] 王擎，潘李剑.转轨时期的政府干预、银行行为及其经营绩效：基于我国城市商业银行的分析 [J].金融监管研究，2014（6）：40-56.

[62] 王秀丽，鲍明明，张龙天.金融发展、信贷行为与信贷效率：基于我

国城市商业银行的实证研究 [J]. 金融研究, 2014 (7): 94-108.

[63] 魏志华, 等. 金融生态环境、审计意见与债务融资成本 [J]. 审计研究, 2012 (3): 98-105.

[64] 吴延兵. 国有企业双重效率损失研究 [J]. 经济研究, 2012, 37 (3): 15-27.

[65] 吴智慧, 张建森. 我国地方金融发展促进策略研究 [J]. 开放导报, 2010 (6): 100-104.

[66] 武力. 财政转型: 以"有形之手"促进科学发展 [J]. 贵州财经学院学报, 2012 (2): 1-7.

[67] 薛超, 李政. 多元化经营能否改善我国城市商业银行经营绩效: 基于资产和资金来源的视角 [J]. 当代经济科学, 2014, 36 (1): 12-22.

[68] 阎庆民. 强化地方政府金融监管意识和责任 [J]. 中国金融, 2012 (6): 27.

[69] 姚耀军, 彭璐. 地方政府干预银行业: 内在逻辑与经验证据 [J]. 金融评论, 2013 (4): 68-78.

[70] 易志强. 政府干预、跨区域经营与城市商业银行治理 [J]. 中南财经政法大学学报, 2012 (5): 61-67.

[71] 余明桂, 潘红波. 政府干预、法治、金融发展与国有企业银行贷款 [J]. 金融研究, 2008 (9): 1-22.

[72] 张杰. 市场化与金融控制的两难困局: 解读新一轮国有银行改革的绩效. 管理世界, 2008 (11): 13-31, 187-188.

[73] 张杰. 农户, 国家与中国农贷制度: 一个长期视角 [J]. 金融研究, 2005 (2): 1-12.

[74] 张杰. 注资与国有银行改革: 一个金融政治经济学的视角 [J]. 经济研究, 2004 (6): 4-14.

[75] 张军. 分权与增长: 中国的故事 [J]. 经济学 (季刊), 2007, 7 (1): 21-52.

[76] 张军, 金煜. 中国的金融深化和生产率关系的再检测: 1987—2001 [J]. 经济研究, 2005 (11): 34-45.

[77] 张乐, 韩立岩. 混合所有制对中国上市银行不良贷款率的影响研究 [J]. 国际金融研究, 2016, 351 (7): 50-61.

[78] 张鹏, 施美程. 金融市场化, 所有制差异与融资渠道: 基于世界银行中国企业投资环境调查的实证分析 [J]. 经济学家, 2016 (11): 54-62.

［79］张维迎. 企业理论与中国企业改革［M］. 北京：北京大学出版社，1999.

［80］张雪芳，戴伟. 我国的金融市场化缓解了企业融资约束吗？：基于制造业上市公司数据的实证研究［J］. 武汉金融，2017（3）：57-61.

［81］张翼. 我国地方政府金融管理实绩评价与对策研究［J］. 地方财政研究，2010（1）：51-55.

［82］张瑜，殷书炉，刘廷华. 境外战略投资者提高了我国商业银行的经营效率吗？［J］. 经济评论，2014（2）：139-149.

［83］赵尚梅，杜华东，车亚斌. 城市商业银行股权结构与绩效关系及作用机制研究［J］. 财贸经济，2012（7）：39-48.

［85］郑荣年. 中国城市商业银行的股权结构与政府控制［J］. 金融经济学研究，2013（3）：119-128.

［86］郑志刚，范建军. 国有商业银行公司治理机制的有效性评估［J］. 金融研究，2007（6a）：53-62.

［87］郑志刚，吕秀华. 董事会独立性的交互效应和中国资本市场独立董事制度政策效果的评估［J］. 管理世界，2009（7）：133-144.

［88］郑志刚，等. 公司章程条款的设立，法律对投资者权力保护和公司治理：基于我国 A 股上市公司的证据［J］. 管理世界，2011（7）：141-153.

［89］周黎安. 中国地方官员的晋升锦标赛模式研究［J］. 经济研究，2007（7）：36-50.

［90］周立. 改革期间中国国家财政能力和金融能力的变化［J］. 财贸经济，2003（4）：44-51.

［91］周立，胡鞍钢. 中国金融发展的地区差距状况分析（1978—1999）［J］. 清华大学学报（哲学社会科学版），2002，2（17）：60-74.

［92］朱小燕. 现代企业治理机制下的内部控制制度研究［J］. 现代经济信息，2013（1X）：125-126.

［93］祝继高，饶品贵，鲍明明. 股权结构、信贷行为与银行绩效：基于我国城市商业银行数据的实证研究［J］. 金融研究，2012（7）：31-47.

［94］ACEMOGLU D, ZILIBOTTI F. Was Prometheus Unbound by Chance? Risk, Diversification, and Growth［J］. Journal of Political Economy, 1997, 105（4）：709-751.

［95］AGGARWAL R, EREL I, FERREIRA M, et al. Does governance travel around the world？Evidence from institutional investors［J］. Journal of Financial Economics, 2011, 100 (1): 154–181.

[96] ANDRIANOVA S, DEMETRIADES P, SHORTLAND A. Government ownership of banks, institutions and economic growth [J]. Economica, 2012, 79 (315): 449–469.

[97] BARRY T A, LEPETIT L, TARAZI A. Ownership structure and risk in publicly held and privately owned banks [J]. Journal of Banking & Finance, 2011, 35 (5): 1327–1340.

[98] BARTH J R, LIN C, LIN P, et al. Corruption in bank lending to firms: Cross–country micro evidence on the beneficial role of competition and information sharing [J]. Journal of Financial Economics, 2009, 91 (3): 361–388.

[99] BERGER A N, HASAN I, ZHOU M. Bank ownership and efficiency in China: What will happen in the world's largest nation? [J]. Journal of Banking & Finance, 2009, 33 (1): 113–130.

[100] BONIN J P, HASAN I, WACHTEL P. Bank Performance, Efficiency and Ownership in Transition Countries [J]. Journal of Banking and Finance, 2005, 29 (1): 31–53.

[101] BRANDAO MARQUES L, CORREA R, SAPRIZA H. International Evidence on Government Support and Risk Taking in the Banking Sector [J]. International Finance Discussion Papers, 2012, 13 (94).

[102] Cella C. Institutional Investors and Corporate Investment [J]. Social Science Electronic Publishing, 2013.

[103] CHHAOCHHARIA V, KUMAR A, NIESSEN–RUENZI A. Local investors and corporate governance [J]. Journal of Accounting and Economics, 2012, 54 (1): 42–67.

[104] CHOI J H, KIM J B, QIU A A, et al. Geographic proximity between auditor and client: How does it impact audit quality? [J]. Auditing: A Journal of Practice & Theory, 2012, 31 (2): 43–72.

[105] CLAESSENS S, DJANKOV S, LANG L H P. The separation of ownership and control in East Asian corporations [J]. Journal of financial Economics, 2000, 58 (1–2): 81–112.

[106] CLAIR R T. Loan growth and loan quality: some preliminary evidence from Texas banks [J]. 1992, 9 (Q III): 9–22.

[107] CLARKE G R G, CULL R, SHIRLEY M M. Bank privatization in devel-

oping countries: A summary of lessons and findings [J]. Journal of Banking & Finance, 2005, 29 (8-9): 1905-1930.

[108] COFFEE J C. Liquidity versus Control: The Institutional Investor as Corporate Monitor [J]. Columbia Law Review, 1991, 91 (6): 1277-1368.

[109] CORNETT M M, GUO L, KHAKSARI S, et al. The impact of state ownership on performance differences in privately-owned versus state-owned banks: An international comparison [J]. Journal of Financial Intermediation, 2010, 19 (1): 74-94.

[110] CORNETT, et al. The impact of state ownership on performance differences in privately—owned versus state—owned banks: An international comparison [R]. Working Paper, 2008.

[111] COVAL J D, MOSKOWITZ T J. The geography of investment: Informed trading and asset prices [J]. Journal of political Economy, 2001, 109 (4): 811-841.

[112] CULL R, PERIA M S M. Bank ownership and lending patterns during the 2008-2009 financial crisis: evidence from Latin America and Eastern Europe [J]. Journal of Banking & Finance, 2013, 37 (12): 4861-4878.

[113] DESENDER K A, AGUILERA R V, LÓPEZPUERTAS-LAMY M, et al. A clash of governance logics: Foreign ownership and board monitoring [J]. Strategic Management Journal, 2016, 37 (2): 349-369.

[114] DOAN A T, LIN K L, DOONG S C. What drives bank efficiency? The interaction of bank income diversification and ownership [J]. International Review of Economics & Finance, 2017.

[115] DONG Y, MENG C, FIRTH M, et al. Ownership structure and risk-taking: Comparative evidence from private and state-controlled banks in China [J]. International Review of Financial Analysis, 2014, 36: 120-130.

[116] DU Q. Birds of a Feather or Celebrating Differences? The Formation and Impacts of Venture Capital Syndication [J]. Journal of Empirical Finance, 2016.

[117] ERIKSSON T, PAN J, QIN X. The intergenerational inequality of health in China [J]. China Economic Review, 2014, 31: 392-409.

[118] FOOS D, WEBER M, NORDEN L. Loan growth and riskiness of banks [J]. Journal of Banking & Finance, 2010, 34 (12): 2929-2940.

[119] GARCíA-KUHNERT Y, MARCHICA M T, MURA R. Shareholder di-

versification and bank risk-taking [J]. Journal of Financial Intermediation, 2015, 24 (4): 602-635.

[120] GONZALEZ-GARCIA J, GRIGOLI F. State-owned banks and fiscal discipline [M]. International Monetary Fund, 2013.

[121] GURUN U G, BUTLER A W. Don't believe the hype: Local media slant, local advertising, and firm value [J]. The Journal of Finance, 2012, 67 (2): 561-598.

[122] HAAN J D, VLAHU R. Corporate Governance of Banks: a Survey [J]. Journal of Economic Surveys, 2016, 30 (2): 228-277..

[123] HANSEN B E. Threshold effects in non-dynamic panels: Estimation, testing, and inference [J]. Journal of econometrics, 1999, 93 (2): 345-368.

[124] HAYEK F A. The Use of Knowledge in Society [J]. The American Economic Review, 1945, 35 (4): 519-530.

[125] HOSSAIN M, JAIN P K, MITRA S. State ownership and bank equity in the Asia-Pacific region [J]. Pacific-Basin Finance Journal, 2013, 21 (1): 914-931.

[125] HOUSTON J F, LIN C, MA Y. Media ownership, concentration and corruption in bank lending [J]. Journal of Financial Economics, 2011, 100 (2): 326-350.

[127] IANNOTTA G, NOCERA G, SIRONI A. Ownership structure, risk and performance in the European banking industry [J]. Journal of Banking & Finance, 2007, 31 (7): 2127-2149.

[128] IANNOTTA G, NOCERA G, SIRONI A. The impact of government ownership on bank risk [J]. Journal of Financial Intermediation, 2013, 22 (2): 152-176.

[129] JENSEN M C, MECKLING W H. Theory of the firm: Managerial behavior, agency costs and ownership structure [J]. Journal of financial economics, 1976, 3 (4): 305-360.

[130] JIMÉNEZ G, LOPEZ J A, SAURINA J. How does competition affect bank risk-taking? [J]. Journal of Financial stability, 2013, 9 (2): 185-195.

[131] JOHNSON S, LA PORTA R, LOPEZ-DE-SILANES F, et al. Tunneling [J]. American economic review, 2000, 90 (2): 22-27.

[132] KEDIA S, ZHOU X. Local market makers, liquidity and market quality

[J]. Journal of Financial Markets, 2011, 14 (4): 540-567.

[133] KIM I, MILLER S, WAN H, et al. Drivers behind the monitoring effectiveness of global institutional investors: Evidence from earnings management [J]. Journal of Corporate Finance, 2016, 40: 24-46.

[134] LA PORTA R, et al. Government ownership of banks [J]. The Journal of Finance, 2002, 57 (1): 265-301.

[135] LAEVEN L. Insider Lending and Bank Ownership: The Case of Russia [J]. Journal of Comparative Economics, 2001, 29 (2): 207-229.

[136] LAFFONT J J, TIROLE J. A theory of incentives in procurement and regulation [M]. MIT press, 1993.

[137] LEPETIT L, NYS E, ROUS P, et al. Bank income structure and risk: An empirical analysis of European banks [J]. Journal of Banking & Finance, 2008, 32 (8): 1452-1467.

[138] LERNER J. Venture capitalists and the oversight of private firms [J]. the Journal of Finance, 1995, 50 (1): 301-318.

[139] LEVINE R. Finance and growth: theory and evidence [J]. Handbook of economic growth, 2005, 1: 865-934.

[140] LEVINE R. Financial development and economic growth: views and agenda [J]. Journal of economic literature, 1997, 35 (2): 688-726.

[141] LI, ZHOU. Political turnover and economic performance: the incentive role of personnel control in China [J]. Journal of Public Economics, 2005, 89 (9-10): 1743-1762.

[142] LI X, LIU X, WANG Y. A Model of China's State Capitalism [J]. Social Science Electronic Publishing, 2015, 30.

[143] LI H, L ZHOU. Political Turnover and Economic Performance: the Incentive Role of Personnel Control in China [J]. Journal of Public Economics, 2005, 89 (9-10): 1743-1762.

[144] LIN X, ZHANG Y. Bank ownership reform and bank performance in China [J]. Journal of Banking & Finance, 2009, 33 (1): 20-29.

[145] LOUZIS D P, VOULDIS A T, METAXAS V L. Macroeconomic and bank-specific determinants of non-performing loans in Greece: A comparative study of mortgage, business and consumer loan portfolios [J]. Journal of Banking & Finance, 2012, 36 (4): 1012-1027.

[146] MA Y, B CHEN. China's Economic System Reform, Financial Development and Economic Growth since Reform and Opening [J]. Economic Review, 2009 (1): 12-18.

[147] MASKIN E, XU C. Soft budget constraint theories: From centralization to the market [J]. Economics of transition, 2001, 9 (1): 1-27.

[148] MEGGINSON W L. The economics of bank privatization [J]. Journal of Banking & Finance, 2005, 29 (8-9): 1931-1980.

[149] MOHSNI S, OTCHERE I. Risk taking behavior of privatized banks [J]. Journal of Corporate Finance, 2014, 29 (C): 122-142.

[150] MONIKA M. Corporate Governance in Banks: Problems and Remedies [J]. Financial Assets and Investing, 2012, 3 (2): 47-67.

[151] MOOKHERJEE D. Decentralization, Hierarchies, and Incentives: A Mechanism Design Perspective [J]. Journal of Economic Literature, 2006, 44 (2): 367-390.

[152] PARK A, M SHEN. Refinancing and decentralization: Evidence from China [J]. Journal of Economic Behavior & Organization, 2008, 66 (3-4): 703-730.

[153] PISTOR K. The Governance of China's Finance [J]. Nber Chapters, 2011: 35-60.

[154] POITEVIN M. Can the Theory of Incentives Explain Decentralization? [J]. The Canadian Journal of Economics, 2000, 33 (4): 878-906.

[155] PORTA R, LOPEZ-DE-SILANES F, SHLEIFER A. Corporate ownership around the world [J]. The journal of finance, 1999, 54 (2): 471-517.

[156] PRUTHI S, WRIGHT M, LOCKETT A. Do foreign and prtshareestic venture capital firms differ in their monitoring of investees? [J]. Asia Pacific Journal of Management, 2003, 20 (2): 175-204.

[157] QIAN, ROLAND. Federalism and the Soft Budget Constraint [J]. The American Economic Review, 1998, 88 (5): 1143-1162.

[158] QIAN, MASKIN, XU. Incentives, Information and Organizational Form [J]. Review of Economic Studies, 2000, 67 (2): 359-378.

[159] QIAN Y, E MASKIN, C XU. Incentives, Information and Organizational Form [J]. Review of Economic Studies, 2000, 67 (2), 359-378.

[160] QIAN X, T CAO, W LI. Promotion Pressure, Officials' Tenure and

Lending Behavior of the City Commercial Banks [J]. Economic Research Journal, 2011, 2: 72-85.

[161] SAGHI-ZEDEK N, TARAZI A. Excess control rights, financial crisis and bank profitability and risk [J]. Journal of Banking & Finance, 2015, 55: 361-379.

[162] SAGHI-ZEDEK N. Product diversification and bank performance: does ownership structure matter? [J]. Journal of Banking & Finance, 2016, 71: 154-167.

[163] SAPIENZA P. The effects of government ownership on bank lending [J]. Journal of financial economics, 2004, 72 (2): 357-384.

[164] SCHUMPETER J A, OPIE R. The theory of economic development: an inquiry into profits, capital, credit, interest, and the business cycle [M]. Oxford University Press, 1961.

[165] SHESHINSKI E, LÓPEZCALVA L F. Privatization and Its Benefits: Theory and Evidence [J]. Cesifo Economic Studies, 1999, 49 (3).

[166] SHLEIFER, VISHNY. The Politics of Market Socialism [J]. The Journal of Economic Perspectives, 1994, 8 (2): 165-176.

[167] SHLEIFER A, VISHNY R W. A survey of corporate governance [J]. The journal of finance, 1997, 52 (2): 737-783.

[168] SHLEIFER A, VISHNY R W. Large shareholders and corporate control [J]. Journal of political economy, 1986, 94 (3, Part 1): 461-488.

[169] SHLEIFER A, VISHNY R W. Politicians and firms [J]. The Quarterly Journal of Economics, 1994, 109 (4): 995-1025.

[170] SOEDARMONO W, TARAZI A, AGUSMAN A, et al. Loan Loss Provisions and Lending Behaviour of Banks: Asian Evidence During 1992-2009 [J]. Social Science Electronic Publishing, 2012.

[171] SONG, STORESLETTEN, ZILIBOTTI. Growing Like China [J]. The American Economic Review, 2009, 101 (7149): 196-233.

[172] STIROH K J. Diversification in banking: Is noninterest income the answer? [J]. Journal of Money, Credit, and Banking, 2004, 36 (5): 853-882.

[173] TABOADA A G. The impact of changes in bank ownership structure on the allocation of capital: International evidence [J]. Journal of Banking & Finance, 2011, 35 (10): 2528-2543.

[174] V AEBI, et al. Risk management, corporate governance, and bank per-

formance in the financial crisis [J]. Journal of Banking & Finance, 2012, 36 (12): 3213-3226.

[175] WANG X, M BAO, L ZHANG. Financial Development, Lending Behavior and Lending Efficiency: Empirical Evidence Based on Chinese City Commercial Banks [J]. Journal of Financial Research, 2014, 7: 94-108.

[176] WEINTRAUB, NAKANE. Bank privatization and productivity: Evidence for Brazil [J]. Journal of Banking and Finance, 2005, 29 (8-9): 2259-2290.

[177] WU Z, J ZHANG. On China's Local Finance Development Strategy [J]. China Opening Herald, 2010 (6): 100-104.

[178] XU C. The Fundamental Institutions of China's Reforms and Development [J]. Journal of Economic Literature, 2011, 49 (1): 1076-1151.

[179] YAN Q. Enhance the Consciousness of the Local Government Financial Regulation and Responsibility [J]. China Finance, 2012, 6: 27.

[180] YIN J. The financial decentralization increase systemic financial risk [J]. China Business News. 2013, 7: 1.

[181] ZEDD M K, D TESTA, B CANNAS. Does competition for capital discipline governments? decentralization, globalization and public policy [J]. American Economic Review, 2005, 95 (3): 817-830.

[182] ZHANG D, CAI J, DICKINSON D G, et al. Non-performing loans, moral hazard and regulation of the Chinese commercial banking system [J]. Journal of Banking & finance, 2016, 63: 48-60.

[183] ZHANG J. Decentralization and Growth: China Context [J]. China Economic Quarterly, 2007, 7 (1): 21-52.

[184] ZHOU L, A HU. Differences of Regional Financial Development Disparity in China (1978-1999) [J]. Journal of Tsinghua University (Philosophy and Social Sciences), 2002. 2 (17): 60-74.

[185] ZHOU L. Changes of State Fiscal Capacity and Financial Capacity in a Reforming China [J]. Finance & Trade Economics, 2003, 4: 44-51.

[186] ZHOU L. Governing China. s Local Officials: An Analysis of Promotion Tournament Model [J]. Economic Research Journal, 2007, 7: 36-50.

[187] ZHU W, YANG J. State ownership, cross-border acquisition, and risk-taking: Evidence from China's banking industry [J]. Journal of Banking & Finance, 2016, 71: 133-153.

附　录

附录一　各地金融发展规划

附表1　各地"十二五"规划中有关地方金融发展的战略举措

省 （自治区、直辖市）	金融发展的战略措施
湖北	建设中部地区金融机构聚集区，加快发展本土金融（地方金融）机构，培育农村金融机构；引导和支持在武汉新设和迁入国际国内金融机构总部、地区总部、分支机构；建设武汉区域金融中心
湖南	构建现代金融服务体系，提高经济金融化水平；发展总部金融，鼓励和吸引境内外各类金融机构在湘设立分支机构、总行（总部）；培育具有影响力的区域性金融中心；深化银企合作，建立健全面向中小企业、面向农村的金融服务支持体系
天津	建设与北方经济中心和滨海新区开发开放相适应的现代金融服务体系
浙江	建设金融集聚区和金融特色城市群，打造区域金融中心和区域性专业金融中心；做大做强地方性金融机构
四川	大力发展金融服务业，建设西部金融中心；积极引进世界知名金融机构在川设立区域总部、分支机构和功能性服务中心，发展壮大地方法人金融机构
陕西	建设西安区域性金融中心；营造良好的金融生态环境，支持国有商业银行和政策性银行扩大贷款规模、增设网点、拓展业务，吸引国内外大型金融机构在陕发展，做大做强地方金融机构

省 （自治区、直辖市）	金融发展的战略措施
山西	推进城商行、城市信用合作社、农村信用合作社改革；创造条件发展产业投资基金和区域性民营银行；引进境外资金参股省内地方金融机构，积极引进境外等金融机构到山西设立分支机构
山东	优化金融生态环境，支持地方金融企业扩大规模，提升实力；支持济南打造区域金融中心，发挥青岛金融服务优势，增强区域中心城市金融服务功能；大力引进国内外金融企业来鲁设立地区总部和功能机构
上海	打造国际金融中心，发展各类金融机构，提升金融服务水平
内蒙古	以引进为主、引进与培育相结合，发展各类金融机构和金融业务；壮大地方金融机构；引导和鼓励社会资本进入金融服务领域
青海	发展壮大金融产业，完善金融市场体系，提高金融要素集聚水平和配置能力，增强金融业对经济的支撑力和渗透力；积极引入省外金融机构在省内设立地区总部或分支机构
宁夏	推动金融服务业快速健康发展，更好地为实体经济和转变发展方式服务；支持地方银行跨区域经营；积极引进各类金融机构在区内设立分支机构和办事机构
江西	支持地方金融机构跨区经营；大力发展新型农村金融组织；鼓励国内外银行来赣设立机构；建设南昌、赣州区域性金融中心；鼓励企业到资本市场上融资
辽宁	优先发展金融保险等生产性服务业；建立健全现代金融服务体系，建设沈阳、大连区域金融中心和铁岭北方金融后台服务基地
黑龙江	改善金融环境，建立结构合理、功能完善、安全高效的现代金融体系，增强金融服务业对经济发展的拉动与支撑作用；鼓励和支持地方商业银行通过资本重组等多种形式发展壮大，做强龙江银行、哈尔滨银行等地方金融机构；推进担保机构与金融部门的互利合作，积极为中小企业提供融资担保
江苏	重点发展金融等生产性服务业；做大做强地方法人金融企业，增强实力，拓展市场；吸引国内外优质金融机构到江苏发展；推进南京河西金融中心、苏州沙湖创投基地等平台建设
吉林	做大做强地方金融机构，推进吉林银行跨区发展和上市经营；改善金融生态环境

省 （自治区、直辖市）	金融发展的战略措施
河南	完善金融机构、金融市场和金融产品体系，增强金融服务功能，建设郑州区域性金融中心；构建与中原经济区建设相适应的现代金融服务体系；大力发展地方金融机构；吸引境内外金融机构来豫发展；支持企业上市融资；优化金融生态环境
海南	发展地方金融机构，加快推进省级地方商业银行的设立；鼓励境内外金融机构来海南设立分支机构；加强"政、银、企"合作和投融资规划工作，全面深化与银行机构在信贷投放方面的合作；创造更好的金融发展环境；支持和规范省级投融资平台的建设
贵州	协调金融机构与政府、企业的关系，逐步建立多元融资结构和多种融资渠道相结合的融资体系，推动金融机构不断加大对工业发展支持力度；完善经济金融互动发展的协调机制，促进"政、银、企"合作；加快地方金融机构发展，支持做大做强一批地方商业银行和投资机构，增强地方金融机构竞争力；大力发展资本市场，推动更多省内企业上市融资和发行债券
河北	充分发挥金融对地方经济发展的引领和支撑作用，努力将金融业培育成战略支柱产业；重点引进境内外金融机构来我省设立中国总部、分支机构或出资设立法人机构；大力发展地方金融；积极发展资本市场
福建	打造区域性金融服务中心；大力吸引省外、境外各类金融机构来闽设点展业；积极利用新型金融机构的融资功能
广西	加快构建现代金融体系，全面提升金融服务水平，不断满足日益增长的多样化金融需求；继续实施"引金入桂"；打造南宁区域性金融中心；大力发展面向小型微型企业的融资服务
甘肃	着力培育兰州西部区域性金融中心，努力改善金融生态环境；吸引金融机构来甘肃设立分支机构，做大做强地方金融机构；发展壮大农村合作银行、农村信用合作社，鼓励发展以服务农村为主的地区性中小银行；发展多层次资本市场
北京	建设具有国际影响力的金融中心城市
安徽	加快合肥全国金融后台服务基地和区域性金融中心建设，支持芜湖建设皖江金融中心；探索建立地方期货交易所，发展区域股权产权交易市场；营造良好的金融生态环境
重庆	强化金融业支柱产业地位和区域辐射服务能力；引进世界知名外资金融机构在渝设立中国区总部或西部总部、分支机构和功能性服务中心；继续深化完善金融发展环境；推进长江上游金融中心建设

附录二 相关命题的证明过程

1. 命题 3-3 的证明

（1）代表性地方政府最优化以下目标函数：

$U_s = p(1 + \theta_s)A_sK_s^\alpha - r_sK_s + b_s(1 + \theta_s)A_sK_s^\alpha + pA_pK_p^\alpha - r_pK_p$，整理得 $U_s = (p(1 - \alpha) + b_s)(1 + \theta_s)A_sK_s^\alpha + p(1 - \alpha)A_pK_p^\alpha$。上式最优化的一阶条件为 $\dfrac{\partial U_s}{\partial K_s} = (p(1 - \alpha) + b_s)(1 + \theta_s)\alpha A_sK_s^{\alpha-1} - p(1 - \alpha)\alpha A_pK_p^{\alpha-1} = 0$，容易得到 $k_s^{1-\alpha} = (1 + \dfrac{b_s}{p(1 - \alpha)})(1 + \theta_s)\dfrac{A_s}{A_p}$ （3-7）。

（2）中央政府最优化以下目标函数：

$U_c = q(1 + \theta_c)A_cK_c^\alpha + b_c(1 + \theta_c)A_cK_c^\alpha + p(1 + \theta_s)A_sK_s^\alpha + pA_pK_p^\alpha$，整理得 $U_c = (q + b_c)(1 + \theta_c)A_cK_c^\alpha + p((1 + \theta_s)A_sk_s^\alpha + A_p)K_p^\alpha$。由 $k_s = \dfrac{K_s}{K_p}$，$K_p = \dfrac{1}{1 + k_s}(\bar{K} - K_c)$，上式最优化的一阶条件为 $\dfrac{\partial U_c}{\partial K_c} = (q + b_c)\alpha(1 + \theta_c)A_cK_c^{\alpha-1} + p((1 + \theta_s)A_sk_s^\alpha + A_p)\alpha K_p^{\alpha-1}\dfrac{\partial K_p}{\partial K_c} = 0$，得到 $(q + b_c)\alpha(1 + \theta_c)A_cK_c^{\alpha-1} - p((1 + \theta_s)A_sk_s^\alpha + A_p)\alpha K_p^{\alpha-1}\dfrac{1}{1 + k_s} = 0$，也就是 $(q + b_c)(1 + \theta_c)A_ck_c^{\alpha-1} - p((1 + \theta_s)A_sk_s^\alpha + A_p)\dfrac{1}{1 + k_s} = 0$，整理得 $k_c^{1-\alpha} = \dfrac{1 + k_s}{p((1 + \theta_s)A_sk_s^\alpha + A_p)}(q + b_c)(1 + \theta_c)A_c$。上式可变为 $k_c^{-\alpha} = \dfrac{1 + k_s}{k_cp((1 + \theta_s)A_sk_s^\alpha + A_p)}(q + b_c)(1 + \theta_c)A_c$，由 $\mu_c = \dfrac{k_c}{1 + k_s}$，整理得到 $\mu_c = \dfrac{q + b_c}{p}\dfrac{(1 + \theta_c)A_ck_c^\alpha}{(1 + \theta_s)A_sk_s^\alpha + A_p}$ （3-8）。由式（3-7）和式（3-8）我们很容易得到命题 3-3。

2. 命题 3-4 的证明

（1）代表性地方政府最优化以下目标函数：

$\max\limits_{K_s}U_s = p(1 - t)A_sK_s^\alpha - r_{st}K_s + b_sA_sK_s^\alpha + p(1 - t)A_pK_p^\alpha - r_{pt}K_p$，整理得 $U_s = (p(1 - t)(1 - \alpha) + b_s)A_sK_s^\alpha + p(1 - t)(1 - \alpha)A_pK_p^\alpha$。地方政府选择 K_s，由最优

化的一阶条件 $\dfrac{\partial U_s}{\partial K_s} = (p(1-t)(1-\alpha) + b_s)\alpha A_s K_s^{\alpha-1} - p(1-t)(1-\alpha)\alpha A_p K_p^{\alpha-1} = 0$

整理可得 $k_s^{1-\alpha} = \left[1 + \dfrac{b_s}{p(1-t)(1-\alpha)}\right]\dfrac{A_s}{A_p}$ （3-9）。

（2）中央政府最优化以下目标函数：

$\max\limits_{K_c} U_c = qA_c K_c^\alpha + b_c A_c K_c^\alpha + tpA_s K_s^\alpha + tpA_p K_p^\alpha$，由于 $k_s = \dfrac{K_s}{K_p}$，上式整理得 $U_c =$

$(q + b_c)A_c K_c^\alpha + tp(A_s k_s^\alpha + A_p)K_p^\alpha$，由最优化的一阶条件得到 $\dfrac{\partial U_c}{\partial K_c} =$

$(q + b_c)\alpha A_c K_c^{\alpha-1} + tp(A_s k_s^\alpha + A_p)\alpha K_p^{\alpha-1}\dfrac{\partial K_p}{\partial K_c} = 0$，由于 $K_p = \dfrac{1}{1 + k_s}(\bar{K} - K_c)$，上式

可得 $(q + b_c)\alpha A_c K_c^{\alpha-1} - tp(A_s k_s^\alpha + A_p)\alpha K_p^{\alpha-1}\dfrac{1}{1 + k_s} = 0$，也就是 $(q + b_c)A_c k_c^{\alpha-1} -$

$tp(A_s k_s^\alpha + A_p)\dfrac{1}{1 + k_s} = 0$，整理得到 $k_c^{-\alpha} = \dfrac{1 + k_s}{k_c tp(A_s k_s^\alpha + A_p)}(q + b_c)A_c$。由于 $\mu_c =$

$\dfrac{k_c}{1 + k_s}$，容易知道 $\mu_c = \dfrac{q + b_c}{tp}\dfrac{A_c k_c^\alpha}{A_s k_s^\alpha + A_p}$ （3-10）。根据式（3-9）和式（3-10）

我们很容易得到命题 3-4。

3. 命题 3-5 的证明

（1）代表性地方政府最优化以下目标函数：

$U_s = pA_s K_s^\alpha - r_p K_s + \varphi(1-p)r_p K_s + b_s A_s K_s^\alpha + pA_p K_p^\alpha - r_p K_p$，化简整理得 $U_s =$

$[p(1-\alpha) + \varphi(1-p)p\alpha + b_s]A_s K_s^\alpha + p(1-\alpha)A_p K_p^\alpha$。该式最优化的一阶条件为

$\dfrac{\partial U_s}{\partial K_s} = [p(1-\alpha) + \varphi(1-p)p\alpha + b_s]\alpha A_s K_s^{\alpha-1} - p(1-\alpha)\alpha A_p K_p^{\alpha-1} = 0$，由 $k_s = \dfrac{K_s}{K_p}$，

容易得到 $k_s^{1-\alpha} = \left[1 + \dfrac{\varphi(1-p)\alpha}{1-\alpha} + \dfrac{b_s}{p(1-\alpha)}\right]\dfrac{A_s}{A_p}$ （3-11）。

（2）中央政府最优化以下目标函数：

$U_c = qA_c K_c^\alpha + b_c A_c K_c^\alpha + pA_s K_s^\alpha + pA_p K_p^\alpha - \varphi(1-p)r_p K_s$，由 $k_s = \dfrac{K_s}{K_p}$，可知 $U_c =$

$(q + b_c)A_c K_c^\alpha + p[A_s k_s^\alpha + A_p - \varphi(1-p)\alpha A_s k_s^\alpha]K_p^\alpha$。该式最优化的一阶条件为 $\dfrac{\partial U_c}{\partial K_c} =$

$(q + b_c)\alpha A_c K_c^{\alpha-1} + p[A_p + (1 - \varphi(1-p)\alpha)A_s k_s^\alpha]\alpha K_p^{\alpha-1}\dfrac{\partial K_p}{\partial K_c} = 0$，由 $k_c = \dfrac{K_c}{K_p}$，$K_p =$

$\frac{1}{1+k_s}(\bar{K}-K_c)$，可得到 $(q+b_c)A_ck_c^{\alpha-1}-p[A_p+(1-\varphi(1-p)\alpha)A_sk_s^{\alpha}]\frac{1}{1+k_s}=0$，

整理得 $k_c^{1-\alpha}=\dfrac{1+k_s}{p[A_p+(1-\varphi(1-p)\alpha)A_sk_s^{\alpha}]}(q+b_c)A_c$。由 $\mu_c=\dfrac{k_c}{1+k_s}$，上式整

理可得 $\mu_c=\dfrac{q+b_c}{p}\dfrac{A_ck_c^{\alpha}}{A_p+(1-\varphi(1-p)\alpha)A_sk_s^{\alpha}}$ （3-12）。

　　为了讨论 φ 的变化对 μ_c 的影响，我们首先将式（3-12）和式（3-6）进行比较。在容易引起混淆的地方，我们采取与正文中相同的做法，即分别在下标字母后增加（12）和（6）以示区别。

　　我们先比较分子。为了方便推导，这里我们记 $X=1-\varphi(1-p)\alpha$，$Y=1+$
$\dfrac{\varphi(1-p)\alpha}{1-\alpha}+\dfrac{b_s}{p(1-\alpha)}$。由式（3-12）可知 $\dfrac{\partial k_c}{\partial k_s}=\dfrac{(q+b_c)A_c}{p}$

$\dfrac{A_p+XA_sk_s^{\alpha}-(1+k_s)X\alpha A_sk_s^{\alpha-1}}{(A_p+XA_sk_s^{\alpha})^2}$。要判断 $A_p+XA_sk_s^{\alpha}-(1+k_s)X\alpha A_sk_s^{\alpha-1}$ 是否大于

0，将式（3-11）代入该式需满足 $1+\dfrac{X}{Y}k_s-(1+k_s)\alpha\dfrac{X}{Y}>0$，整理得 $1-\alpha\dfrac{X}{Y}+$

$(1-\alpha)\dfrac{X}{Y}k_s>0$。由于 $0<X$，$\alpha<1$，$Y>1$，该式显然成立，从而 $\dfrac{\partial k_c}{\partial k_s}>0$。

　　其次，我们比较分母。要使 $A_p+(1-\varphi(1-p)\alpha)A_sk_{s(12)}^{\alpha}<A_sk_{s(6)}^{\alpha}+A_p$，我们将式（3-11）和式（3-3）分别代入上式可得

$$1-\varphi(1-p)\alpha<\left[(1+\frac{b_s}{p(1-\alpha)})/(1+\frac{\varphi(1-p)\alpha}{1-\alpha}+\frac{b_s}{p(1-\alpha)})\right]^{\frac{\alpha}{1-\alpha}}=$$

$$\left[\frac{1}{1+\dfrac{\varphi(1-p)\alpha}{1-\alpha}/(1+\dfrac{b_s}{p(1-\alpha)})}\right]^{\frac{\alpha}{1-\alpha}}$$

　　容易知道，当 b_s 较大而 p 较小时，上式更容易满足。

　　最后我们综合上面两步分析可知，随着 φ 增加，$k_{s(12)}$ 较 $k_{s(6)}$ 增大，从而分子 $k_{c(12)}$ 较 $k_{c(6)}$ 变大；在参数合理赋值情形下，如 b_s 较大而 p 较小时，式（3-12）的分母较式（3-6）变小，从而 $\mu_{c(12)}$ 相对 $\mu_{c(6)}$ 增大。

　　4. 命题 6 的证明

　　（1）代表性地方政府最优化以下目标函数：

　　$U_s=pA_sK_s^{\alpha}-\delta r_sK_s+b_sA_sK_s^{\alpha}+pA_pK_p^{\alpha}-r_pK_p$，整理得 $U_s=(p(1-\delta\alpha)+$

$b_s)A_sK_s^{\alpha}+p(1-\alpha)A_pK_p^{\alpha}$。该式最优化的一阶条件为 $\dfrac{\partial U_s}{\partial K_s}=(p(1-\delta\alpha)+$

$b_s)\alpha A_s K_s^{\alpha-1} - p(1-\alpha)\alpha A_p K_p^{\alpha-1} = 0$。由 $k_s = \dfrac{K_s}{K_p}$，上式整理可得 $k_s^{1-\alpha} = (\dfrac{1-\delta\alpha}{1-\alpha} +$

$\dfrac{b_s}{p(1-\alpha)}) \dfrac{A_s}{A_p}$ (3-13)。

（2）由于要补贴地方国企 $(1-\delta)r_s K_s$，中央政府最优化以下目标函数：

$U_c = qA_c K_c^{\alpha} + b_c A_c K_c^{\alpha} + pA_s K_s^{\alpha} + pA_p K_p^{\alpha} - (1-\delta)r_s K_s$。由 $k_s = \dfrac{K_s}{K_p}$，$K_p = \dfrac{1}{1+k_s}(\bar{K} - $

$K_c)$，上式变为 $U_c = (q+b_c)A_c K_c^{\alpha} + p[A_s k_s^{\alpha} + A_p - (1-\delta)\alpha A_s k_s^{\alpha}]K_p^{\alpha}$。该式最优化

的一阶条件为：$\dfrac{\partial U_c}{\partial K_c} = (q+b_c)\alpha A_c K_c^{\alpha-1} + p[A_p + (1-(1-\delta)\alpha)A_s k_s^{\alpha}]\alpha K_p^{\alpha-1}\dfrac{\partial K_p}{\partial K_c} = $

0，整理得 $k_c^{1-\alpha} = \dfrac{1+k_s}{p[A_p + (1-(1-\delta)\alpha)A_s k_s^{\alpha}]}(q+b_c)A_c$。由于 $\mu_c = \dfrac{k_c}{1+k_s}$，上

式进一步整理得到 $\mu_c = \dfrac{q+b_c}{p} \dfrac{A_c k_c^{\alpha}}{A_p + (1-(1-\delta)\alpha)A_s k_s^{\alpha}}$ (3-14)。由于 δ 对 μ_c 的

影响与前文 φ 类似，我们省略了这里的证明。

附录三 相关图形①

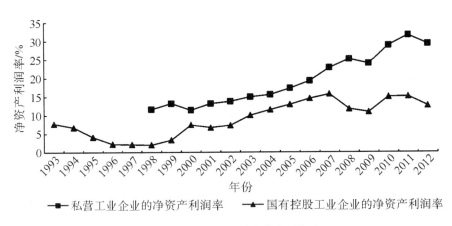

附图1 国企和民企的净资产利润率

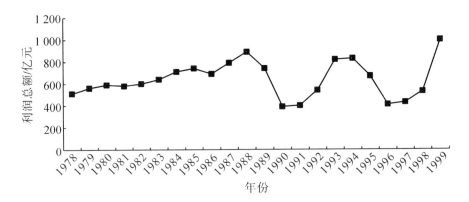

附图2 国有控股工业企业的利润总额

---

① 附图1至附图8的数据来源为历年中国统计年鉴和中国金融统计年鉴。

金融分权背景下中国城市商业银行公司治理优化研究——基于股权结构的视角

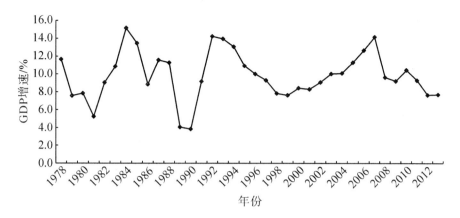

附图 3　GDP 增速

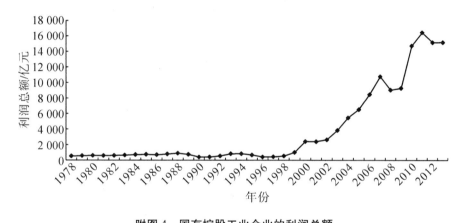

附图 4　国有控股工业企业的利润总额

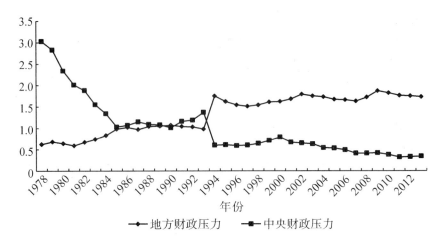

注：地方财政压力=地方政府财政支出/地方政府财政收入，中央财政压力=中央政府财政支出/中央政府财政收入。

附图5 中央与地方财政压力

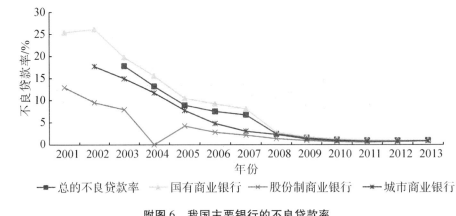

附图6 我国主要银行的不良贷款率

金融分权背景下中国城市商业银行公司治理优化研究——基于股权结构的视角

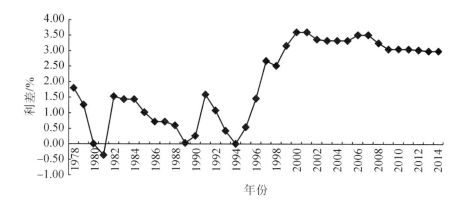

注：1978—1989 年，央行根据行业类型分别公布贷款利率，由于工业贷款占比最大，我们选用一年期工业超定额贷款利率来代表法定贷款利率。

附图 7　一年期法定存贷款利差

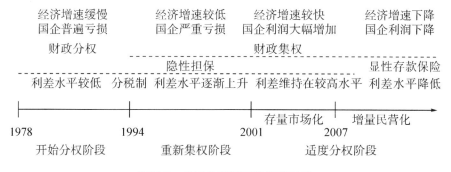

附图 8　金融分权演变的影响因素